한반도 평화 신 로드맵

평화공존형 중간단계 구상

NANAM
나남출판

포스텍 융합문명연구원
평화 총서 01

한반도 평화 신 로드맵

평화공존형 중간단계 구상

2022년 4월 5일 발행
2022년 4월 5일 1쇄

지은이 박명규 · 박영호 · 김상준 · 전재성
발행자 조완희
발행처 나남출판사
주소 10881 경기도 파주시 회동길 193, 4층(문발동)
전화 (031) 955-4601 (代)
FAX (031) 955-4555
등록 제 406-2020-000055호(2020.5.15)
홈페이지 http://www.nanam.net
전자우편 post@nanam.net

ISBN 979-11-92275-02-4
ISBN 979-11-971279-4-6(세트)

책값은 뒤표지에 있습니다.

포스텍 융합문명연구원
평화 총서 01

한반도 평화 신 로드맵

평화공존형 중간단계 구상

박명규 외 지음

NANAM
나남출판

New Roadmap toward Peace on the Korean Peninsula

Designing a Midway toward Peaceful Coexistence

Edited by

Park, Myoung-kyu

NANAM

머리말

평화는 누구도 반대하지 않는 가치이지만 누구의 평화이며 어떤 평화인가를 둘러싸고는 분쟁과 갈등이 그치지 않는다. 평화를 명분으로 전쟁이 벌어지는가 하면 분쟁이 심한 곳일수록 평화가 강조되는 경우도 흔하다. 한반도는 이런 평화의 역설이 유난히 두드러지는 현장이다. 참담한 한국전쟁을 겪은 지 70년이 되도록 남북한은 줄곧 평화를 외쳐 오면서 대립과 단절의 역사를 지속하고 있다. 어떤 평화를 어떻게 구현할 것인가를 두고 보수와 진보, 남과 북, 미국과 중국 사이의 갈등은 지금도 현재진행 중이다.

문재인 정부하에서 이런 역설이 또 한 번 드라마틱하게 재연되었다. 2017년 말 북한의 핵무력 완성 선언으로 위기감이 고조되었지만 2018년 평창 동계올림픽을 계기로 평화모드로 급변했다. 판문점과 평양에서 연이어 만난 남북의 지도자는 평화를 공개적으로 약속했다. 한국의 주선에 힘입어 개최된 북미정상회담에서도 한반도의 비핵화와 평화체제로의 이행이 합의되었다. 하지만 그 동력은 얼마 가지 않아 꺼지고 한반도는 또다시 예전의 불신과 대립, 비방의 모드로 되돌아갔다. 미중의 패권경쟁까지 가세하여 화해와 평화에 대한 전망은 약화되고 자위를 위한 군사력 강화와 신형무기 개발을 강조하는 목소리가 커지는 상황을 목도하고 있다.

경쟁하면서도 연결을 통해 상호이익을 조율하는 탈냉전 세계화의 시대를 지나오면서 왜 유독 한반도는 낡은 냉전형 대립을 벗어나지 못하는가? 많은 노력과 자원이 투여된 금강산 관광과 개성공단 사업은 왜 무위로 돌아가고 말았는가? 북한의 비핵화와 한반도 평화는 어떻게 연결되어야 하는가? 평화체제로의 이행이란 주제는 왜 그토록 심각한 정치적 논쟁의 대상이 되는가? 한반도 평화를 힘써 강조한 문재인 정부하에서조차 이 불신과 단절의 역설이 예외 없이 반복되는 이유는 어디에 있는가? 이 책은 이런 질문에 담긴 대답을 찾으려는 고민의 산물이다.

한반도 상황을 바라보는 우리의 시각은 기본적으로 분단과 통일 패러다임에 기초해 있다. 지나간 분열과 대립의 역사는 민족분단의 결과로, 앞으로 걸어갈 미래전망은 민족통일로 간주하는 이 시각은 한민족에게는 중요한 집합의지를 반영한다. 하지만 남북한이 유엔에 별개 의석으로 가입한 지 30년이 넘었고, 이질적인 두 국가성이 곳곳에서 부딪치는 현실을 감당할 실사구시적 현실인식이라 할 수는 없다. 한반도가 걸어온 치열한 현대사 경험은 단순히 민족의 분열과 통합이란 차원을 훨씬 넘어선다. 어떤 체제와 사회를 만들고 어떤 가치를 추구하며 인권과 주권을 어떻게 강화할 것인가를 놓고 치열하게 경쟁해 온 역사다. 평화상태에 대한 진지한 설계가 빈약한 까닭은 이런 다차원성을 무시하고 분단에서 통일로 가는 과정으로만 평화를 바라보았기 때문이다.

이 책이 던지는 핵심 주장은 남북한이 걸어온 현대사의 경험과 무게를 무시하지 않는 평화공존의 레짐기획을 중심축으로 하는 새로운 평화 로드맵이 필요하다는 것이다. 평화공존은 교류협력의 진전으로 자연스레 도래하는 것도 아니고, 평화협정 체결이란 정치적인 기획으로 달성되는 것도 아니다. 민족감정에 호소하거나 사실상의 통일이라는 애매한 상태를 평화라 이름할 수도 없다. 교류협력을 통한 신뢰 조성, 군사적 적대성의 해소와 상호주권 인정, 남북미중의 평화협정, 그리고 북한 핵문제의 원칙적 해결합의가 함께 연동되도록 하는 종합적 기획으로 창조해야 할 독자적 레짐이다. 이런 전략적 비전이나 목표 없이 평화를 내세우는 것은 평화의 역설을 심화시킬 뿐이다.

집필에 참여한 네 명의 생각은 똑같지 않다. 하지만 단일한 해법을 제시하기보다 우리에게 필요한 발본적 성찰과 새로운 상상력의 확장을 목표로 하는 이 책의 기본 취지에는 서로 다른 관점들이 오히려 적합할 수도 있으리라 생각한다. 평화의 역설이 반복되는 한반도가 실질적인 평화공존의 현장으로 탈바꿈하는 데 이 책이 작은 도움이 되기를 소망한다. 오랜 문제의식을 좋은 책으로 마무리할 수 있게 공동연구의 기회를 준 포스텍 융합문명연구원 평화연구센터에 감사하고 출간을 맡아 준 나남출판사에 감사의 뜻을 표한다.

2022년 필자들을 대표하여

박 명 규

한반도 평화 신 로드맵

평화공존형 중간단계 구상

1

서장

박명규

서울대학교 사회학과 명예교수

1. 70년의 변화와 70년의 불변

한반도가 둘로 나뉘어 남북에 서로 다른 두 정부가 수립되고 급기야 동족상잔의 한국전쟁이 발발한 지도 70여 년이 지났다. 전 세계를 두 진영으로 나누었던 미소 냉전이 끝나고 전 세계가 하나의 시장으로 통합되는 세계화가 본격화한 지도 30년이 지났다. 그 사이 독일은 통일되었고 중국은 개혁개방의 성공으로 미국과 신형대국관계를 논하는 위치로 올라섰다. 두 차례 세계대전의 참화를 겪은 유럽은 지역국가들 간의 초국가적 연합을 제도화하는 오랜 노력 끝에 단일통화권을 넘어 유럽헌법과 유럽의회를 구성하는 본격적인 유럽연합으로 변모했다.

21세기의 20년을 보내면서 디지털 혁명의 가속화로 지구공동체가 전례 없이 가까이 연결되었다. 인터넷은 이제 전 세계 곳곳을 이어 주고 온라인은 정보의 소통에 그치지 않고 다양한 가치를 창출하는 플랫폼이 되고 있다. 한국은 전 지구 어느 곳보다도 이런 변화를 압축적으로 드러내는 국가가 되었다. 미국과 유엔의 원조로 기아를 해결했던 최빈국, 독재와 억압이 일상화되고 국민 다수가 농민이었던 나라가 수십 년 만에 세계 10위권의 경제대국이 되었고, 국민들의 저항과 투쟁으로 민주화와 인권의식이 고도화된 사회가 되었다. 경제와 문화, 학술 등에서 전 세계와 연결되는 정도가 매우 높은 고도로 세계화된 국가로 변모한 것이다.

북한 역시 적지 않은 변화를 경험했다. 소련의 해체, 동구권의 체제전환, 중국의 개혁개방 등 외부로부터의 충격 속에서 군부 중심의 비상체제를 강화하고 한국과의 교류협력에 합의하여 적지 않은 사람과 물자가 휴전선을 넘나들었다. 배급경제가 제대로 작동하지 못하면서 밑으로부터의 자생적 시장화가 진행되는가 하면 체제수호를 위한 핵무기 개발에 진력하여 2017년에는 마침내 핵무력 완성을 공언하기에 이르렀다. 그로 인해 국제적인 경제제재는 더욱 강화되었고 북한의 경제난과 외교적 고립도 심화되었다. 이런 변화 과정에서 4만 명 가까운 북한이탈자들이 전 세계로 흩어졌고 그 다수는 한국 사회에 정착하여 살고 있다.

지난 남북관계 70년을 회고해 보면 심대한 변화 못지않게 좀처럼 변하지 않는 장기적 구조도 뚜렷하게 확인된다.[1] 전 지구적 탈냉전의 흐름 속에서 1987년 노태우 정부가 〈7·7 선언〉으로 적대적 관계에서 동반자 관계로 전환할 것을 천명하고 1989년 〈한민족공동체통일방안〉을 통해 남북이 공존하는 국가연합형 전략을 표명한 이후 남북관계는 중대한 변화를 시작했다. '화해 불가침 교류협력'을 약속하는 〈남북기본합의서〉를 채택하는 데 합의했고 별개 의석으

1 서울대 통일평화연구원에서 개발한 남북통합지수의 시기별 변화추세를 보면 매년 등락을 보이면서도 2008년 전후를 정점으로 크게 지수 상승기와 하강기의 두 국면이 뚜렷하게 구별된다. 우여곡절을 겪으면서도 남북협력의 상징공간으로 자리 잡았던 개성공단의 발전이 전반기를 상징한다면 정치적 갈등의 영향에서 벗어나지 못해 완전 폐쇄되고 만 것이 후반기를 상징한다고 할 것이다. 박명규 외(2013). 《남북통합지수 2008-2013 변동과 함의》. 서울대 통일평화연구원 참조.

로 유엔에 동시가입했다. 북한 김일성 주석의 사망으로 우여곡절을 겪었지만 햇볕정책을 표방한 김대중 정부하인 2000년 1차 평양정상회담이 개최되었고 〈6·15 남북공동선언〉이 발표되었으며 뒤이어 여러 고위급 대화가 이어졌다. 노무현 정부 때에 2차 정상회담이 개최되었고 〈10·4 남북정상선언〉이 발표되어 평화와 번영을 함께 이룰 것을 약속했다. 두 진보정권이 계속되던 시기에 금강산관광이 자리 잡고 개성공단이 가동되었으며 민간영역에서의 교류사업도 확장되었다.

하지만 이런 변모에도 불구하고 정치군사적 대립에 기초한 한반도 냉전구조는 거의 변하지 않았다. 비무장지대의 긴장과 단절이 변하지 않았던 것처럼 이산가족 간 서신교환이나 자유왕래도 전혀 이루어지지 못하는 시기가 계속되고 있다. 대규모 군사충돌은 통제되었지만 상호 불신과 적대감은 근본적으로 해소되지 못했고, 급기야 2006년 북한의 핵실험으로 새로운 대립이 출현하고 있다. 북한 비핵화를 요구하는 국제적인 경제제재가 강화되는 가운데 보수정권으로의 권력교체가 이루어지면서 남북관계는 다시 악화되었다. '비핵개방3000' 정책으로 북한 비핵화를 최우선 과제로 내건 이명박 정부와, 비핵화와 인권을 중시하는 '통일대박론'을 강조한 박근혜 정부하에서 남북관계는 이전 상태로 되돌아갔다.

2018년 들어 북한이 평창 동계올림픽 참가 의향을 밝힌 것을 계기로 북측 대표단이 방남하고 남측 특사단이 방북하면서 한 해 동안 무려 3차례의 남북정상회담이 개최될 정도로 남북관계는 급진전되었다. 이 공간에서 대북 경제제재로 인한 교착국면을 풀 국제적 타협책과 북한 비핵화가 모색되었고 북미 간 대화가 진행되면서 역사적인 북미정상회담이 두 차례나 열렸다. 북한이 장기적인 한반도 비핵화 목표를 수용하겠다는 뜻을 피력했고 실제 가시적 조치로 풍계리 핵실험장을 공개적으로 폐기했다. 미국의 트럼프 행정부도 김정은 위원장과의 타협 가능성을 공언함으로써 한반도의 중대한 변화를 기대하게 했다. 하지만 2019년 3월 이후 북미관계는 물론이고 남북관계도 활력을 잃고 지속적으로 악화되고 있다. 북한은 한국의 지속적인 중개자 역할을 달가워하지 않았고 '오지랖 넓은 행위'를 그만두라는 노골적 비아냥거림까지 서슴지 않았다. 이후 김여정의 거친 대남담화와 통신선 차단에 이어 남북정상회담의 상징적 기구였던 개성공단의 남북공동사무소가 폭파되었다.[2]

남북한 모두의 심대한 변화와 상호 간의 오랜 화해 노력에도 불구하고 이런 롤러코스터 패턴이 반복되는 이유는 어디에 있는가? 이 책은 이러한 질문에 대한 대답을 구해 보려는 노력의 일환이다. 특히 탈냉전, 세계화, 정보화, 다원화, 핵위기 등 한반도 안팎의 변화는 급격하고 심대한 데 반해 남북관계를 이해하고 규정하는 관점과 관

---

2 2020년 6월 9일 공동연락사무소를 통해 유지해 오던 남북 당국 사이의 통신연락선을 북한이 일방적으로 완전 차단했다. 뒤이어 6월 13일, 김여정 북한 노동당 제1부부장이 대북전단 살포를 문제 삼으며 "머지않아 쓸모없는 북남(남북) 공동연락사무소가 형체도 없이 무너지는 비참한 광경을 보게 될 것"이라고 밝혔고, 마침내 6월 16일, 북한이 개성공단에 위치한 남북공동연락사무소를 폭탄으로 폭파했다.

행은 낡은 틀에서 크게 달라지지 못한 패러다임의 문제에 주목하려 한다. 분단 70년의 역사와 21세기 상황을 반영하는 새로운 남북관계의 설정이 마련되지 않으면 이런 악순환의 반복을 해소하기 어려울 수 있다.

2. 남북관계의 상호규정이 문제다

남한과 북한이라는 두 정치체의 성격을 어떻게 규정할 것인가는 국제사회의 맥락에서는 비교적 단순한 사안이다. 북한을 정상적인 국가로 승인한 국가들의 입장에서는 한반도에 두 개의 독립국가가 존재하는 것이고 그 둘 사이의 관계가 어떠할 것인지는 그다지 심각한 사안이 아니다. 미국이나 일본처럼 아직 북한을 국가로 승인하지 않은 국가가 있지만 그 경우에도 북한의 비핵화와 정상국가화를 요구하는 것이지 북한이란 정치체의 독자성 자체를 부인하는 것은 아니다. 유엔에서 대한민국과 조선민주주의인민공화국은 각기 별개의 의석을 갖고 독자적 주권국가로 대우받고 있다. 많은 국제회의, 북한 문제를 다루는 다자회의에서도 국가 간 질서의 틀로 남한과 북한을 다루고 있는 것이 현실이다.

이에 비해 남북한은 각기 상대방을 어떻게 규정할 것인가에 대한 합의된 틀을 발전시키지 못했다. 그 이유는 역사적으로 형성된 세 가지 모순적 성격이 공존하고 있는 독특한 상호성 때문이다(박명규,

2012a 참조). 첫째, 남북한은 이데올로기 대결과 한국전쟁에서 기인하는 정치군사적 적대관계를 지속해 왔다. 한국전쟁을 휴전의 형태로 마무리한 정전협정체제가 70년 가까이 지속되고 그에 내재된 경계심과 불신은 지금도 비무장지대DMZ의 긴장으로 존속하고 있다. 둘째, 남북한은 국제사회에서 각기 별개의 주권성을 인정받은 인접한 두 정치체다. 남북한이 공식적으로 서로를 국가로 승인하지는 않았지만 유엔에 동시가입하고 기본합의서를 채택한 이래 사실상의 주권성을 인정하고 있다. 남북 지도자의 만남이 정상회담으로 일컬어지고 쌍방의 합의를 조약에 준하는 것으로 간주하는 시각은 이런 국가관계를 전제하는 것이다. 셋째, 남북한은 오랜 역사와 문화, 혈통과 언어를 함께하는 민족공동체에 속해 있고 장차 하나의 민족국가로 통일되기를 원한다는 공통점을 지닌다. 이산가족 상봉에서 함께 느끼는 감정, 올림픽 단일팀을 구성하려는 열망, 통일을 지상과제로 간주하는 공통의 지향에서 이런 민족관계를 손쉽게 확인할 수 있다. 적대관계, 외교관계, 민족관계로 일컬을 수 있는 이 세 가지 성격은 종종 부딪치고 갈등하지만 어느 하나도 무시할 수 없는 요인으로 남북관계를 틀 짓고 있는 것이다.

해방 이후 지금까지 남북관계는 이 세 차원의 비중이 서로 달라지는 방식으로 변모해 왔다고 할 수 있다. 한국전쟁을 겪고 냉전이 지속되던 시기에는 적대관계가 다른 두 차원을 압도하는 규정력을 행사했지만, 탈냉전 이후에는 상대적으로 적대관계가 약화되고 화해와 교류를 중시하는 민족관계가 부각되었다. 또한 각기 유엔에 가입하고 불가침을 약속하면서 별개의 주권적 실체를 인정하는 준국가적 관계도 확대되었다. 〈남북기본합의서〉에서 공식화된 상호규정, 즉 남북한은 '나라와 나라의 관계가 아니며 통일을 지향하는 과정에서 잠정적으로 형성되는 특수관계'라는 정식은 이런 세 가지 차원을 적절히 관리하기 위한 잠정합의였다. 즉, 정전상태에 있는 군사적 대립구도를 무시하지 않으면서, 또 한반도에 실재하는 두 정치체를 현실로 인정하면서 통일을 지향하는 민족적 정서를 반영한 포괄규정인 것이다. 그런 점에서 남북한 모두가 수용 가능했고 각기 자신의 입장을 고수하면서 새로운 관계를 열어 갈 유연성을 제공할 수 있었다.

물론 남북한이 각기 자신의 최고규범으로 간주하는 헌법적 원리와 당 강령에까지 이런 내용이 명확하게 자리 잡지는 못했다. 한국의 헌법에는 북한까지를 영토로 규정한 3조와 평화통일을 강조한 4조 간의 긴장이 있고, 4조의 평화통일 조항도 명시적으로 남북관계를 어떻게 다룰 것인가에 대해서는 불분명하다. 북한의 헌법과 당규약 역시 한국을 어떻게 자리매김할 것인가에 대해서는 불투명하고 정권 수립과 한국전쟁 이래의 관점으로부터 크게 벗어나 있지 않다. 그 결과 잠정성과 특수성을 강조한 기본합의서상의 규정은 글자 그대로 정치적 상황과 필요에 따라 잠정적이고 특수하게 남북관계를 다루는 원리가 될 가능성을 내포한 것이라고 할 수 있다.

탈냉전 30년의 기간 남북관계가 롤러코스터 형태를 드러낸 것도 이 세 차원의 비중이 여전히 유동적인 데서 기인한다. 북한의 핵무력 집착과 무기 개발, 한국의 국방력 강화와 대북 경계심은 한반도에 여전히 군사적 긴장, 적대관계가 온존해 있음을 드러낸다. 이명박 정부하에서 남북관계가 악화되는 계기가 되었던 금강산 관광객 피살사건, 천안함 폭침, 연평도 포격, 박근혜 정부하에서 개성공단 폐쇄의 빌미가 된 DMZ 목함지뢰 사건 등은 모두 적대관계에 기인하면서 또 이것을 강화한 사건들이다. 또한 북한의 핵개발과 한미 간 군사동맹은 이 적대성을 새롭고도 복잡하게 만들고 있다. 북한은 '미국의 대북 적대시 정책'을 빌미로 자신들의 핵개발을 정당화하고, 한국과 미국은 북한의 핵개발이 초래할 수도 있는 한반도 위기를 우려한다. 종전선언 구상, 평화체제로의 이행을 강조하는 논의들은 기본적으로 이 적대관계의 비중완화를 지향하는 것인데, 그 과정의 어려움과 복잡함은 적대성의 완전한 해소가 어려운 과제임을 보여 준다.

남북관계가 적대적인 긴장을 지속하는 바탕에는 분단상황을 비정상으로 간주하고 통일을 당위적 목표로 규정한 헌법적 가치가 존재한다. 단일한 민족공동체로서 오래 존속했다는 자의식, 분단상황은 스스로 원한 것이 아니라는 생각, 그리고 통일은 당연히 추구해야 한다는 지향이 남북 간 정통성 경쟁을 강화해 온 것이다. 탈냉전 이후 적대적 체제경쟁의 모습은 상당히 변했지만 여전히 헌법과 당 규약이 설정하는 자기중심적 통일의지는 큰 변화 없이 지속되고 있다. 그런가 하면 유엔 동시가입 이래 남북한은 국가적 관계에 준하는 새로운 공존의 틀을 모색해 왔다. 서로의 체제를 인정하고 불가침을 약속하며 내정불간섭에 합의한 것은 한반도에 두 정부가 공존하는 상황을 사실상 수용하는 변화를 반영한 것이다.

〈남북기본합의서〉에서 채택된 상호규정, 즉 '나라와 나라 사이의 관계가 아닌 통일을 지향하는 과정에서 잠정적으로 형성된 특수관계'라는 규정은 이런 현실을 반영한 것이었다. 서로를 국가로 인정하지 않고 분단의 현 상태를 잠정적인 것으로 규정함으로써 통일을 지향하는 의지를 반영하는 한편, 특수관계라는 표현을 통해 상호 간에 내정의 독립성과 대외적 주권성을 사실상 인정하는 길을 열었던 것이다. 실제로 이 잠정적 특수관계론은 탈냉전 이후 변화하는 상황에 필요한 정책적 유연성을 제공해 주는 논리로 활용되었고 남북 간에 진행된 다양한 교류와 대화, 새로운 관계설정의 노력에 크게 기여했다.

하지만 잠정적 특수관계라는 이 규정은 남북한 사이의 모순적인 세 층위를 전환시킬 충분한 내용을 갖추고 있지 못하다. 한국전쟁 이후의 적대성을 어떻게 해소할 것인가에 대한 본격적 논의를 포함하지 않기 때문이다. 분단과 종전 이래 70년간 지속되는 비무장지대의 단절, 한미군사동맹의 강화와 군사적 대립, 남북 간 체제이질성과 정서적 거부감의 뿌리가 되는 한국전쟁 유산을 어떻게 해소할 것인가에 대한 논의를 우회하는 잠정규정인 것이다. 잠정적이라는 표현이나 특수관계라는 선언은 남북관계의 독특함을 표현하는 데는 적절하지만 그것을 새로운 방식으로 규율하고 조정할 기본원칙이 될 내용으로는 불충분하다. 남북한 주민들의 상호불신과 적대감은 시일이 지나면서 약화되고 남북의 지도자들이 상호교류와 협력을 약속했다 하더라도 군사적 대립에 기초한 정전체제라는 현실과 어떻게 공존하고 이것을 어떻게 넘어설 것인지에 대한 공유된 전망을 발전시키지 않으면 남북관계의 진전이 쉽지 않다. 어렵고 본질적인 쟁점들을 잠정과 특수란 말 속에 괄호 쳐두고 쉽고 가능한 일부터 전개해 가는 현실주의적 대응이 일정한 수준을 넘어설 수 없는 한계를 노정하게 된 이유이기도 하다.

평화문제의 해결은 이런 한계를 넘어서 남북관계를 정상화하는데 필수적인 사안이다. 한반도에 존재하는 군사적 긴장, 정치적 대립을 해소하고 항구적 평화상태를 창출함으로써 남북의 화해와 협력이 가능할 수 있게 하는 것은 회피하거나 미룰 수 없는 과제다. 문제는 이런 평화공존을 가능케 할 조건, 평화체제의 안정적 구축에 필요한 상호 간 공존 패러다임이 여전히 미완의 상태에 있다는 사실이다. 지난 30년간 남북관계를 불안정하게 만들었던 속성을 해소할 새로운 상호규정의 합의 없이는 평화공존의 제도화가 이루어지기 어렵다. 평화체제를 모색하는 시점에서, 남북관계의 근간을 재구성해야 할 필요성이 여기에 있다.

3. 중간단계의 재구성이 필요하다

남북한의 상호규정은 동태적이다. 다시 말해 과거의 역사문화적 공동체성과 미래의 통일국가 지향성을 전제하면서 현재의 남북관계를 파악하는 것이다. 지난 70년 남북한이 두 체제로 병립해 온 역사를 '분단'이라는 개념으로 이해하는 것은 이런 동태론의 핵심을 이룬다. 오랜 기간 하나의 민족으로 존속한 한반도 주민이 장차 반드시 하나로 재결합되어야 한다는 신념하에서 현재의 분단상태는 잠정적이고 비정상적인 것으로 이해될 수밖에 없다. 분단을 극복하고 통일을 지향하는 방향으로 역사해석, 정치논리, 집합정서가 구축되는 것도 이런 동태론적 시각과 밀접하게 맞물려 있다.

문제는 이런 패러다임은 분단과 통일을 대립적인 양 극단으로 상정할 뿐 평화상태에 대한 진지한 구상을 포함하지 못한다는 사실이다. 평화공존은 통일로 가는 프로세스의 중간단계로 간주되고 정치적으로 중요하게 논의되지만, 정작 평화상태에서 남북한이 어떤 방식으로 공존할 수 있으며 그것을 안정화시킬 제도적인 틀이 무엇일지에 대한 깊은 고민은 찾아보기 어렵다. 대북 적대시정책의 철회만을 고집스럽게 외치면서 핵무력에 매달리는 북한의 논의는 말할 것도 없고 평화체제로의 전환을 추진하는 한국 정부 역시 평화상태의 남북관계에 대한 냉정하고도 포괄적인 틀을 마련하는 데 충분한 노력을 기울이는 것으로 보이지 않는다.

평화공존 상태에 대한 책임 있는 논의는 남북관계 동태론의 중간단계를 새롭게 주목하는 것에서 시작될 수 있다. 분단에서 통일로 가는 과정에서 한국은 남북연합이란 중간단계를 상정해 왔다. 1989년 〈한민족공동체통일방안〉이란 이름으로 발표된 이 구상은 일종의 국가연합 방식의 통일론을 내세움으로써 한반도에 두 체제가 공존하면서 점진적으로 통합되는 길을 수용한 것이다. 남북연합의 내용과 성격을 둘러싸고 명료한 합의가 마련된 것은 아니지만 북한의 체제소멸을 전제하지 않고 점진적인 통합을 상정하는, 남북관계를 전망할 수 있는 유연한 틀임은 분명하다. 2000년 제 1차 남북정상회담에서 발표된 〈6・15 남북공동선언〉에서 이 부분을 특정하여 '남측의 연합제 안과 북측의 연방제 안 사이의 공통분모'를 기초로 통일을 추구하기로 합의한 것도 기본적으로 이런 발상의 연장선에 있는 것이다. 지난 30년간 〈민족공동체 통일방안〉이 여러 차례의 정권교체와 남북관계의 변동 속에서도 한국 정부의 기본구상으로 유지될 수 있었던 이유도 이런 유연성 때문이라 할 것이다.

실제로 한국 정부는 교류협력이 진전되고 사회경제적 접촉이 확대되면 상호신뢰가 축적되고 부분적인 통합도 진전됨으로써 남북연합의 기초가 마련되리라고 기대했다. 통일을 장기과제로 두고 서로가 합의 가능한 분야부터 점진적으로 시작하자는 발상, 다시 말해 경제협력과 사회문화교류를 시작으로 정치군사적 합의로 나아가려는 전략은 이런 기능적 통합을 전제한 것이었다. 화해・협력을 제 1단계, 통일국가를 제 3단계로 하면서 남북연합을 그 중간의 제 2단계로 상정한 논리는 기능적 통합의 진전이 이 단계이행을 가능케 하리라는 믿음에 바탕을 둔 것이라 하겠다. 평화공존과 남북연합이 시기적으로나 단계적으로 중첩될 수 있으리라는 생각도 이런 암묵적 전망에 기초한 것이다.

2021년 현재 상황은 이러한 중간단계 구상을 근본적으로 다시 살펴보아야 할 필요성을 제기한다. 그 이유는 크게 세 가지를 들 수 있다. 첫째로, 북한이 실질적인 핵보유국임을 강조하면서 사회주의 국가로서의 체제유지를 최우선과제로 내세우게 된 상황변화다. 북한은 2021년 1월 개최된 노동당 제 8차 대회에서 민족해방통일 조항을 삭제하고 한반도 2국가 상황을 수용하는 방향으로 당 규약을 개정했다. 민족가치를 내세워 남북협력이나 통일을 강조하기보다는 사회주의 국가로서의 북한체제 고수를 더욱 중시하려는 입장을 분명히 했다. 외부로부터의 문화유입, 특히 한국으로부터의 각종 영향력을 철저히 차단하려 애쓰는 북한이 사회경제적 교류에 소극적인 태도를 나타낸 것은 이해함 직하다.

둘째로, 북한의 핵무장으로 촉발된 국제적 경제제재 국면이 손쉽게 바뀌기 어려우리라는 전망 때문이다. 제재의 선해제를 주장하는 북한과 북한의 비핵화 선조치를 요구하는 미국의 입장은 당분간 평행선을 그을 가능성이 있다. 여기에 미중 간의 패권경쟁이 심화되면서 북미 간에 장기간에 걸친 줄다리기가 불가피하여 남북교류의 규모와 속도가 장기간 제약될 것이다.

셋째로, 한국사회 내부의 변화로 인해 약화된 사회경제적 교류의 동력이 남북연합에 걸맞은 수준으로 발전하기에 상당한 시간이 필요하리라 보기 때문이다. 개성공단의 좌절은 단지 정치적 갈등으로 인한 결과만은 아니며 그 존재가치에 대한 북한의 평가가 달라진 결과이기도 하다. 이 모든 것은 점진적이고 단계적인 방식으로 통일로 가는 중간단계로 남북연합을 상정한 논리에 대해 근본적인 성찰이 불가피함을 말해 준다.

북한의 비핵화 전망이 어둡고 남북 간 화해·협력 수준도 미미한 상태에서 추구되는 평화공존은 어떤 모습일 것인가? 남북관계를 규율할 어떤 제도적 틀도 합의되지 못한 현실에서 이질적인 체제원리와 누적된 상호불신을 넘어설 조건은 무엇일까? 미국의 대북 적대시 정책 철회를 지속적으로 강조하는 북한과 미래를 향한 한미동맹의 고도화를 추구하는 한국 사이에서 안정적 평화체제는 어떤 형태여야 할 것인가? 이 모든 물음은 한반도의 평화상태란 무엇을 말하며 평화공존은 어떤 질서를 의미하는지, 이것이 실질적이고 항구적인 평화를 담보하고 남북한의 상호신뢰를 진전시킬 조건은 무엇일지에 대한 총체적 점검을 요구한다. 남북연합으로 상정되어 있는 중간단계의 재구성이 이 과제 속에 포함되는 것은 두말할 필요가 없다.

이 공동연구는 평화공존의 제도화를 위해서는 남북관계를 규정하는 패러다임의 재구성이 필요하다는 생각에 공감한 연구자들의 공동작업 결과다. 필자들은 잠정적 특수관계론에 근거하여 기능론적이고 단계론적인 발전을 상정했던 그간의 남북관계의 틀을 수정 보완하는 것이 중요하다는 입장을 공유한다. 하지만 그 대안을 모색하는 작업은 통일을 최고목표로 설정한 남북한 헌법규정에 대한 성찰까지도 요구되는 만만치 않은 작업이다. 더구나 소수 연구자들의 개별적 아이디어로 접근 가능한 사안도 아니다. 그렇다고 남북 정치당국의 협상과 합의에만 맡겨 두기에는 그 부담과 불확실성이 너무 크다. 남북관계의 비정상성을 해소하기 위해 기존의 패러다임에 대한 새로운 상상력을 구상하고 제안하려는 민간부문의 다양한 노력이 필요한 이유다.

남북한이 중기적으로 합의할 수 있는 중간단계의 모습을 재구성하는 것은 평화공존 상태의 제도화를 위해 필수적인 작업이다. 최종적 상태에 대한 남북의 공통된 지향은 통일국가 수립이라 할 수 있지만 그것은 당위적인 만큼 자기중심적이고 종종 중간과정을 무시하는 빌미로 남용되기도 한다. 이 연구의 참여자들은 현재 남북관계 패러다임의 부족한 지점을 중간단계 구상과 평화공존 질서의 연관성에서 찾아보려 한다. 중간단계에 대한 인식의 애매함, 기능론적 통합과정을 전제한 비현실적 전망은 지난 시기 남북 간 롤러코스터 정치변동을 초래하는 데 그치지 않고 향후 구축될 평화공존의 질서에도 불안정성을 야기할 가능성이 적지 않다.

네 명의 연구자들의 입장은 조금씩 다르다. 박영호는 평화공존체제의 구현체로서 남북연합을 상정하고 이를 〈민족공동체 통일방안 2.0〉의 이름으로 제안한다. 평화공존체제 남북연합은 남북한이 사실상의 국가성을 서로 인정하는 논리 위에 재구축되는 것으로, 화해·협력을 1단계로 상정하는 기존의 틀 대신 '평화·협력'을 제 1단계로 간주한다. 이 단계에서는 〈남북기본조약〉이 체결되고 남북관계가 안정화되는 변화가 포함되며 북한 비핵화가 본격적으로 추진된다. 결국 평화와 화해라는 조건이 갖추어진 위에서 남북연합이 구현 가능하며 이때의 남북연합이 곧 평화공존체제의 제도화에 해당한다고 보는 것이다.

김상준은 코리아 양국체제를 주장하면서 한반도의 2국가론을 적극 수용할 것을 강조한다. 그는 대한민국과 조선민주주의인민공화국 두 나라가 주권국가로서 공식 수교하고 평화롭게 공존, 교류, 협력하는 1민족 2국가의 평화체제, 공존체제를 이룩하는 것이 가장 현실적인 방안이라고 주장한다. 김상준은 이미 두 국가 상태가 구축된 지 오래지만 하나의 주권, 하나의 국가를 상정한 관념상의 대립을 벗어나지 못함으로써 현실을 곡해하는 비정상 상태가 고착화되었다고 본다. 그는 반쪽국가 의식을 넘어 양국체제라는 시각이 강화되어 왔고 이 과정을 전면적으로 수용하는 것이 필요하다고 본다.

전재성은 세계화의 문명적 전환을 염두에 둘 때 세계시민주의로의 변화에 걸맞은 정치공동체를 상상할 필요성을 제안한다. 다양한 통일론이 있지만 그 모두가 근대적 국민국가를 상정하는 공통점이 발견되는데, 이는 자칫 남북한의 정체성과 개개인의 다양성이 훼손될 우려를 동반한다. 전재성에 의하면 21세기 미래의 정치공동체는 국가 단위의 주권게임과 국제정치게임의 복합게임을 상정해야 하고, 그 맥락에서 다양한 통일방안들을 상상할 수 있어야 한다. 그 맥락에서 세계시민주의가 미래형 거버넌스로 주목될 필요가 있음을 강조한다.

박명규는 남북을 별개의 분단국가로 규정할 것을 제안하고 중간단계로서 분단국가연합을 제안한다. 분단국가 개념을 통해 남북한이 지닌 별개의 국가성을 현실 그대로 수용하면서도 일반적인 국민국가와는 다른 분단국가로서의 성격을 지니고 있음을 인정하는 것이 필요하다는 것이다. 통일에의 지향도 전통적 민족국가의 수립이란 관점을 넘어서 다양성과 이질성을 포용하는 연성복합통일이란 시각으로 재조정할 것을 강조한다. 그런 미래지향성 속에서 분단국가연합이란 중간단계를 제안한다.

각 장이 강조하는 내용은 같지 않고 최종목표에 대한 지향성도 다를 수 있다. 다만 다음의 몇 가지 지향점은 공통적으로 확인할 수 있다. 첫째, 남북한의 개별적 국가성, 주권성을 인정하고 그에 걸맞은 상호관계의 틀을 발전시켜야 한다. 둘째, 남북관계의 진전과 합의도 민족관계나 특수관계론을 넘어 국제관계의 보편적 프레임에 맞추어야 한다. 셋째, 평화공존의 틀이 통일을 지향하는 중간단계로 기능할 수 있도록 남북관계의 실질적 진전과 통합수준을 높이려는 노력이 필요하다. 마지막으로, 21세기의 정치공동체는 단일민족을 강조하거나 베스트팔리아적 국가주권을 내세우기보다 세계와 미래로 열린 연성적이고 복합적인 통합체를 지향해야 한다. 평화공존체제형 남북연합, 코리아 양국체제, 분단국가연합, 세계시민주의 거버넌스 등으로 달리 추구된 각 장의 논지들을 관통하는 문제의식이 향후 한반도 평화공존의 틀을 구축하는 소중한 자산이 될 것을 확신하고 기대한다.

2

평화공존과 '남북연합' 구상의 발전적 재구성

박영호

통일연구원 초청연구위원

1. 들어가며

1948년 8월과 9월에 공식 출범한 대한민국(남한)과 조선민주주의인민공화국(북한)은 1991년 9월에야 유엔에 가입했다. 사실 남한과 북한은 각기 1949년 1월과 2월에 유엔 가입을 신청했으나 유엔안전보장이사회 상임이사국 소련과 미국의 거부권 행사로 가입이 거부됐다. 이후 남한과 북한 두 국가는 정식회원국이 아니면서 각각 자유 진영과 공산 진영의 후원 속에 유엔을 무대로 외교적 경쟁을 펼쳤다. 유엔 가입 이후에도 두 국가의 외교적 경쟁은 여전히 계속되고 있다.

주민 전체의 자유의사에 입각한 자유와 독립, 주권국가 수립, 완전한 독립 및 통합(통일) 등 코리아(한반도) 문제는 유엔 출범 초기부터 주요 사안이었다. 1947년 11월 14일 채택된 유엔총회 결의 제112(II) 호에 따른 총선거가 가능했던 (38도선 이남) 지역에서 대한민국이 출범했다. 1948년 12월 12일 유엔총회는 결의 제 195(III) 호에서 유엔코리아임시위원단이 관찰할 수 있었고 모든 코리아[1]의 대다수 주민이 사는 코리아의 남쪽 지역에서 유권자의 자유의지가 표현되고 임시위원단이 관찰한 합법적인 정부(대한민국 정부the Government of the Republic of Korea)가 설립됐다고 선언했다. 그리고 대한민국 정부

1 유엔총회 결의 제 112(II) 호와 제 195(III) 호에서 코리아(Korea)는 지역적으로 38도선 이남과 이북을 모두 포함한 한반도 전체를 의미한다.

가 코리아에서는 유일한 합법적 정부라고 덧붙였다.

코리아의 38도선 이북에서는 소련의 거부로 유엔총회 결의 제 112(II)호에 따른 총선거가 시행될 수 없었다. 그 대신 소련의 지원 아래 공산주의 국가 조선민주주의인민공화국이 수립됐다. 북한은 1990년대 초 세계적 차원의 냉전체제가 해체되기까지 공산 진영의 후원을 받아 남한의 유엔 가입을 저지했다. 북한의 공식적인 거부 명분은 '하나의 조선' 정책이었다. 그러나 북한도 유엔에 가입함으로써 '하나의 조선' 정책은 사실상 폐기됐다. 결국, 서로의 국가성을 부정하는 남한과 북한은 상대방이 독립·주권국가로서 존재한다는 사실을 국제법적으로 인정하게 되었다. 즉, 한반도에는 각기 유엔 회원국인 두 개의 독립된 주권국가가 있다.

하지만 유엔 가입 이후에도 남한과 북한은 국내법으로 상대방을 공식국가로 인정하지 않고 있다. 남한과 북한은 통일을 지향하는 분단국가이다. 각자의 국가목표로서 통일은 자국의 체제와 이념에 입각하고 있다. 따라서 유엔에 별도로 가입한 해 12월 남한과 북한은 쌍방의 관계를 "나라와 나라 사이의 관계가 아닌 통일을 지향하는 과정에서 잠정적으로 형성되는 특수관계"라고 합의했다. 이 내용을 담은 〈남북기본합의서〉는 사실상 효력을 잃었으나 쌍방의 관계에서 정치적으로는 여전히 살아 있다.

남한과 북한이 별도의 국가로 출범한 지 70년 이상이 지났으며, 외교·통상·교류 등 국제무대에서 유엔 회원국으로서 각각 독립·주권국가로 활동한 지도 30년이 지났다. 같은 뿌리의 민족, 공통의 언어, 오랜 역사와 문화·전통은 남한과 북한이 통일을 지향하는 근본 토대로 강조된다. 그러나 70년 이상 전혀 다른 이념과 체제 아래 지속한 정치·군사·안보적 갈등과 적대관계는 당대의 평화적 통일이 결코 쉬운 일이 아님을 보여 준다. 1970년대 이래 〈7·4 남북공동성명〉, 〈남북기본합의서〉, 〈6·15 남북공동선언〉, 〈4·27 판문점 남북정상선언〉, 〈평양 공동선언〉 등 수많은 합의서와 근 670회에 달하는 남북 접촉·회담에도 불구하고 우리가 처한 남북관계의 현실이 이를 증명하고 있다. 이런 과정을 거치면서 열린 사회 남한과 닫힌 사회 북한 간에 사고구조와 믿음체계, 행위 및 거래 양식, 국제사회와의 관계, 인구구조 등에서 틈이 크게 벌어졌다. 북한 주민의 통일 필요성에 대한 인식의 변화를 알 수 없지만, 남한 사회에서는 시간이 지나면서 통일의 필요성에 대한 국민의 인식이 크게 약화하는 추세로 변했다(차승한, 1994/2005; 서울대 통일평화연구원, 2019: 36). 2

자유민주주의와 자본주의 시장경제의 남한과 유일지배 1인 독재와 사회주의 계획경제의 북한은 각기 평화통일을 내세우고 있다. 그러나 정치·경제체제의 기본 원리 및 전제와 작동방식의 본질적 괴리는 평화통일의 현실 가능성을 의심케 만든다. 적대관계 속에서도

2 통일연구원과 서울대 통일평화연구원의 통일여론(의식) 조사 결과를 보면, 통일의 필요성과 관련한 질문에 대해 '필요하다'고 응답한 비율이 91.6%(1994), 83.9%(2005), 63.8%(2007), 59.0%(2010), 51.0%(2015), 53.0%(2019)로 대폭 감소하는 추세를 보였다.

1989년 남한과 북한이 경제교류와 인적교류를 시작했을 때 많은 사람이 분단의 극복 가능성을 기대했다. 비록 남북 쌍방향의 균형적인 거래와 협력은 아니었으나 물적, 인적 교류 · 협력의 양과 범위가 꾸준히 증대하는 양상이 전개됐다. 여러 가지 형식의 제도적 뒷받침도 이루어졌다. 그러나 정치군사적 대결 상태는 해소되지 않았고, 화해를 이룩하지도 못했으며, 불신은 여전하고 따라서 신뢰도 쌓이지 않았다. 단속적으로 전개된 교류 · 협력은 정치적 · 군사적 문제로 쉽게 무너졌으며 평화로의 길은 반복적으로 닫혔다.

한국 정부의 공식 통일방안인 〈민족공동체 통일방안〉은 자유민주주의 · 자본주의 시장경제체제로의 통일을 목표로 하면서, 통일을 이루기까지의 남한과 북한 간 관계양식의 점진적이며 단계적인 발전을 상정하고 있다. 바로 '화해 · 협력' 단계를 시작으로 '남북연합' 단계를 거쳐 최종적으로 '통일국가 완성' 단계에서 하나의 통일국가를 달성하겠다는 3단계의 발전과정을 제시하고 있다. 통일국가 완성 이전의 화해 · 협력 단계와 남북연합 단계에서 〈남북기본합의서〉의 화해, 불가침 및 교류 · 협력의 장에 담긴 여러 분야에서의 관계 발전을 전제로 한다. 이 구상은 대립과 갈등, 군사적 적대 상태인 남북관계의 현실을 고려하여 군사적 대결 상태의 해소, 정치적 화해와 신뢰 조성, 교류 · 협력, 군사적 신뢰 구축과 군비통제, 평화체제 구축, 국제사회에서의 협력 등을 통해 상호협력과 공존공영의 관계를 만들어 통일 기반을 조성해 나가며, 남북연합의 과도 기간을 거쳐 하나의 통일국가를 달성하려 한다. 또한 정치 · 사회 · 경제 등 제반 측면에서 북한체제가 자유화, 다원화, 개방화, 자본주의 시장경제로 진화할 것을 기대하며, 그러한 방향으로의 변화를 추동하려 한다. 따라서 자유, 민주, 인권 등 자유민주주의적 가치를 강조하며, 통일국가의 미래상으로 구성원 모두가 주인이 되며 개개인의 자유와 복지와 인간 존엄성이 보장되는 선진 민주국가를 제시한다.

그러나 북한은 남한의 통일방안을 '흡수통일' 방안으로 본다. 마찬가지로 남한의 시각에서 북한의 통일 목표는 전 한반도의 북한식 사회주의의 완성, 즉 공산화 통일이다. 〈남북기본합의서〉에서 약속한 상호 체제 인정·존중조차 제대로 이행되지 않고 군사적 긴장·대결이 지속하는 이유다. 현실적으로 2개의 국가인 대한민국과 조선민주주의인민공화국이 '나라와 나라 사이의 관계가 아닌' 관계라면서 자국의 통일방안에 따른 대북정책과 대남정책을 추진하고 있다. 남한의 〈민족공동체 통일방안〉과 북한의 '고려연방제' 통일방안은 본질상 접점을 찾을 수 없다. 〈6·15 남북공동선언〉 제2항에서 서로 공통점이 있다고 본 '남측의 연합제 안과 북측의 낮은 단계의 연방제 안'은 단지 겉모습만 유사할 뿐이다. 이러한 본질의 문제가 해결되지 않는 한, 남한과 북한은 대결 상태를 근본적으로 해결할 수 없다.

교류·협력의 점진적 발전이 정치·군사적 파급효과를 가져와 남북관계 전반을 개선해 나갈 것이라는 기능적 접근은 한국 정부 통일정책의 기조다. 노태우 정부 이래 역대 정부의 대북정책도 큰 틀에서는 이러한 기조를 바탕으로 하고 있다. 그러나 지난 30년 동안 남북관계 개선의 가장 큰 걸림돌이었던 북핵문제는 김정은 정권이 핵보유국을 달성함으로써 더 악화했다. 북한의 유일지배 독재 아래서 핵무력은 체제・국가・정권・개인 독재의 보장을 위해 버릴 수 없는 수단이다. 또한 사회주의 진영 붕괴 후 북한은 기존의 체제 정체성을 가장 견고히 고수하고 있는 국가로 판단된다. 쌍방 관계에서도 사실상 두 개의 독립・주권국가로 행동하는 양식의 증대, 북한의 체제 정체성 고수, '핵보유국 북한' 등의 요인은 남한과 북한의 관계양식에 대한 새로운 검토를 요구한다.

한편, 현 시기의 한반도를 둘러싼 국제적 전략 환경은 〈남북기본합의서〉가 합의되고 〈민족공동체 통일방안〉이 공표되던 시기와는 현격히 달라졌다. 사회주의 진영의 붕괴와 미국의 유일 초강대국 시대를 지나 미・중 전략경쟁이 심화하는 시대로 변했다. 공산당 일당독재 아래 세계 2위의 경제대국으로 성장한 중국은 시진핑 집권 후 국내적 권위주의 강화와 국제적 패권추구 야망을 노골적으로 드러내면서 자유주의 국제질서에 도전하고 있다. 특히 중국의 군비증강과 공세적 외교안보 전략은 다자안보협력기구가 없는 동북아의 안정을 크게 위협하는 요소다.

트럼프 정부의 인도・태평양 전략을 이어받은 바이든 정부는 중국 견제・포위 전략을 안보 차원에서는 물론 국제민주주의 연대, 동맹국 및 우방국과의 첨단 과학기술 협력 추진 등 전방위로 강화하고 있다. 즉, 바이든 정부는 한국, 일본, 대만과의 관계를 강화하면서 중국의 동·남중국해 영향권 확대 전략에 관해 견제·압박을 증대하고 있다. 중국은 이러한 미국의 압박에 강하게 대응하면서 러시아와의 전략적 협력 강화, 북한과의 동맹관계 강화 등을 추진하고 있다. 북한의 핵무장을 비롯해 미·러·중의 핵·전략무기 첨단화 등 동북아 국가들의 군사력 증강으로 군비경쟁도 심화하고 있다. 미국의 동맹국인 한국과 일본의 관계는 문재인 정부-아베·스가 정부 아래서 1965년 국교 정상화 이래 최악의 상황이다. 이에 따라 동북아의 지정학적 상황은 자유주의 국제질서를 유지하려는 전략을 가진 미국과, 미국의 패권에 도전하는 중국 간의 경쟁이 심화하면서, 경쟁구조 아래 있는 여러 국가 행위자 간의 협력과 갈등이 복합적인 양상을 띠고 있음을 보여 준다.

요컨대, 한국의 관점에서 보면 한반도를 둘러싼 동북아 국제질서는 새로운 '냉전'(Tran, 2021. 4. 21.)[3] 구조의 등장을 우려하게 만든다. 한국의 대북·통일정책 추진의 전략적 환경은 더욱 복잡해졌다. 따라서 남북관계의 안정적 개선·발전과 평화 정착, 평화공존체제 구축, 그리고 정치·경제·사회 등 다차원적 통합의 과제를 어떻게 추진할 것인가의 문제는 이러한 변화된 환경과 구조를 고려하며 고민해야 한다. 특히 다자안보협력기구가 없는 동북아의 지정학적 상황에서 한반도의 평화공존과 남북 간 통합을 추진하는 과정

---

3 미·중 전략경쟁을 '냉전'(cold war)으로 명명할 것인가에 상관없이, 양국은 경제 및 지정학적 이익을 포함, 핵심가치를 둘러싸고 만성적 갈등에 빠져 있다.

은, 한반도의 현상 변경에 첨예한 이해관계를 갖는 두 강대국 미국과 중국 간 전략경쟁의 심화에 더욱 영향을 받는 어려운 과제가 되었다. 두 나라가 각각 한국, 북한과 동맹관계에 있기 때문이다. 이 글에서는 이러한 문제 인식을 배경으로, 한 세대 전 〈민족공동체 통일방안〉에서 통일의 중간단계로 제시된 '남북연합'을 한반도 평화공존체제 구축의 맥락에서 재검토하고자 한다.

2. 〈민족공동체 통일방안〉의 '남북연합' 구상

1) 〈민족공동체 통일방안〉의 기본철학과 원칙

〈민족공동체 통일방안〉의 원류는 1989년 9월 11일 노태우 대통령이 천명한 〈한민족공동체통일방안〉이다. 이 방안은 남한과 북한이 역사적으로 오랜 기간 한민족으로서 공동체적 성격을 유지해 왔다는 인식에 토대를 두었다. 이후 동 방안은 보완・발전되어 1994년 8월 15일 김영삼 대통령의 광복절 경축사를 통해 〈한민족공동체 건설을 위한 3단계 통일방안〉(약칭, 〈민족공동체 통일방안〉) 으로 제시됐다. 이 통일방안은 여러 사회주의권 국가와 수교를 성취한 남한 북방정책의 성과, 세계적 차원에서의 냉전구조 해체라는 국제환경의 변화, 서독과 동독의 통일, 남한과 북한 간 총체적 국력 격차가 보여 주는 남한체제에 대한 자신감, 사회주의권의 체제전환을 보면서 남북대화에 응한 북한과의 총리급 회담 결과인 1992년 2월 19일 〈남북기본합의서〉 발효 등을 배경으로 한다.

〈민족공동체 통일방안〉은 1970년대 초 남북대화를 시작한 박정희 정부 이후 역대 정부 통일정책의 진화된 결과로 비교적 체계화된 통일구상을 담은 방안이다. 통일의 기본철학과 원칙, 통일의 과정, 통일의 미래상 등을 제시하였다. 먼저 통일의 기본철학으로 자유민주주의를 표명하고 있다. 대한민국의 헌법 가치인 자유민주주의가 통일의 기본철학으로 제시된 것은 당연하다. 통일은 소모적 갈등과 비생산적 비용 지출을 강요하는 분단을 극복하고 국가의 장기적 발전을 위해 이루어야 할 국가목표다. 하지만 대한민국 헌법의 기본가치를 등한시하고 국민의 삶을 희생하면서까지 달성해야 하는 통일 지상주의적 목표는 아니다. 또한 대한민국의 역사적 발전과정이나 통일과정과 통일 이후 미래의 발전, 그리고 그 과정에서의 국제사회에 대한 기여 등을 고려하면 자유와 민주주의, 인권존중은 우리가 일관되게 추구해야 할 가치다. 이러한 가치는 유엔헌장에 담겨 있는 보편 가치이기도 하다.

〈민족공동체 통일방안〉은 '민족공동체'라는 용어에서 알 수 있듯이 남한과 북한을 하나의 한민족공동체로 만들어 통일을 달성하겠다는 접근법을 제시했다. 남한과 북한이 공유하는 혈통·민족적 동질, 오랜 공통의 역사와 문화, 언어와 생활양식 등을 토대로 같은 민족 간의 통일, 즉 민족통일을 통해서 (인정하지는 않지만) 사실상 남한과 북한 두 국가의 국가통일을 이루자는 것이다. 기본 인식은 남한과 북한으로 나뉘어 사는 민족이 어떻게 함께 살아가느냐에 초점을 맞춘다는 것으로 계급이나 집단 중심의 이념보다는 인간 중심의 자유민주주의를 바탕으로 한다는 것이었다. 즉, 북한체제가 토대를 두고 있는 마르크스・레닌주의 프롤레타리아 독재체제는 배제하는 것이다. 이 방안이 제시된 1990년대 초반만 하더라도 북한 사회는 말할 것도 없이 남한 사회도 그 주권자는 전통적 의미의 한민족 구성원이 대부분이었다.

그러나 지난 30년 동안 한국 사회의 구성원은 많이 변했다. 여전히 혈통적 한민족이 주권자 구성원의 압도적 다수를 차지하지만, 혈통적 한민족이 아닌 한국인이 많이 늘어나고 있다. 예를 들어 2019년 전체 혼인 중 다문화 혼인의 비중은 10.3%였으며, 전체 출생아 30만 3천 명 중 다문화 가정 출생아는 1만 7,939명으로 5.9%의 비중을 차지하였다(통계청, 2020). 즉, 한국이 혈통적・문화적 측면에서 다민족국가로 변해 가고 있음을 말하고 있다. 따라서 '민족공동체'의 '민족'은 이제는 혈통적으로 하나의 민족이라는 의미가 아니라 한국인으로서 민족적・국민적 정체성을 갖는다는 의미로 새롭게 정의되어야 한다(박영호 외, 1993: 11).4

또한 〈민족공동체 통일방안〉은 통일을 추진하는 과정에서 견지

---

4 필자는 '민족공동체 통일방안'이 발표되기 이전의 연구에서 분단 이후 전혀 다른 발전의 길을 걸은 남한과 북한의 상황과 통일이 단순히 공간적 재통합을 의미하지 않는다는 점에서 '민족'의 개념을 전통적인 공통 요소에 한정할 것이 아니라 새롭게 '민족적인 것'을 창출해 나가는 개념으로 사용할 것을 제안했다.

해야 할 원칙으로서 자주, 평화, 민주를 제시하였다. '자주'의 원칙은 우리 민족 자신의 뜻과 힘으로, 그리고 남한과 북한 당사자 간의 상호 협의를 통해 통일이 이루어져야 한다는 것을 말한다. '평화'의 원칙은 통일이 전쟁이나 상대방에 대한 전복을 통해서 이루어질 수 없으며, 오직 평화적 방식으로 달성되어야 한다는 점을 의미한다. 그리고, '민주'의 원칙이란 통일이 민족구성원 모두의 자유와 권리를 바탕으로 이루어지는 민주적 통합의 방식으로 이루어져야 한다는 것이다. 이러한 3가지 원칙은 1972년 〈7·4 남북공동성명〉에서 천명되고 1992년 2월 발효되었던 〈남북기본합의서〉에서 재확인된 조국통일 3대 원칙, 즉 자주적 해결, 평화적 방법, 민족 대단결 도모와 대비된다.

2) 〈민족공동체 통일방안〉의 3단계 통일과정

〈민족공동체 통일방안〉은 점진적·단계적 통일을 제시했다. 수백만 명의 생명을 앗아간 처절한 동족상잔의 비극을 겪고, 냉전체제의 최일선에서 첨예한 정치·군사적 대립과 갈등 속에 대치한 남한과 북한이 평화적 방식으로 쉽게 통일을 이룩할 수 없다는 인식에서 나온 당연한 논리적 귀결이다. 〈남북기본합의서〉에 나타났듯이 남한과 북한이 정치·군사적 대결 상태를 해소하고 화해를 이룩하고, 긴장 완화와 평화를 보장하며, 다각적인 교류·협력을 실현해야 평화통일로 나아갈 수 있다는 인식이다. 남한과 북한이 우선 화해와 협력을 통해 상호신뢰를 쌓고 평화를 정착한 후에 통일을 추구하는 점진적인 구상을 한 것은 자연스럽다. 〈민족공동체 통일방안〉은 현재까지 대한민국 정부의 공식 통일방안으로 사용되고 있다.

따라서 〈민족공동체 통일방안〉은 남북관계가 점진적으로 적대・대립・갈등에서 화해・협력의 관계로 이행하는 3단계의 변화과정을 거쳐 최종적으로 통일을 달성하려는 구상을 제시했다. 구체적으로 통일을 향한 점진적・단계적인 과정은 화해・협력 단계 → 남북연합 단계 → 통일국가 완성 단계의 3단계이다.

1단계인 '화해・협력 단계'는 남한과 북한이 적대와 불신・대립관계를 청산하고, 상호신뢰 속에 긴장을 완화하고 화해를 정착하면서 실질적인 교류・협력을 시행함으로써 평화공존을 추구하는 단계이다. 두 상대방이 상호체제를 인정・존중하는 가운데 분단의 상태를 평화적으로 관리하면서 경제・사회・문화 등 각 분야의 교류・협력을 통해 상호 적대감과 불신을 해소하는 단계로 본다. 이러한 1단계 과정을 거치면서 남한과 북한은 상호신뢰를 바탕으로 민족동질성을 회복하면서 본격적으로 통일을 준비하는 방향으로 나가게 된다.

요컨대 1단계를 분단 시기 동안의 남북 간 대립과 적대의 관계에서 화해와 협력의 관계로 전환하는 시기로 상정한다. 이 단계에서 남북관계 갈등의 본질이 완전히 바뀌지는 않지만, 〈남북기본합의서〉의 화해와 불가침 및 교류・협력의 내용이 점진적으로 진행되어 점차 협력관계로 변하는 것을 의도한다. 특히 경제・사회・문화 부문에서 변화가 선행되어서 정치・군사적 부문으로 차차 영향을 미치길 기대하는 기능주의적 접근으로, 각 부문 간의 남북 통합에 대한 인식도 동일하다.

2단계인 '남북연합 단계'는 남한과 북한의 합의로 법적·제도적 장치를 마련하고 이를 체계화한 남북연합기구들을 창설·운영하는 것을 상정한다. 〈민족공동체 통일방안〉은 기본적으로 남북정상회의, 남북각료회의, 남북평의회, 공동사무처 등의 구성·운영을 제시하고 있다. 그러나 남북연합에 어떤 기구를 두어 어떤 일을 할 것인가는 남한과 북한의 합의에 따라 구체적으로 결정될 수 있다. 남북연합으로의 진입은 남한과 북한 간의 정상회담을 통해 '남북연합 헌장'을 채택하거나 기타 합의하는 방식을 생각할 수 있다. 이러한 남북연합기구를 구성·운영함으로써 민족공동체의 완성으로 향하는 경제·사회공동체를 형성·발전시켜 남한과 북한의 공존·공영과 한반도 평화정착을 목표로 한다. 이러한 목표가 실현되는 상태를 '사실상의 통일'로 본다. 다시 말해, 남한과 북한 간의 평화적 공존을 제도화하는 중간과정으로, 과도적 통일체제이다.

이 단계의 핵심은 오랜 불신과 대립으로 심화된 남한과 북한의 이질화 문제를 해소하기 위한 단계를 두어야 한다는 것이다. '민족공동체'의 용어가 상징하듯 민족의 동질성 회복을 위한 중간단계를 두어야 한다. 남한과 북한은 각각 외교·국방·경제권을 갖는 독립·주권국가이면서 양자 간 관계를 협의·조절하고 대외적으로 공동이익을 도모하는 과도적 연합체로서의 남북연합을 구성·운영한다. 남북연합은 일반적으로 인식되는 국가 간 연합체인 국가연합이 아니라 남한과 북한이 기능적인 하나의 생활공간을 형성해 나가는 것을 말한다.

마지막 '통일국가 완성 단계'는 남북연합 단계에서 구축된 민족공동의 생활권을 바탕으로 정치공동체를 실현하여 남한과 북한의 두 체제를 완전히 통합하는 것으로 1민족 1국가의 단일국가를 완성하는 단계다. 남북연합 단계에서 남한과 북한이 사회문화적, 경제적, 정치적 이질화가 상당한 정도로 해소되고 부문 간 통합이 진전된 상태를 토대로 제도적 통합을 추진하는 것을 말한다. 남한과 북한이 민주적 방식과 절차에 따라 통일헌법을 확정・공포하고 그에 따른 절차에 따라서 민주적 선거를 실시하여 통일정부, 통일국회를 구성하고 법적・제도적 통합을 함으로써 통일을 완성하는 것이다.

3) 통일국가의 미래상

통일국가의 미래상은 대한민국이 지향하는 국가 발전의 미래상이라고도 할 수 있다. 사실 분단이 장기화하면서 남한은 독자적인 발전의 경로를 거쳤다. 정치적인 권위주의 국가 시절을 거치면서도 산업화에 성공하여 경제발전을 이루었으며, 그 토대 위에서 자유민주주의체제를 실질적으로 운영하는 민주화에도 성공했다. 산업화와 민주화의 성공을 바탕으로 국가 발전의 과정을 지속한 결과 국제사회에서 선진국으로 평가받게 되었다. 한국은 세계의 빈곤국에서 시작해 2010년에는 경제협력개발기구OECD의 개발원조위원회DAC 회원국이 되었으며, 2021년에는 유엔무역개발회의UNCTAD의 선진국으로 분류되었다. 지금까지 UNCTAD의 분류에서 개발도상국에서 선진국으로 진입한 경우는 한국이 유일하다. 이제 한국은 성숙한 자유민주주의 선진국으로의 지속적인 발전과 더불어 분단 극복을 통해 통일국가로의 발전을 추구해야 할 것이다. 〈민족공동체 통일방안〉이 제시한 3단계의 통일과정을 거쳐 최종적으로 완성되는 통일국가는 구성원 개개인의 자유와 복지와 인간존엄성이 보장되는 선진 민주국가를 그 미래상으로 제시하고 있다. 유엔헌장과 국제인권규약의 보편적 가치와 자유민주주의, 선진 자본주의 시장경제 복지사회를 지향하는 것이다. 구체적으로는 첫째, 민족공동체 건설을 위한 전제조건인 자유민주주의는 자유와 평등을 기본으로 삼권분립, 법치주의, 의회제도, 시장경제, 시민사회 등을 근간으로 이루어진다. 이러한 자유민주주의가 제대로 작동하기 위해서는 민주적 기본원칙을 준수하는 규범적 토대가 마련되어야 한다. 둘째, 경제적으로는 시장경제를 바탕으로 모든 국민이 함께 잘사는 국가, 소외된 계층에게는 따뜻한 사회, 국제사회의 공동번영에 기여하는 나라를 지향한다. 이러한 목표는 사실 현재의 한국이 국내적, 국제적으로 지향하는 바와 같다. 셋째, 대외적으로는 성숙한 세계 국가로 나아가기 위한 국가 역량을 강화한다. 선진 복지경제 및 확고한 국가안보 역량과 함께 높은 문화적 국력도 갖춘 국가를 지향한다. 현재 한국이 국제적으로 선진국으로 평가받게 되었지만 성숙한 세계 국가가 되기 위해서는 국제적으로 위기 발생 가능성이 높은 지역이 아니라 공고한 평화가 정착된 한반도가 되어야 한다.

요컨대 〈민족공동체 통일방안〉은 대한민국의 헌법 가치를 토대로 하며, 북한체제의 변화를 전제로 한다. 이 방안은 제시된 이후 대한민국 정부의 공식 통일방안으로 이어지고 있다. 정치적 민주화 이후 역대 한국 정부는 각각의 이념적 정향에 따른 차별적인 대북정책을 마련·추진해 왔지만, 최소한 형식적 차원에서라도 〈민족공동체 통일방안〉의 구상이 갖는 기본 인식은 유지해 왔다. 대북정책에 따른 북한에 대한 인식과 접근에 차이가 있었고, 또 이 방안을 토대로 한 통일과정에 큰 진척은 없었지만, 통일의 미래상은 대한민국이 지향하는 국가 발전의 모습과 크게 다르지 않다. 이 방안이 제시된 후 지난 30년 동안 한국 사회는 여러 난관을 헤치면서 이러한 미래상의 방향으로 발전했다고 할 수 있다. 그러나 방안의 전제가 되는 북한체제의 본질적인 변화는 일어나지 않았고, 군사안보적 차원에서는 오히려 북한이 '사실상의 핵보유국'이 됨으로써 평화통일과 거리가 더 멀어졌다. 〈민족공동체 통일방안〉은 〈표 2-1〉과 같이 요약할 수 있다.

〈표 2-1〉〈민족공동체 통일방안〉

통일의 철학	인간 중심의 자유민주주의
통일의 원칙	**자주, 민주, 평화** · 자주: 민족자결의 정신에 따라 남한과 북한 당사자 간 해결 · 평화: 무력에 의거하지 않고 대화와 협상을 통해 추진 · 민주: 절차와 방법은 민주적 원칙에 입각
통일의 과정	3단계: 화해 · 협력 → 남북연합 → 통일국가 **화해 · 협력 단계** · 남한과 북한이 서로의 실체를 인정하고 적대 · 대립 관계를 화해 · 협력과 공존 · 공영의 관계로 바꾸기 위한 다각적인 교류 · 협력 추진과 평화 정착 · 〈남북기본합의서〉 이행 · 실천 **남북연합 단계** · 남한과 북한 간 이념 · 체제의 차이와 이질성을 고려, 경제 · 사회공동체를 형성 · 발전시키는 남북연합을 과도체제로 설정(2체제, 2정부) · '남북연합헌장' 이행 · 실천 ① 남북정상회의(최고결정기구) ② 남북각료회의(집행기구) ③ 남북평의회(대의기구/100명 내외 남한과 북한 동수의 대표) ④ 공동사무처(지원기구/상주연락대표 파견) **통일국가 단계** · 남북평의회에서 통일헌법 초안 마련 ⇒ 민주적 방법과 절차를 거쳐 통일헌법 확정 · 공포 ⇒ 통일헌법에 의한 민주적 총선거 실시 ⇒ 통일정부와 통일국회 구성(1국가 1체제 1정부) · 통일헌법 이행 · 실천의 정치공동체 실현
통일국가 미래상	자유 · 복지 · 인간존엄성이 구현되는 선진 민주국가

3. 북한의 통일 논리 변화와 체제전환 가능성

1) 통일 논리의 변화

1948년 9월, 북한 정권 수립 이후 지금까지 변하지 않고 유지되고 있는 한반도 분단과 통일문제에 대한 북한의 공식적인 입장이 있다(김태영, 2001: 3~8쪽). 첫째, '제국주의 세력' 미국에 의해 한반도 분단이 이루어졌으며, 미국의 간섭과 방해 책동 때문에 통일이 이루어지지 않고 있다는 인식이다. 둘째, 통일문제는 한반도의 '전국적 범위에서 민족의 자주성을 실현하는 문제'라는 인식이다. 셋째, 통일문제는 '조선 인민의 내정문제'로서 '같은 민족 간의 문제'라는 인식이다.

북한은 김일성 정권 초기 '미제의 남조선 강점과 민족분열 정책'을 끝장내고 전 한반도의 공산화 통일을 이루기 위해 남한을 무력 침략했다. 그러나 그 '미제'를 위시한 유엔군의 남한 지원으로 무력 통일에 실패했다. 그 이후 북한은 남한에서 미국 군대를 철거시키고 미국의 영향을 배제하기 위한 전략을 추진했다. 이러한 전략은 김일성-김정일-김정은으로 이어지는 70년 이상의 북한 유일지배 독재정권 통일정책의 본질이다. 2021년 1월 노동당 제8차 대회에서 채택된 당 규약은 이를 다시 한 번 보여 주었다. 북한은 여전히 "남조선에서 미제의 침략무력을 철거하고 남조선에 관한 미국의 정치·군사적 지배를 종국적으로 청산"하는 것을 통일의 주요 목표이자 전제로 보는 것이다. 여기에 1972년 남북 당국 간 비밀접촉·협상의 결과인 〈7·4 남북공동성명〉에 담긴 '자주적 해결', '평화적 방법', '민족적 대단결'의 통일원칙을 '조국 통일의 근본원칙'으로 덧붙였다.

그러나 북한은 전 한반도의 사회주의화 통일 목표와 이를 달성하기 위한 수단으로서 무력을 사용하는 것을 절대 포기하지 않았다. 노동당 제8차 대회에서 채택된 당 규약은 그 이전 수사적으로라도 담았던 "자주, 평화통일, 민족대단결의 (통일) 원칙"에서 '평화통일'을 삭제하고 "국방력으로 근원적인 군사적 위협들을 제압"하겠다는 군사력의 사용을 명시했다. 또한 이른바 '전 조선(한반도)의 애국적 민주역량과의 통일전선' 강화는 당 규약의 변치 않는 통일사업의 주요 방식이다.

그동안 북한이 제안했던 통일방안에서 통일정부를 수립하는 방식으로 남북한 총선거가 처음부터 배제되었던 것은 아니다. 무력 침략을 개시하기 직전이던 1950년 6월 7일과 19일, 그해 8월 5일부터 8일까지 남북 총선거를 진행하여 남북 최고입법기관을 창설하자고 제안했으며, 무력에 의한 통일 시도가 실패한 이후인 1956년 4월 노동당 제3차 대회에서 '남북 총선거에 의한 통일정부 수립'을 제안한 바 있다. 그러나 1960년대 들어 이른바 '연방제' 방식의 통일방안을 제안하면서 '남북 총선거'에 대한 언급은 이후 북한의 여하한 통일 제안에서도 사라졌다.

북한이 통일방안으로 제안한 '연방제'는 김일성이 1960년 8월 14일 처음 공식 거론하였다. 그러나 북한의 '연방제'는 미국, 독일, 오스트레일리아, 스위스, 러시아 등 지구상에서 같은 체제와 이념, 헌법과 법률에 토대하여 공식 작동하고 운영되는 중앙-지방정부 관계의 일반적 연방제가 아니다. 1958년 2월 이집트와 시리아 간에 성립했으나 곧 실패한 아랍연합 공화국처럼 두 개의 독립·주권국가 간 국가연합을 말한다. 김일성은 남한과 북한 간의 사실상 '국가연합'을 통일방안으로 제안한 것이다. 북한은 남한을 독립·주권국가로 인정하지 않기 때문에 "남북 조선의 정치제도를 그대로 두고 조선민주주의인민공화국 정부와 대한민국 정부의 독자적인 활동을 보존하면서, 두 정부의 대표들로 구성된 최고민족위원회를 조직하여 주로 남북 조선의 경제·문화발전을 통일적으로 조절하는 방법"을 '연방제'라고 주장했다(김일성, 1981: 243~244). 이러한 북한의 '연방제' 주장은 1980년 10월 노동당 제6차 대회에서 '고려민주연방공화국창립방안', 이른바 '고려연방제'로 정립·제안되었다. 북한은 "고려민주연방공화국은 창립 그 자체가 통일의 실현"이라고 주장한다(김태영, 2001: 127). 이후 '고려연방제'는 현재의 김정은 정권에 이르기까지 북한의 공식적인 통일방안으로 견지되고 있다.

'고려연방제' 제안 이후에도 북한 통일정책의 핵심은 미군 철수와 한반도 문제에서의 미국의 영향력 배제였다. 미국의 영향력 배제는 이른바 '두 개의 조선 책동 분쇄'와 '남조선에 관한 내정간섭 종식'이라는 용어로 나뉘었다. 북한 통일전략의 핵심은 미국을 배격해야 하며, 남한에서 반통일 세력을 축출하고 '자주성'을 실현해야 한다는 것이다. 여기에서 '민족'이란 혈연과 언어의 공통성을 핵심으로 하는(김혜연, 2002: 18) 배타적이며 폐쇄적인 '민족'이자, 사회주의·공산주의 이데올로기와 연계된 계급적 관점의 '민족'을 의미한다. 민족주의는 공산주의와는 상통하지만, 자유민주주의와는 무관한 것으로 간주한다. 따라서 연공연북聯共聯北하는 남한의 '민족주의'와 북한의 공산주의는 단합하여 민족대단결로 통일을 지향해 투쟁해야 한다는 것이다(김혜연, 2002: 235~265쪽). '자주성'은 "그 어떤 예속과 구속도 반대하고 자기 자신이 자기 운명의 주인으로 살려는 성질"로 정의되며, "민족의 생명"이라고 주장한다(김혜연, 2002: 51~52쪽). 그런데 이 '자주성'은 독립적인 인격을 갖는 모든 개개인의 본원적 성질이 아니라 집단적, 사회적 존재로서 터득하는 것으로, 수령에 복속되어 '사회정치적 생명'을 얻어야 가질 수 있는 것이다. 즉, 북한 사회주의와 집단주의의 도구적 부속품으로서 '자주성'을 의미한다. 결국, 자주, 민족주의, 민족대단결은 북한 사회주의를 수용하고 통일이 그러한 방향으로 지향되는 범위 내에서 인정되고 활용되는 것이다.

북한의 관점에서 이러한 논리가 최적으로 반영된 문헌이 바로 2000년 6월 첫 남북정상회담의 산물인 〈6·15 남북공동선언〉이다. 동 선언 제1항에서 남한과 북한은 "나라의 통일문제를 그 주인인 우리민족끼리 서로 힘을 합쳐 자주적으로 해결해 나가기로" 합의했다. 당연한 말처럼 들리지만, 여기에서 '우리민족끼리'의 '민족'이란 사회주의 민족을 말하며, '자주적'이란 집단주의 도구로서의 '자주성'을 말한다. 〈6·15 남북공동선언〉에 "우리민족끼리"(민족 공조)가적시된 이후 북한은 남북관계와 대남·통일정책에서 이 용어를 외세를 배격하고 자주의 이념을 포장하며 남남갈등을 조장하는 도구로서 적극적으로 활용하고 있다. 북한의 통일정책은 김일성, 김정일 정권을 거쳐 현재의 김정은 정권에 이르기까지 이러한 시각과 입장에서 유지되고 있다.

그러나 다른 한편, 북한의 통일정책에서도 사회주의 진영 붕괴 이후 국제환경의 변화를 반영하는 측면이 나타나기도 하였다. 사회주의 진영 붕괴와 한국과 사회주의권, 특히 소련·중국과의 수교는 북한의 대남 및 대외관계를 위축시켰으며, 통일정책도 체제방어적 차원의 추세를 보였다. 북한은 1990년대 들어 '고려연방제'를 토대로 '1민족 1국가 2제도 2정부에 기초한 연방제'를 제안했다.

김일성·김정일은 사회주의 국가들의 체제전환이 전면적으로 진행되는 상황에서 '우리식 사회주의'를 내세우는 한편, "우리나라의 현 실정에서 누가 누구를 먹는 방법으로 통일을 하려는 것은 옳지 않(다)"면서 "사상과 제도는 누구의 강요에 의해서가 아니라 인민들이 스스로 선택하여야 할 문제"라고 북한체제를 방어하려는 수세적 자세를 보였다(조선중앙방송, 1991. 8. 5.). '하나의 조선'을 포기하는 것이라며 유엔 가입을 반대하던 북한은 "나라와 민족 분열의 영구화, 합법화 시도로부터 초래되는 후과를 막기 위하여"라는 변명을 유엔 가입의 명분으로 삼았다(조선중앙방송, 1991. 9. 18.).

북한의 공식적인 통일정책은 김정일이 1997년 8월 4일 발표한 "위대한 수령 김일성 동지의 조국통일유훈을 철저히 관철하자"에서 제시한 '조국통일 3대 헌장'에 종합적으로 정리되었다. '조국통일 3대 헌장'은 '조국통일 3대 원칙', '고려민주연방공화국창립방안'(고려연방제), 그리고 '조국통일을 위한 전민족대단결 10대 강령'을 말한다. 북한은 '조국통일 3대 헌장'의 시대적 배경으로, 미국의 북한 '고립압살 책동', 남한 집권세력의 '북남대결 소동과 반통일 책동', '겨레의 통일열망' 등 세 가지를 들었다(윤금철 · 한남철, 2010: 7~22). 이 세 가지 배경 논리는 예를 들어 미국의 '고립압살 책동' 대신 '적대시 정책'처럼 변용을 보일 뿐 지금도 여전하다.

북한의 체제방어적 통일 논리는 〈6 · 15 남북공동선언〉의 제 2항에 담긴 '낮은 단계의 연방제'로 이어졌다. 동 선언에서 남한과 북한의 두 정상은 "남측의 연합제 안과 북측의 낮은 단계의 연방제 안이 서로 공통성이 있다고 인정"했지만, '낮은 단계의 연방제'가 무엇을 의미하는지 여전히 불명확하다. 다만, 2001년 매체를 통해 '낮은 단계의 연방제' 안이 "북과 남에 존재하는 두 정부가 정치, 군사, 외교권을 비롯한 현재의 기능과 권한을 그대로 가지게 하고, 그 위에 민족통일기구를 내오는 방법으로 민족 공동의 이익에 맞게 북남관계를 통일적으로 조정해 나가는 것을 기본내용으로 하고 있다"라고 밝힌 바 있다(평양방송, 2001. 2. 11.). '남측의 연합제' 안이 〈민족공동체 통일방안〉의 제 2단계인 '남북연합'을 말하며 북한이 이에 동의했다면 사실상 '2국가'를 수용한 셈이다. 그러나 북한은 공식적으로 '2국가'를 수용하지 않았으며, '고려연방제'의 골격을 그대로 유지하고 있다. 또한 외세의존정책 포기, 주한미군 철수, 한 · 미 합동군사훈련 완전중지, 미국의 핵우산 포기 등의 조건을 지속해서 견지하고 있다.

2000년대에 북한은 체제방어의 군사적 수단으로서 핵무기와 탄도미사일을 본격 개발하였다. 그러면서 통일 및 남북관계와 관련해서는 남한과 북한이 기존의 사상과 제도를 고수하는 한 남북관계의 대안은 체제대결로 인한 전쟁뿐이라면서 평화적 통일의 방식은 '체제가 공존하는 방식밖에 없다'는 논리를 전개했다. 2000년과 2007년 두 차례의 남북정상회담 등을 통해 나타난 김정일 정권의 남북관계 주안점은 통일보다는 북한체제 유지·발전을 위한 남북관계 개선과 남한으로부터의 대규모 경제협력 획득, 외부 자원 유인을 위한 환경 조성이었다. 이를 위해서는 전 한반도의 북한 주도 사회주의화라는 최종목표 달성 이전에 남북 간 '공존'을 전략·전술적으로 강조할 수밖에 없었다. 통일전선 사업은 이러한 용도에 봉사하는 목적으로 활용되었다. 예를 들어, 〈6·15 남북공동선언〉 이후 이와 연관된 행사에서는 항상 북한이 선호하는 남한 단체나 인사들을 중심으로 행사를 진행했으며 남한 보수정부 집권기에는 사실상 공동행사를 중단하였다. 요컨대 북한의 통일 논리는, 적어도 북한체제가 한반도 상황을 확실하게 주도할 수 있는 능력을 갖추기까지 서로 다른 남한과 북한 '2체제' 유지의 '북한식 연방제'를 주장하면서, '공존'을 강조하는 것이었다.

그러나 김정은 정권에서 핵무기와 탄도미사일의 성공적 개발이 이루어지면서 북한의 통일문제에 대한 자세는 '공존'을 말하면서도 점차 공세적으로 변하기 시작했다. 2016년 5월 노동당 제7차 대회에서 북한은 '조국 통일의 대통로'를 열어야 한다면서, 민족자주, 민족대단결의 기치를 강조하고 '연방제 방식의 통일'을 실현하고 "상대방에 존재하는 서로의 사상과 제도를 인정하고 용납하는 기초 위에 온 민족의 지향과 요구에 맞게 연방국가를 창립"하자고 주장했다. 그리고 북한의 변화를 바라며 '제도통일'을 고수하면 전쟁이 발생할 것이며, '외세공조'를 버리고 〈6·15 남북공동선언〉과 〈10·4 남북정상선언〉을 이행할 것을 요구했다. 이와 함께 한미 연합훈련의 전면 중지와 주한미군 및 장비 철수, 미국의 '대북 적대시 정책' 철회 등도 요구했다. 그러면서 "조국이 통일되면 우리나라는 8천만의 인구와 막강한 국력을 가진 세계적인 강대국"이 될 것이라고 주장했다(조선중앙통신, 2016. 5. 9.).

국제사회의 제재와 압박이 강화되는 국제환경 속에서도 김정은 정권의 통일문제에 대한 공세적 태세는 2017년 11월 '국가 핵무력 완성' 선언 이후 전술적 변화를 보였다. 2018년 2월부터 약 1년 남짓의 기간 동안 전개됐던 남북 간의 화해 국면은 경제제재 해제를 얻기 위한 2019년 2월 미·북 하노이 정상회담의 실패 후에 전면적인 교착 국면으로 전환됐다. 북한은 다시 한 번 대남강경정책으로 돌아섰다. 2021년 1월 노동당 제8차 대회 당시 김정은의 사업총화보고를 통해 북한은 남북관계에서 근본적인 문제 해결을 주장하며 정상선언의 이행을 강조했다. 군사장비 반입과 한·미 합동군사연습 중지 등 적대행위를 중단하고 대규모 경제협력을 하라는 요구다.

노동당 제8차 대회 사업총화보고에 통일방안에 대한 언급은 없었으나 개정된 당 규약 전문에는 통일문제에 대한 공세적 태세가 적극적으로 표출되었다. 주한미군 철수, 미국의 한반도 문제에 대한 영향력 배제 등 기존의 전략 노선을 견지하면서 미국의 힘을 군사력을 통해 배척하겠다는 의지를 담았다. 즉, “강력한 국방력으로 (미국 제국주의의) 근원적인 군사적 위협들을 제압하여 조선반도의 안전과 평화적 환경을 수호”하고 통일을 앞당기겠다는 것이다. 유엔 안보리 결의에 따라 국제사회의 강화된 제재가 지속하면서 외교적, 경제적으로 더 어려워진 상황에서, 통일의 수단으로서 군사력의 사용 가능성을 비치고, 또 이전과는 달리 ‘통일을 앞당긴다’라는 적극적 의지를 표출했다.

이처럼 김정은 정권의 통일문제에 대한 적극적 · 공세적 태세로의 변화는 2021년 현재 40~60개 내외로 추정되는 핵무기를 보유한 핵전략국가의 자신감을 토대로 하고 있다. 총체적인 국력에서 남한보다 압도적으로 뒤처지며 국내외적 환경 조건이 매우 불리한 상황에서, 김정은 정권이 한편으로는 체제이완을 방지하기 위한 통제체제를 강화하면서 다른 한편으로는 최소한 의지의 차원에서 통일문제에 대한 방어적 태세를 공격적 태세로 전환한 것이다.

결론적으로, 북한은 남한과 북한의 이념 · 체제 및 통일정책 목표의 근본적 괴리에 따라서 현실적으로 가능하지 않은 ‘2체제’ 유지의 ‘북한식 연방제’를 통일방안으로 주장하고 있다. 이러한 정책은 한편으로는 ‘우리식 사회주의’의 북한체제를 방어 · 유지하고, 다른 한편으로는 주한미군 철수, 한·미 연합군사훈련 중단, 한·미동맹 철폐, 핵우산 철거, 전략장비 반입 중지, 국가보안법 철폐, 연북연공 활동 허용 등을 전술·전략적으로 일관되게 제기하여 자기 측에 유리한 정책 환경을 조성하려는 의도를 가졌다.

2) 체제전환 가능성

사회주의 진영 붕괴 이후 지구상에 공식 명칭과는 무관하게 마르크스·레닌주의에 근거해서 설립된 공산당 1당 독재체제를 여전히 유지하는 국가는 북한, 중국, 쿠바, 베트남 등 소수에 불과하다. 이들 국가는 사회주의 형제국 또는 우호국의 관계를 유지하고 있다. 그러나 북한은 김일성-김정일-김정은 3대로 이어지는 김일성 가계의 독재 권력 세습이라는, 현대판 봉건 왕조체제의 성격이 가미되었다는 점에서 다른 사회주의 국가들과 다른 특성을 갖는다. 사회주의 진영 붕괴 이후 북한 정권은 자국의 사회주의를 '우리식 사회주의'라고 부르며 체제수호를 위해 전력을 기울였다.

1990년대 대부분의 동유럽 사회주의 국가에서 체제전환이 이루어지고 중국, 베트남 등 아시아 사회주의 국가에서도 경제적 체제전환이 상당한 정도로 진행되면서, 북한의 체제전환 가능성에 대한 일부 기대가 있었다. 북한은 중국의 〈중외합자경영기업법〉(1979)을 모방하여 1984년 9월 외국인 투자 유치를 위한 〈합자경영기업법〉(합영법)을 제정한 것을 시작으로, 〈헌법〉에 합자사업 추진 명시(1992

년 〈개정헌법〉 제37조), 〈자유경제무역지대법〉, 〈토지임대법〉, 〈외국인투자은행법〉 제정 등 법·제도를 정비하고, 경제특구개발계획을 세우는 등 일련의 경제 개방개혁 관련 조치를 취했다. 남북관계 개선 상황에서는 일부 남한 기업과의 협력사업이 이루어지기도 했고 개성공단 사업도 진행됐다. 그러나 세계 자본주의 경제체제와 깊숙이 연계되면서 세계 2위의 경제대국으로 부상한 중국**5**과는 비교조차 할 수 없으나, 도이모이(쇄신Đổi mới) 정책으로 역시 세계 자본주의 경제체제에 참여하며 체제전환을 이루어 경제발전에 성공한 베트남과 비교해도, 북한의 경제체제는 여전히 매우 폐쇄적인 상태에 머물러 있다. 사실 '고난의 행군' 시절을 겪으며 당국의 억제에도 불구하고 북한 사회 안에 자생적 시장이 형성되면서 김정일 정권은 '종합시장'을 개설하는 등 '시장화'를 일부 수용하였으나, 북한체제의 개방에는 극히 민감하게 반응하면서 거부의 자세와 정책을 유지했다.

북한의 '낮은 단계의 연방제'를 거론하면서 남한의 '연합제'와 공통성이 있으며, 그런 방향에서 통일을 지향하기로 했다면, 남한의 '남북연합' 구상이 실현되려면 북한체제의 변화, 즉 체제전환이 상

---

5 중국이 세계자본주의와 깊숙이 연계되어 있으나, 미·중 전략경쟁 심화 상황에서 중국공산당 독재의 시진핑 1인 권력집중을 강화하고, 국제자본 및 정보유통의 중국사회주의체제에 대한 영향을 차단하기 위해 2021년 상반기부터 정보기술(IT) 대기업, 자본시장 등을 강력히 규제하며 반(反) 시장적 정책을 시행하여 경제가 국가사회주의로 회귀하는 양상을 보여 주고 있다.

당한 정도로 진행되어야 한다. 그러나 북한은 김정은 정권에서도 ‘우리식 사회주의’를 강조하며, 정치 분야는 물론이고 경제 분야에서도 사회주의 건설 총 노선과 자강력 제일주의를 내세우며 민족자립경제, 자력갱생, 강력한 국방력 건설 우선의 사회주의 경제노선을 벗어나지 못했다. 개방과 개혁은 부르주아 자유화 바람으로, 사회주의 건설을 위해 철저하게 막아야 한다. 김일성-김정일주의화를 기반으로 한 경제건설은 애초부터 개방과 거리가 멀었다. 더욱이 경제건설·핵건설 병진 노선에 입각한 발전 전략은 ‘동방의 핵대국’ 달성을 위한 핵무기 개발을 우선하는 것으로, 국제사회의 경제제재 강화와 외교적 압박을 초래하여 경제건설을 위한 외적 환경 조성은 더욱 어려워졌다. 따라서 2016년 노동당 제7차 대회에서 제시한 국가경제발전 5개년 전략은 실패할 수밖에 없었다.

2021년 1월의 노동당 제8차 대회에서 김정은은 경제실패를 인정했다. 그러나 그의 전략적 선택은 경제 개방개혁으로 전환하는 것이 아니라 ‘인민대중제일주의 정치’의 구호를 앞세워 실패한 ‘우리식 사회주의’를 고수하는 것이었다. 새로 제시한 경제발전 5개년 계획이란 자력갱생에 의존하는 것으로, 체제혁신을 구조적으로 거부하는 통치 이데올로기의 굴레를 벗어나지 못했다. 핵전쟁 억제력의 강화는 대외환경 개선의 포기를 의미하며, 따라서 내부 자원과 노동력을 쥐어짜는 ‘정면돌파전’을 강조할 수밖에 없었다. 경제발전과 인민생활 향상을 최우선 과제로 내세웠으나 김정은 정권에게 더 중요한 과제는 체제이완을 방지하는 것이었다. 인민에 대한 통제를 더 강화하기 위해 법·규율 감독 체계를 정비하고 반사회주의, 비사회주의 캠페인을 대대적으로 전개하고 있다. 2021년 전반기 6개월 동안 당을 비롯해 근로자, 여성, 청년, 학생 등 각종 외곽단체의 전국적 집합행사를 잇따라 개최하여 당·국가·사회의 긴장 상태를 조성하였으며, 미국의 적대시 정책으로부터 생존권과 자주권을 지키기 위해 핵전쟁 억제력을 강화한다는 변명은 변하지 않았다. 특히 고도의 전략·전술 핵무기를 개발하고 핵 선제 및 보복타격능력을 고도화할 것을 강조했다. 요컨대, 적어도 경제회복과 발전에 필요한 경제체제와 그 운영방식의 개혁을 통한 국가경제발전 전략은 없었다.

유일영도체제를 고수固守하며, 온 사회의 김일성·김정일주의화를 내세우는 북한의 미래 경로는 노동당의 일당 지배, 생산수단의 국가 소유라는 사회주의 본질을 벗어나지 않을 것이다. 이러한 북한의 정치적 조건과 환경은 가까운 장래에 이미 30년 이상 지난 동유럽 방식의 체제변동 가능성을 기대할 수 없게 한다.

김정은 정권 10년의 국가운영 방식과 노동당 제8차 대회의 전략적 선택에 비춰 보면, 향후 김정은 정권이 존속하는 한 북한에서 경제적 측면에서라도 체제전환이 발생할 가능성은 거의 없다고 보는 것이 타당하다. 핵문제가 해결의 방향으로 진척되지 않는 한, 북한의 경제회복과 발전에 필요한 만큼 충분한 대외환경의 개선 가능성은 희박하다. 북한 주민들의 경제적 여건을 개선하려면 북한경제가 자본주의 국제경제와 연결되어야 하지만, 유일지배 독재권력을 유지하고 정치와 이데올로기가 지배하는 체제 성격상 체제전환의 경제개방 · 개혁은 어려울 것이다.

현 북한체제가 내구력을 갖는 요인은 다음과 같이 정리할 수 있다. 첫째, 엘리트 집단의 내적 응집력이 강하다. 현재의 전체주의적 독재체제에서 기득권을 유지할 수 있는 소수의 지배권력 집단은 김정은과 이익을 공유하는 지배연합을 구성하고 있다. 소수의 고위층이 권력 유지의 방책으로서 숙청 · 처형되는 사건이 발생하지만, 전체적으로 이들은 경제적 위기 국면에서도 고도의 충성심과 응집력을 보여 준다.

둘째, 김일성－김정일－김정은으로 이어진 1인 절대지배 세습독재가 현 지구상에서 가장 긴 기간인 70년 이상을 장기화하면서 통치시스템은 비교적 안정적이며 억압의 정치적 비용은 감소하였다. 억압체제는 일상적이며 주기적인 폭압의 활용으로 잠재적 도전을 억제하며, 엘리트의 분할통치가 작동한다.

셋째, 독재자는 지배를 안정적으로 지속하기 위해 핵심계층에게 차별적인 혜택을 주기적으로 제공한다. 최고위층을 시작으로 250명 내외의 당 중앙위 정 · 후보위원을 중심으로 각계의 충성심이 강한 당원 네트워크와 일부 인민들에게 차별적 혜택을 부여하여 충성심을 유지한다. 이러한 가운데 부패 · 지대 착취구조가 일상적으로 자리를 잡았다. 인민들의 잠재적 불만이 쌓이는 것을 방지하기 위해 때때로 고위층의 부패를 시범적으로 단속하지만, 이러한 부패 · 지대 착취구조는 고도의 개인화 정권의 통치술이다.

넷째, 권력의 공유는 부의 공유와 동반한다. 지배연합 내의 권력 배분은 주기적으로 반복되는 숙청작업을 통한 '승리연합' 안에서 충분하게 운영할 수 있다.

다섯째, 당·국가·사회에 걸친 정치학습 체제가 비교적 원만하게 가동되고 있다. 당 정치국·중앙위원회를 필두로 각 급, 각 계층에 대한 일상적인 정치학습은 인민들에게 피로 현상을 가져오기도 하지만, 그들을 체제충성의 도구로서 사회화하는 핵심 기제이다.

여섯째, 노동당 1당 지배 아래서 '민주적' 외형의 국가 제도를 운영하고 있다. 당 우위 국가로서 당이 지배하지만, 행정-입법-사법 및 각종 당 외곽기구를 제도적으로 운영하면서 권력 배분의 도구로써 활용하고 있다. 이러한 제도운영은 사회주의 법과 질서 유지를 명분으로 사법·경찰·국가보안부서 등의 억압기구와 함께 체제의 안정성과 정통성을 제고하는 효과가 있다.

일곱째, 북한은 국제적 고립 속에서도 막강한 경제력과 군사력으로 미국의 국제질서 주도권에 도전하는 사회주의 독재국가, 중국을 국경을 접한 동맹국으로 갖고 있다. 미·중 전략경쟁의 심화 또는 새로운 냉전구조의 형성 속에서 중국의 국가안보 전략에서 북한의 효용성은 더욱 커졌다. 중국은 유엔 안보리 상임이사국이자 NPT(핵확산금지조약) 체제의 핵보유국으로서 동맹국 북한의 핵개발을 억제해야 할 책임이 있었지만, 사실상 북한의 핵보유를 용인하였다. 자국의 영향권을 확대하려는 중국의 야심 찬 전략 추진에 북한을 사회주의 동맹국으로 유지하는 것은 김정은 정권에게 천군만마의 힘이 된다.

물론 장기적 경제침체 속에서 경제가 추가로 악화하는 현상은 북한 주민들의 내핍을 더욱 강요하게 되고 이는 잠재적인 불만을 누적시키는 요인이 된다. 예기치 않게 독재자의 신변 이상이 발생할 수도 있고, 권력핵심 내에서 권력투쟁이나, 21세기에도 독재국가의 권력이행 수단으로 발생하는 군부 쿠데타가 발생할 수도 있을 것이다. 경제제재 등 북한에 관한 국제사회의 지속적인 압력이 내부의 잠재적 불만 요인의 폭발을 촉진할지도 모른다. 그러나 북한은 여전히 이러한 현상의 발생 가능성이 적을 뿐만 아니라 발생하더라도 체제를 지속할 수 있는 요인들의 영향이 강할 것으로 판단된다.

김정은이 북한의 통치자로 등장했을 때, 그의 젊은 나이와 외국유학 경험, 북한 사회의 시장화 현상 확산과 외부 정보의 유입, 국제환경의 변화 등을 이유로 북한체제의 변화를 기대하기도 했다. 그러나 김정은의 권력이 공고화하면서 유일영도체제의 전체주의적 독재체제, 일원론적 이데올로기, 전 사회를 옥죄는 병영국가적 억압장치의 일상적 가동 등 김일성 시대부터 북한체제의 성격을 규정하는 구조적 요인들은 그의 절대적 일인 지배를 안정화하는 기제로 그대로 이어졌다.

정치·사상 차원에서 우리식 사회주의, 김일성-김정일주의, 유일영도 체계 등 체제·정권 유지의 핵심 가치와 기제를 계속 고수할 것이다. 체제이완을 방지하기 위한 강도 높은 사상통제와 통제·억압수단을 주기적으로 활용해 긴장이 고조되고, 전 국가·사회적 동원체제는 반복적으로 작동할 것이다. 김정은의 권력 누수 방지와 소수 권력집단의 통제 및 응집력 유지를 위하여 당의 조직과 선전선동 기능은 더욱 강하게 작동할 것이다. 내각(정부), 군, 당 외곽기구, 지방행정기구 등 국가 기능과 사회 전반을 통제하는 기능은 강화되고, 당의 지배통제 기능이 하위 단위에까지 효율적으로 작동하도록 기층조직의 유지·강화를 위한 정책은 계속 추진될 것이다. 당·정·군 및 외곽기구 등 모든 제도와 기관의 독자성 또는 자율성은 허용되지 않으며, 북한판 시민사회의 형성·등장을 가져올 수 있는 요소는 원천적으로 차단하는 조치를 취할 것이다. 이에 따라 개인의 이익과 물질 가치 선호, 외부 사조 선호 등 인민의 의식 변화는 최대한 통제하며, 정치체제에 미치는 영향을 최소화하기 위한 반사회주의·비사회주의 캠페인 등 사회 통제·억압 기제의 활동은 수시로 반복될 것이다.

김정은은 10년의 통치 경험을 통해 절대 독재자로서 자신의 부족함을 탓할 줄 아는 권력 운용의 노회함도 갖게 되었다. 핵보유국을 완성한 토대 위에서 인민의 경제생활 여건을 개선해 주겠다는 그의 국가경영전략은 핵개발이 초래한 국제사회의 경제제재와 외교적 압력으로 실패했다. 그러나 그는 그러한 국가경영전략을 바꿀 의도가 없다. 경제를 회복하고 발전시키기 위해서는 경제체제와 경제작동 방식의 전면적인 혁신, 즉 경제적 체제전환 전략의 선택이 필요하지만, 독재자 김정은과 그와 이익을 공유하는 소수의 권력집단에게는 체제전환이 초래할 수 있는 권력 기반의 불안정화보다는 기존 체제의 유지를 통한 기득권 향유가 더 이익이다. 요컨대, 향후 김정은 통치하의 북한에서 정치체제의 본질이 변할 가능성은 매우 적으며, 정치체제와 독립적인 경제적 체제전환을 발전경로로 채택할 가능성도 적다. 남한과 북한 간 평화공존체제를 확립하는 과정은 이러한 근본적 요인을 염두에 두어야 현실 적합성을 그나마 어느 정도 기대할 수 있다.

4. 남북 평화공존의 조건과 평화공존의 상태

1) 평화공존의 조건

한국 정부의 통일정책 기조는 기본적으로 북한의 변화를 전제로 한다. 또한 북한의 대남·통일정책이 공세와 유화를 반복하며 남북관계가 굴곡을 겪어 왔지만, 남북관계의 개선이 북한에 그러한 기회를 제공할 수 있을 것으로 가정한다. 따라서 갈등·대립 상황에서도 남북관계를 개선하고 불안정한 공존관계를 안정적인 평화공존 상태로 진화시키기 위해서는 북한의 전략과 내외 환경을 고려한 정책 추진이 필요하다. 전 사회주의 국가나 권위주의 국가에서 체제전환을 이룬 경우를 보면 체제 내에서 변화 욕구가 강력하게 발현될 때 가능했다. 북한에서 체제 내 변화 욕구가 억제되고 발현의 가능성이 낮은 상태에서는 남북관계의 본질을 바꾸기가 매우 어렵다.

반세기 이상 지속된 남북대화의 역사에도 불구하고 긴장과 대결의 본질이 변하지 않는 이유는 두 개의 국가가 '나라와 나라 사이의 관계가 아닌' 관계를 맺고 있다는 사실에 있다. 체제의 성격이 극명하게 다른 남한과 북한이 각기 자국의 입장에서 통일을 바라보며 이를 토대로 남북관계에 접근하는 한, 남북 간의 대결 상태를 근본적으로 전환할 수는 없다. 〈6・15 남북공동선언〉 제 2항에서 서로 공통점이 있다고 본 '남측의 연합제 안과 북측의 낮은 단계의 연방제 안'은 단지 겉모습만 유사할 뿐이다.

북한의 핵무기 개발・보유・배치는 안보적 차원의 억제력이기도 하지만 체제・국가・정권의 유지 수단이다. 김정은 정권이 핵이 없어도 체제・국가・정권이 존속할 것이라는, 특히 김정은 자신의 1인 권력이 유지될 것이라는 확신이 없는 한, 자발적인 핵 폐기 과정으로 이행하지는 않을 것이다. 국제정치 논리상, 그리고 국제적 경험 사례로 볼 때 독재자가 선한 의도를 갖고 자발적으로 핵을 포기한 사례는 없다.

남북관계 차원에서, 김정은 정권의 핵무기는 총체적 국력 격차의 지속적인 증대와 재래식 군비경쟁에서의 불균형을 일거에 만회할 수 있는 무기이자 전략적 수단이다. 대남정책 운용 차원에서, 북한의 핵능력은 체제방어 기제를 유지할 수 있는 유용한 수단으로서 남북 간 경제 및 사회문화 교류협력을 통해 체제능력을 신장시키면서 자기 방식의 남북관계를 추진할 수 있는 무기로 활용할 수 있다. 2021년 1월에 열린 노동당 제 8차 대회 사업총화보고와 결론은 김정은 정권이 대남관계에서 핵전략・전술을 활용할 것임을 보여 주었다.

통일정책 차원에서, 북한은 '하나의 조선' 정책을 내세우며 통일문제를 거론했으나 1990년대 이래 사실상 북한체제를 영구 유지하기 위한 '두 개의 조선' 정책으로 변했다. '낮은 단계의 연방제'는 '민족 공동의 이해관계에 기초한 서로 다른 사회제도의 연방'이라는 체제방어 차원에서 나온 공존의 수단적 논리다. '체제대결로 인한 전쟁 초래'의 논리를 한국의 보수정부 정책에는 '흡수통일'로 비난하며 강경하게 대응하고, 진보정부의 북한 친화적 정책에는 상황에 따라 전술적으로 대응한다. 요컨대 김정은 정권은 핵·미사일 개발로 안보적 대응을 하면서 경제건설을 위한 남북 간 거래관계의 확대를 위해서는 '체제공존'의 논리를 활용해 왔다. 이러한 북한의 자기방어적 '체제공존' 정책은 단기적 차원의 외형적 관계 개선이라는 전술적 대응이 아닌, 장기적 차원에서 북한체제의 환경변화를 유발할 수 있는 전략적 접근의 기회라는 점에 착안할 필요가 있다.

남한과 북한 간 근본적 대립과 갈등 현상을 극복하기 위해서는 각각 독자적인 발전의 길을 걸으면서 별도의 국가로서 존재하는 현실을 인정할 필요가 있다. 이러한 토대 위에서 남한과 북한의 통일문제는 좁은 민족주의 시각보다는 국가 발전의 실용적 차원에서 접근하는 것이 바람직하다. 분단의 장기화와 더불어 과학기술문명의 진화, 인구구조의 변화, 사회질서의 급변, 국제환경의 변화 등으로 민족주의는 협력과 조화의 기제보다는 갈등과 분열의 기제로 더 작용하고 있다. 남북관계가 민족 내부의 성격을 내포하고는 있으나 국가 간 관계의 성격으로 변하고 있음을 부인하기 어렵다(이상신 외,

2020: 49~50).[6] 남한과 북한 차원에서뿐 아니라 국제적 차원에서 한반도의 통일문제를 민족 중심의 문제만으로 다룬다면, 주변 이해 관련국의 매우 강한 경계를 초래할 것이다.

사실 남한과 북한이 보는 민족의 의미는 다르다. 남한에서 민족의 의미는 수천 년의 역사와 전통, 언어, 문화, 관습을 공유하는 '한민족'인 반면, 북한에서 민족의 의미는, 때로 전통적 의미로 활용되기도 하나, '김일성·김정일주의'의 김일성 민족, 즉 북한식 사회주의 민족이다. 〈6·15 남북공동선언〉과 〈10·4 남북정상선언〉에 담긴 "우리민족끼리"의 '민족' 개념에 관하여 남한과 북한의 접근은 일치하지 않는다. 정서적 민족에 대한 집착은 정상적 국가 간에 존재해야 하는 상호 존중과 행위 규범code of conduct을 벗어나게 할 위험이 있다. 남북대화 시작 이후 반복된 북한의 비정상적 행태와 행위, 그리고 북한의 이러한 행태와 행위를 애써 눈감아 주었기에 상호주의 관계를 형성하지 못한 한국 정부의 대북정책과 그에 따른 남북관계가 이를 생생하게 증명하고 있다.

---

6 한국 사회의 발전과 인구구조 변화로 같은 민족이기 때문에 통일해야 한다는 생각은 크게 약화하였고, 특히 젊은 세대는 더욱 그런 현상을 보여 주고 있다. 통일연구원의 국민통일의식조사에 따르면, "남북이 한민족이라고 해서 반드시 하나의 국가를 이룰 필요는 없다"라는 질문에 대한 긍정적 응답이 2017년에는 35.7%였던 데 반해 2020년에는 46.9%에 달했다. 2020년 조사에서 긍정적 응답은 '전쟁세대' 40.0%, '산업화세대' 35.3%, '386세대' 51.0%, 'X세대' 47.4%, 'IMF세대' 50.9%, '밀레니얼세대' 53.8%로, 전후 세대는 과반수가 '탈민족주의적' 현상을 나타냈다.

북한의 통일 논리 검토에서 살펴본 바와 같이 북한은 남한과 북한이 각자의 제도에 입각한 통일을 추진하면 전쟁이 발생할 것이라고 말하며, 남한과 북한의 체제・제도 간 '공존'을 주장하고 있다. 북한의 전략・전술 차원에서, 전 한반도의 사회주의화라는 최종목표로 가는 중간과정이더라도, '공존'을 남한과 북한 간의 관계 양태로 보고 있음은 한국의 대북・통일정책 강구・추진에서 정책적으로 충분히 고려할 가치가 있다. 2015년 초 북한의 한 내부 연구문건에서는 "조선반도에서 체제대결이 계속된다면" 남북 간 전쟁뿐 아니라 "주변 강대국들의 전략적 대결을 초래하여 동북아 지역의 안보균형을 파괴하고 이 지역을 파국적인 동란의 도가니 속에 몰아넣을 것"으로 보았다(김예진, 2015. 2. 2.). 반면에 "두 제도의 공존에 의한 통일방식이 추진되면 북남 쌍방은 통일을 위해 생사를 거는 모험을 할 필요도 없고 자기 이익을 희생시킬 필요도 없(다)"고 주장한다. 따라서 한반도의 평화적 통일방식은 "체제가 공존하는 방식밖에 없다"며 "두 체제의 공존에 의한 노선의 통일은 유일한 방도"라는 것이다. 이 주장은 '북한식 연방제' 논리와 김정은이 2015년 1월 1일 신년사에서 남한에게 '제도통일'을 추진하지 말고, 한미 연합훈련을 중단하며, '민족공동의 이익'에 맞게 교류・협력할 것을 요구하면서 '자주통일의 대통로'를 열어 나가자고 한 주장의 연장선에 있다. 그러나 남한과 북한의 '공존'을 동북아 지역의 안보・평화와 연계・인식하고 있는 점에서 한반도 '평화공존'을 동북아 지역의 '평화공존'의 맥락에서 정책을 강구・추진할 수 있는 여지를 찾아볼 수 있다.

유엔 회원국으로서 한국은 세계 190여 개 국가, 북한은 160여 개 국가와 수교 관계에 있으며 동시 수교국도 150여 개국에 달한다. 이러한 현실을 무시하며 상대를 '국가적 실체'로 인정하지 않는 정책의 추진은 애초부터 신뢰 조성의 의도를 의심케 한다. 남한과 북한은 국내법 차원과 각방의 정책에서 서로의 국가적 실체를 인정하고 그 바탕 위에서 신뢰를 조성하면서 평화공존의 상호관계를 정립할 필요가 있다. 그 기반으로서 분단 극복과 통일 지향의 목표를 반영하면서, 통일을 이룰 때까지 유엔 회원국으로서 정상적 국가 간 상호관계의 원칙과 행위규범, 관계양식 등을 담은 〈대한민국과 조선민주주의인민공화국 관계에 관한 기본조약〉(약칭 〈남북기본조약〉)을 체결할 수 있을 것이다.[7] 〈남북기본조약〉은 〈남북기본합의서〉의 정신과 내용을 이어받으면서 변화한 국내 및 국제환경을 반영하여 남북관계를 형식과 실제에서 사실상 두 개의 국가 간 공존관계로 정립하는 것이다.

〈남북기본조약〉을 맺기 이전에라도 남한과 북한은 상호관계의 행위와 양식을 유엔헌장 등 국제법과 국제규약·규범에 맞춰 이행·실천해야 한다. 서로의 체제와 제도를 존중하자면서 상호관계의 행위와 양식은 자국의 선호에 따라서 행동하는 북한의 대남행태를 수용

7 〈남북기본조약〉 체결 아이디어는 2012년 7월 한반도포럼의 학술회의에서 처음 공식적으로 제기되었다. 〈중앙일보〉(2012. 7. 24.). 자세한 내용은 필자도 논의와 집필에 참여한 한반도포럼(2012). 《남북관계 3.0: 한반도 평화협력프로세스》, 43~46쪽. 서울: 중앙일보 통일문화연구소 참조.

해서는 안 된다. 〈남북기본합의서〉, 〈한반도비핵화 공동선언〉 등 남한과 북한 양자 간의 무수한 합의와 〈제네바 합의〉, 〈9·19 공동성명〉 등 북한이 참여한 한반도 문제에 관련된 많은 다자간 합의가 지켜지지 않은 주요 원인은 북한이 유엔 회원국으로서 국제사회의 일반적이며 통상적인 행위 규범을 지키지 않은 데 있다. 특히 남한과 북한 양자 간의 상호작용에서 '민족', '민족 공조', '우리민족끼리' 등의 용어와 논리로 전통적 의미의 '민족' 정서를 이용하면서 북한체제와 북한 사회주의의 속내를 감추려는 행위가 허용돼서는 안 된다. 단속적이지만 점진적으로 확대되었던 남북 교류·협력이 쌍방 지향의 상호주의적 행위 양태를 쌓지 못하고, 북한에 의한 일방주의적 방식이 지배적 양식으로 계속되는 한, 지금까지와 같이 갈등적 공존을 넘어 평화공존 상태로 진화·이행할 수 없다.

이러한 인식과 행위 양식이 전제돼야 상호체제의 인정·존중 등 정치적 화해, 북한 비핵화, 정전체제의 평화체제 전환과 비무장지대의 평화적 이용 등 군사적 신뢰 조성과 군비통제, 남북경제의 균형적 발전을 위한 쌍방 지향의 교류와 협력, 동북아 다자협력 같은 국제무대에서의 협력을 실질적으로 이행·실천해 나갈 수 있다.

2) 남북 평화공존 상태

오랫동안 남북관계는 대립과 갈등으로 점철되어 왔다. 정상회담을 비롯한 각종 대화와 교류가 적대적 대립관계를 해소하지 못했다.

2000년 6월 역사적 첫 정상회담이 보여 줬던 기대와 열기는 북한 비핵화로 진전하지 못했고, 북한의 첫 핵실험 1년 후 열린 제 2차 정상회담의 〈10 · 4 남북정상선언〉은 이후 북한이 남한 정부에 대규모 경제지원 · 협력을 압박하는 빌미를 제공했다. 2018년 한 해 세 차례 열린 남북정상회담과 그 결과인 〈판문점 선언〉 및 〈평양공동선언〉은 한국 대통령 문재인에게 평양 5 · 1경기장에서 15만여 명의 북한 주민 앞에서 짧은 연설의 기회(2018. 9. 19.)를 주었으나, 그에게 돌아온 것은 "삶은 소대가리도 앙천대소할 노릇", "가을 뻐꾸기 같은 수작" 같은 조롱이거나, 국민의 세금으로 건설한 개성공단 내 남북공동연락사무소 건물의 폭파(2020. 6. 16.)였다. 북한 청소년들이 생리현상도 제때 처리하지 못하는 등 수개월에 걸친 비인도적 집합연습 결과인 대집단체조 공연마당에서 "오늘 한반도에서 전쟁의 공포와 무력충돌의 위험을 완전히 제거하기 위한 조치들을 합의"했다며 북한 동포들이 "얼마나 민족의 화해와 평화를 갈망하는지 절실하게 확인"했다는 현실과는 전혀 동떨어진 인식 아래에서 말로써 평화가 올 것이라는 '평화 지상주의' 정책을 취한 결과다(청와대, 2018. 9. 19.).

국제정치의 현실에서 평화는 말이나 소원으로 이루어지지 않는다. 이론적으로 평화의 개념은 소극적 평화와 적극적 평화로 구분된다. 소극적 의미의 평화는 규모에 상관없이 전쟁 같은 무력적 · 폭력적 충돌이 없는 상태, 또는 무력 · 폭력이나 무력 · 폭력의 공포가 없는 상태를 말한다. 적극적 의미의 평화는 소극적 의미의 평화를 넘어서 무력적·폭력적 충돌이나 분쟁의 요소가 해소되고 평화가 일상적으로 유지·관리되는 상태를 의미한다. 실제 국가 간 및 국제관계에서 단순히 전쟁이나 폭력행위가 없는 상태를 소극적인 평화의 상태라고 말할 수는 있지만, 평화공존이 이루어졌다고는 할 수 없다. 다양한 행위자와 행위요인이 복합적으로 작용하는 국제질서에서 "주권국가의 독립을 전제로 상호 자주성의 존중과 호혜 평등의 원칙이 관철될 때 전쟁 가능성은 줄어들고 안정된 국제질서 속에서 평화가 유지될 수 있다"(박영호 외, 2003: 9). 이러한 평화의 개념은 한반도와 동북아 국제질서의 주요 행위자인 남한과 북한 간의 관계에도 해당한다.

남한과 북한이 세계에서 가장 군사적 밀집도가 높은 곳 중 하나인 비무장지대를 두고 대치하는 상황에서 작은 군사적 충돌이 없다고 해서 평화공존은커녕 평화상태가 성립됐다고 말하기 어렵다. 그러나 평화공존이 국가 간 경쟁을 완전하게 배제하지는 않는다. 평화공존의 양태는 경쟁에서 협력까지 모두 포함한다. 대립관계에 있는 국가 간에 갈등과 협력이 동시에 존재하지만, 협력행위가 반복적으로 이루어져 관계발전을 기대할 수 있을 때에야 평화공존을 말할 수 있다. 행위의 내용은 전쟁 방지를 위한 군사적 신뢰 구축과 더불어 정치·경제·사회 등 제반 분야에서 협력관계가 형성되는 상태를 의미한다. 따라서 적대국가 간 평화공존을 이루려면 대립관계를 관리하는 소극적 차원을 넘어 협력이 상호관계의 주된 양태가 되도록 관계를 변화·발전시켜 나가야 한다. 〈표 2-2〉는 이러한

〈표 2-2〉 평화공존을 향한 남북관계의 발전 · 심화 과정

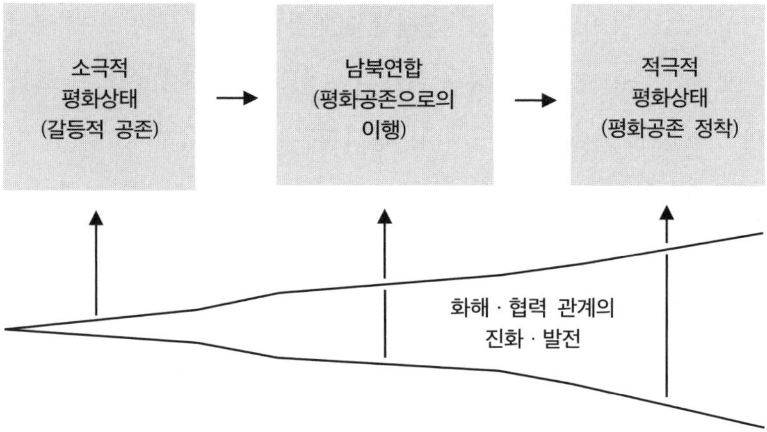

변화 과정을 보여 준다.

남한과 북한 간에는 이해의 불일치가 행위의 주된 양태를 결정하기 때문에 갈등과 분쟁이 발생한다. 이러한 현실을 인정한 토대 위에서 남한과 북한은 상호 간 행위를 일방적 방식에서 쌍방적 방식으로 변화시키는 방법으로 평화공존을 이루어 나가야 한다. 여기에서 평화는 앞에서 논의한 바와 같이 크고 작은 군사적 충돌 · 전쟁이 없는 상태인 소극적 평화가 아니라 군사적 충돌과 전쟁으로 이끄는 요인을 근원적으로 제거하는 적극적 평화를 의미한다.

남한과 북한 간의 평화공존은 적극적 평화를 만드는 제도, 그 제도가 운용되는 토대인 행위 규범과 양식, 그 규범과 양식을 지배하는 가치체계의 공유가 모두 어우러진 상태로 규정할 수 있다. 중요 사안으로 보면, 한반도와 동북아 안보의 장애물이었던 북한 비핵화

문제의 해결 방안(CVIDComplete, Verifiable, Irreversible Dismantlement 방식이나 그 변용)이 합의되어 상당한 수준으로 이행되면서, 동시에 정전체제가 공고한 평화체제로 전환되어야 한다. 북한 비핵화의 완성에는 상당한 시간이 소요되며 평화협정의 체결로 평화체제로 이행되더라도 안정적으로 정착되기까지 역시 시간이 필요하다. 이러한 이행과정은 군사적 차원에서 군비통제와 군축의 일부 방안의 이행을 동반한다.

이러한 평화공존 상태 아래서 남북관계의 성격은 근본적으로 전환될 것이다. 남한과 북한 간의 상호작용에는 질적인 변화가 이루어질 것이다. 갈등적 공존 상태에서 불안정하게 유지·운영되던 화해·협력의 거래 양식이 경제·사회·문화는 물론 정치적 영역 등 전범위에 걸쳐 실질적으로 구현되고, 군사적 대결체제의 변화를 통해 항구적인 평화정착이 이루어질 수 있을 것이다. 또 이를 토대로 평화통일의 논의가 비로소 현실적이며 실질적인 의미를 가지면서 전개될 수 있다.

한반도의 평화공존은 남한과 북한, 두 국가 차원의 문제에 국한되지 않는다. 북한과 주변국의 관계에서도 구조적 변화가 이루어진다. 미국 및 일본과 북한의 적대 관계가 해소되어 관계 정상화가 이루어질 것이다. 한미 연합훈련, 전략자산 반입, 주한미군 문제 등 북한이 미국의 '대북 적대시 정책' 철회의 조건으로 제시한 사안들은 한반도 평화체제의 정착과 연동되어 해결책이 마련될 것이다. 한국과 중국 관계, 한국과 러시아 관계에서도 정치·군사적으로 질적 전환이 이루어지면서 한국, 북한과 미국, 중국, 일본, 러시아 등이 참여하는 지역 다자안보협력체의 등장도 가능하다.

평화공존 아래서 남북관계는 구조적 변화를 제도화할 것이다. 남한과 북한이 사실상 국가적 실체로서 상호인정하고 존중하며, 동등한 행위 주체로서 공동시장을 실현하는 경제공동체를 만들 수 있을 것이다. 또한 다방면에서 교류·협력이 상시적이며 통상적으로 이루어지는 사회·문화공동체를 형성할 수 있을 것이다. 경제공동체와 사회문화공동체의 가동을 각종 제도를 통해 운용할 것이다. 남한과 북한이 〈남북기본합의서〉를 대체하는 〈남북기본조약〉을 체결하고 현실에 맞게 각 분야의 공동기구를 설립·운영하면 남북관계는 근본적이고 질적인 변화를 맞게 될 것이다.

남한과 북한 간의 화해와 협력, 항구적 평화의 발전을 위해 우선 필요한 것은 협력과 평화를 보장할 수 있는 제도의 정착이다. 남북 양자 간, 그리고 한반도의 현상 변경에 첨예한 이해관계를 가진 주변국과의 관계를 포괄하는 제도가 필요하다. 동시에 상호작용의 바탕이 되는 절차와 규범, 가치가 공유되어야 한다.

남한과 북한이 화해의 토대 위에서 교류·협력을 제도화하고 정치·군사 분야에서도 상시적으로 협력하는 평화공존 상태에서는 주변 강국의 개입도 충분히 헤쳐 나갈 수 있다. 남한과 북한의 시너지가 발휘될 수 있기 때문이다. 남북 평화공존 상태가 안정화되면 한반도 문제의 한반도화가 촉진될 수 있을 것이다. 통일문제는 적극적 평화가 이루어진 상태에서 비로소 본격적으로 대두될 것이다.

이러한 인식과 행위 양식이 전제돼야 상호체제의 인정·존중 등 정치적 화해, 북한 비핵화, 정전체제의 평화체제 전환과 비무장지대의 평화적 이용 등 군사적 신뢰 조성과 군비통제, 남북경제의 균형적 발전을 위한 쌍방 지향의 교류·협력, 동북아 다자협력 같은 국제무대에서의 협력을 실질적으로 이행·실천할 수 있다.

이러한 상태의 실현을 위한 마스터플랜은 종합구상, 추진전략, 행동계획Action Plan이 포함되는 방대한 작업이다. 또한 실제적 이행·실천에는 국내외적 상황의 변화가 적실성 있게 반영되어야 한다. 따라서 특정 시기, 특정 정권의 이념적·정책적 선호를 뛰어넘는 국가 장기발전 전략과 계획으로서 입안되고 추진되어야 한다. 특히 미·중 전략경쟁이 새로운 냉전체제로 진화할 것이 우려되는 오늘의 국제정치경제 현실을 감안할 때 향후 한국 정부의 통일방안을 구현하기 위한 마스터플랜을 마련하는 초기 단계에서 중장기적 차원의 국제환경 투영분석projection analysis이 이루어져야 한다.

5. 평화공존의 과제: 남북연합의 재구성

1) 〈민족공동체 통일방안 2.0〉과 평화공존체제 '남북연합'

평화공존체제의 구현체로서 '남북연합'은 기본적으로 〈민족공동체 통일방안〉의 구상을 이어받으면서 21세기의 국제질서, 남한과 북한 각각의 발전경로, 국력, 경제상황 등 변화된 내외의 현실을 반영하여 재구성한다. 근본적인 차이는 〈민족공동체 통일방안〉은 남한과 북한이 상대방의 국가성을 국내법적으로 수용하지 않지만, 본 연구에서는 서로의 국가성에 대한 수용을 전제로 한다는 것이다. 대한민국과 조선민주주의인민공화국은 유엔 회원국으로서 국제법적으로 독립·주권국이다. 본 연구는 이를 인정·존중하면서 각각의 헌법과 법률체제와 국내법 차원에서 상대방을 공식적인 국가로 승인하지 않더라도 사실상 국가로 인정하거나 적어도 국가적 실체를 인정하여, 양자관계를 '동등성에 기초한 정상적 선린관계'로 안정화·제도화한 상태에서 발전해 나간다.[8] 이러한 구상은 최소한 북한의 묵시적 수용·협력과 북한 내부의 변화, 즉 장기적 차원에서 체제전환 과정의 전개를 상정한다.

남한과 북한은 서로를 국가로 인정하지 않는다는 의미에서 그동안 남, 남측, 북, 북측, 남북, 북남 등의 용어를 사용해 왔다. 물론

---

8 서독은 1972년 12월 동독과 〈동·서독 기본조약〉을 체결해 대동독 관계발전의 법적 토대로 삼았다. 동 조약은 국제법상의 조약으로서 각기 상대방을 사실상 국가로 인정했다. 동 조약 제 4조는 대외적으로 "동서독 중 어느 한 국가도 다른 국가를 대표할 수 없다"고 규정했다. 또한 "양국의 주권을 각기 그들 자신의 영토에 국한한다"라고 규정해 상대방을 사실상 국가로 인정했다. 당시 서독 야당인 기독교사회당(CSU)은 동 조약이 서독 기본법(헌법)의 통일 관련 규정에 위배되고 분단을 고착화한다며 서독 헌법재판소에 제소했다. 서독 연방헌법재판소는 기본조약의 국제법적 조약의 성격을 인정하면서 "서독 기본법 전문에 규정된 재통일 명제에 위배되지 않는(다)"라고 합헌을 판결했다.

정상회담 합의문 등에 정식 국호와 국가수반인 대통령, 국무위원장의 명칭 등을 사용하기도 했으나 그것이 상대방의 국가적 실체를 인정한다는 의미는 아니었다. 앞으로는 모든 공식 문헌은 물론 상대방을 지칭할 때 상호 국가적 실체를 인정하는 대한민국과 조선민주주의공화국의 국호를 정식으로 사용하면서 약칭으로는 남, 북, 남북(북남)과 같은 용어 대신에 한국, 조선, 한국과 조선(조선과 한국)을 사용할 것을 제안한다.

통일 이전 서독의 기본법(헌법)은 전문에 전체 독일민족의 재통일 명제를 규정하면서 통일 이전 그 '효력 범위'를 서베를린을 포함한 서독 지역에 한정하는(제 23조) 한편, 독일민족의 자유로운 결정으로 새로운 헌법이 효력을 발생하는 날, 그 효력을 상실한다는 '효력 정지' 규정(제 146조)을 두었다. 이처럼 서독의 헌법은 분단국가로서 통일의 국가목표를 규정하면서 통일 이전 효력이 미치는 관할 규정을 둠으로써 법적, 제도적으로 상대방 동독과의 관계를 풀어 나갈 수 있도록 한 실용성을 갖추고 있었다. 한국도 통일이라는 국가목표를 유지하면서 통일 시까지 북한과의 관계를 명분에 치우치지 않고, 분단 현실과 각각의 국가가 존재하는 현실을 인정하는 토대 위에서 실용적으로 추진할 수 있도록 관련 규정을 담는 헌법 개정이 필요하다.

남한과 북한이 상대방을 '사실상의 국가로 인정'하거나 '국가적 실체를 인정'함으로써 향후 관계발전 과정은 그동안과는 다른 인식과 토대 위에서 전개된다. 통일과정은 〈민족공동체 통일방안〉의 '화해

·협력 → 남북연합 → 통일국가'의 3단계 이행과정을 '평화·협력 → 남북연합 → 통일국가'의 3단계로 수정·보완한다.[9] 이러한 측면에서 본 연구의 통일방안은 가칭 〈민족공동체 통일방안 2.0〉이라고 부를 수 있다.

1단계 '평화·협력 단계'는 '화해·협력 단계'의 기본 인식을 공유한다. 하지만 북한이 '핵보유국'이 된 현실에서 북한 비핵화는 시급한 과제이며 이를 위해서 북한이 체제 안보에 대한 불안 없이 국제사회에 진입하도록 하는 평화의 중요성을 반영한다. 남북관계의 현실에서 당장에 〈남북기본조약〉을 체결하기는 어렵지만, 관계 재개 후 빠른 시기에 남북관계를 종합적으로 규율하는 동 조약을 체결하고 그 토대 위에서 남북관계를 안정적으로 발전시켜 나가려는 의도를 담았다.

평화·협력 단계의 목표는 〈남북기본조약〉 기반 남북관계의 제도적 발전이다. 중단·재개의 굴곡적인 남북관계를 쌍방 지향의 관계로 변모시키며, 이 과정에서 불안한 공존이 안정된 공존으로 정착되도록 한다. 북한이 체제불안 의식을 완화하면서 개방·개혁의 실용주의적 전략을 선택하도록 남북관계 양태를 만들어 나간다. 이 단

---

9 이러한 구상은 필자가 2012년 '민족공동체 통일방안'을 보완하는 '남북공동체 통일방안'을 제안하면서 처음 제시하였다. 한반도포럼(2012). 《남북관계 3.0: 한반도 평화협력프로세스》, 89~102쪽. 서울: 중앙일보 통일문화연구소 참조. 이하 3단계의 설명은 당시의 구상을 토대로 하되, 국내외 환경변화와 연구결과 등을 반영해 대폭 수정·보완한 것이다.

계의 이행과정은 '조약 체결과 남북관계 안정화 → 협력 가속화와 평화 증진 → 북한 비핵화와 평화체제 구축'으로 최종적으로 평화공존의 상태로 진입한다. 주요 실천과제는 기존 합의 이행을 통한 실질적 평화·협력 토대 마련, 〈남북기본조약〉 체결과 남북상주대표부 설치, 남북대화와 교류·협력의 다양화·활성화를 통한 남북관계의 안정적 발전, 초보적인 군사적 신뢰 구축, 인도적 문제 협력, 양자 간·다자간 북핵문제 해결 방향 합의 및 합의 준수와 이행·실천, 평화협정 논의 등이 있다.

이러한 과정은 북한의 협력과 북한 내부의 변화, 즉 장기적 차원에서 체제전환 과정의 전개를 전제로 한다. 남북대화를 수시 및 주기적으로 개최하며 남한과 북한이 쌍방 지향의 거래를 누적하면 남북관계가 안정적으로 발전할 것이다. 시간이 지나면서 남북관계는 안정화되며 교류·협력의 속도는 빨라지고 범위는 증대될 것이다. 이러한 관계 변화로 군사적 긴장 완화와 신뢰 구축이 본격적으로 진행되어 실질적인 평화가 증진될 것이다. 북한 비핵화 방안이 합의·이행되면서 경제제재가 완화되고 북한과 미국의 적대적 관계가 점차 관계 개선의 과정으로 진입하고 북·일 관계가 개선될 것이다. 남한과 북한 양자 간 및 미국, 중국 등을 포함한 다자간 협의의 진행으로 평화체제의 포괄적 틀이 합의될 수 있을 것이다.

이후 북한 비핵화가 완전 해결의 수준으로 이행하면서 한반도 평화체제 구축을 위한 평화협정 논의가 본격화할 것이다. 북한 비핵화의 최종적 단계에서 남한과 북한 양자 간 평화협정과 미국, 중국 등의 다자 보장 방안으로 한반도 평화체제가 성립될 것이다. 이 시기에 이르면 남북관계가 제도화의 기반 위에서 전개되고, 경제적으로는 시장 자본주의 거래관계에 기반한 한반도 공동시장 형성을 목표로 한다. 북한은 미국 및 일본과 국교를 맺고 국제사회의 정상국가로서 활동한다. 북한 체제와 사회는 개방・개혁의 본격화를 통해 체제전환 과정에 진입한다. 북한 비핵화가 최종 단계로 진입하면서 평화협정이 체결되는 단계에 이르면, 남북정상회담을 통해 '남북연합헌장'을 채택한다. '남북연합헌장'은 남북연합의 기구 구성, 사회・경제공동체 형성, 군비통제 및 군축에 관한 기본원칙을 확정한다. '남북연합헌장'의 발효와 동시에 한반도는 남북연합 단계로 진입하며, 각자의 주권이 유지되면서도 쌍방 간의 관계가 제도적 성숙화 과정으로 발전하게 될 것으로 기대한다. 북한 비핵화가 한반도와 동북아 국제평화와 안보의 걸림돌을 제거하는 과정이라면, 남한과 북한은 기본조약을 기반으로 평화협정, 연합헌장의 법적・제도적 과정을 거치며 평화공존 상태를 실현하면서 통일을 향한 경로를 안정적으로 거친다.

제 2단계인 남북연합 단계의 목표는 평화공존체제의 정착과 남북연합의 제도화다. 남북연합 단계는 연합체제 형성 → 경제・사회공동체 실현 → 제도통일(정치공동체) 준비의 이행과정을 지향한다. 평화・협력 단계가 남북연합 단계로 발전하기 위해서는 남한과 북한 각각의 국내환경, 남북관계, 국제환경의 다차원적인 여건 조성이 필수적이다. 특히 남한과 북한 양국 간에 국제사회에 통용되는 방식의 3통(통행·통상·통신) 협정을 체결·실천하며, 한반도 평화협정의 체결을 통해 평화공존의 남북관계 틀을 갖춰야 한다. 〈남북기본조약〉의 내용이 남북관계의 전반을 관통하고, 관계의 준거로 자리 잡아야 한다.

그러나 평화공존체제의 형성으로 두 주권국인 남한과 북한 간의 모든 문제가 해결되지는 않는다. 또한 북한의 체제전환이 전면적 과정으로 진입하기까지는 많은 시간이 필요하며 기존 체제의 유산이 계속 영향을 미칠 것이기 때문에, 갈등은 계속 존재할 것이다. 따라서 남북연합 단계는 평화공존체제가 정착하는 시기이며, 이 과정이 진행되면서 경제·사회적 차원에서 남한과 북한을 아우르는 공동체적 현상이 제도와 정책, 가치 등의 측면에서 누적되어야 한다.

북한체제의 변화 전망에서 논의한 것처럼 현재의 북한체제가 쉽게 체제전환 과정으로 들어서는 것을 기대하기는 어렵다. 화해·협력 단계에서 상당한 정도의 변화 요인이 촉발해야 현재의 유일지배독재가 최소한 집단지도체제, 정책결정체제로 이행할 수 있으나 남북연합 단계에서도 북한의 정치적 체제전환 과정은 여전히 미흡할 것이다. 그러나 남북연합의 북한 경제체제에서는 경제 원리 및 작동방식이 사회주의 상품경제를 거쳐 사회주의 시장경제와 자본주의 시장경제로 편입될 수 있을 것으로 기대한다. 남북연합이 상당 기간 운영되는 상황에서 사유재산제도를 사실상 허용하는 수준으로 북한의 경제원리가 변화하기를 기대하지만, 그렇지 않다면 경제공동체가 형성되더라도 실질적인 경제통합으로 이어지기는 어려울 것이다.

이러한 경제체제의 전환과정 진행과 함께 북한 사회의 변화도 진행되어야 한다. 일원론적 이데올로기 체제에서 점차 복수의 이데올로기를 허용하는 다원화 현상이 발생하고, 개인의 사고 체계, 사회적 상호작용 원리와 방식, 가치 체계 등에서 자유화 · 다원화로 이행될 것을 기대한다. 그래야 남한과 북한 주민 사이의 사회경제적 생활양식과 상호작용 방식의 간격이 줄어들고 경제공동체와 사회공동체의 형성 가능성이 커질 것이다. 하나의 국가로 완전통일을 달성하기 전 '사실상의 통일상태'를 달성하려면 경제 · 사회 측면에서 남한과 북한 주민 간의 사실상의 자유로운 왕래와 상호작용, 거래관계가 통상적인 상태가 되어야 할 것이다.

남북연합 단계에서 주요 실천과제는 남북연합기구의 구성과 운영, 한반도 평화협정 및 국제보장체제의 가동, 단계적 군축의 추진을 통해 남북연합체제를 정착하는 것이다. 또한 남북 간 경제공동체와 사회공동체를 실현함으로써 하나의 생활권과 공동시장을 운영하고, 이를 기반으로 법적, 제도적 통일을 준비 · 추진한다.

마지막으로 제 3단계인 통일국가 완성 단계다. 이 단계는 남북연합 단계에서 평화공존 상태가 정착되고 남북관계가 경제 · 사회적 차원에서 하나의 공동생활권으로 성숙해지며, 북한체제의 전환이 본격화되어 가치와 정책, 정치적 차원에서 남한과의 공통분모가 넓어져 법적 · 제도적으로 하나의 국가로 통합하는 통일 이행과정이다. 남북 간의 합의 및 국내적 동의 절차를 거쳐 통일헌법을 제정 ·

〈표 2-3〉〈민족공동체 통일방안 2.0〉 구상과 이행 단계

1) 평화 · 협력 단계

ㅇ 목표: 〈남북기본조약〉 기반 남북관계의 제도적 발전

ㅇ 이행과정: 기본조약 체결과 남북관계 안정화 ⇒ 협력 가속화와 평화 증진 ⇒ 북한 비핵화 완성과 평화체제 구축

ㅇ 주요 실천과제

남북관계 안정적 발전 (〈남북기본조약〉 체결)		협력 가속화와 평화 증진		북한 비핵화 완성과 평화체제 구축
• 실질적 평화 · 협력 토대 마련 • 남북대화 · 교류협력 다양화 · 활성화 • 초보적인 군사적 신뢰 구축 • 인도문제 해결 • 북한, 개혁 · 개방 이행 • 남북기본조약 체결 • 남북상주대표부 설치 • 북핵문제 해결 방향 합의 및 합의 준수 이행 · 실천 • 평화협정 논의	⇒	• 남북대화 · 교류협력 일상화 · 제도화 - 포괄적 남북경협 본격화 • 평화체제 포괄적 틀 합의 • 군사적 신뢰 구축 본격 추진 • 북 · 미/북 · 일 관계 개선 • 북한, 국제질서 완전 편입 • 북핵 폐기 이행 및 검증 • 북한의 NPT체제 복귀	⇒	• 평화협정 체결 · 이행 • 평화관리기구 구성 · 운영 • 국제사회의 지지 · 보장 • 남북공동시장 형성 • 북 · 미/북 · 일 수교 • 북한, 체제전환 진입 • 북핵문제 완전 해결 - 비핵 · 평화체제 달성

2) 남북연합 단계

ㅇ 목표: 평화공존체제 정착과 남북연합 제도화

ㅇ 이행과정: 연합체제 형성 ⇒ 경제 · 사회공동체 실현 ⇒ 제도통일(정치공동체) 준비

〈표 2-3〉 계속

ㅇ 북한의 체제전환 본격화

ㅇ 3통 협정과 남북평화협정 체결, 남북정상회담 통한 '남북연합헌장' 채택
- 남북연합헌장: 정치기구 구성, 남북 사회 · 경제공동체 형성, 군비통제 · 군축 및 검증 관련 기본원칙 등 확정

ㅇ 남북연합헌장 발효로 남북연합 단계 진입, 그 토대 위에서 남북관계 제도적 발전과 평화공존 상태 정착 추진

ㅇ 주요 실천과제

남북연합체제 형성		경제 · 사회공동체 실현		북한 비핵화 완성과 평화체제 구축
• 남북연합기구 구성 · 운영 - 남북연합헌장 • 남북평화협정 체결 및 국제보장체제 가동 • 본격적인 군비통제와 단계적 군축 추진 • 북한체제의 전환	⇒	• 남북공동생활권 형성 - 전면적인 통행 · 통상 · 통신협정 체결 및 이행 - 사람 · 물자 · 정보 자유 이동 • 남북공동시장 가동 • 북한체제 전환 본격화	⇒	• 통일헌법 제정 • 제도적 통일 실현 방법 · 절차 등 마련

3) 통일국가 완성 단계

ㅇ 목표: 법적 · 제도적 통일 및 부문별 통합의 완성

ㅇ 이행과정: 남한과 북한 각각의 내부 절차 및 남북 합의로 통일헌법 마련⇒ 통일정부, 통일국회 구성

ㅇ 주요 실천과제: 정치 · 군사 · 경제 · 사회 · 문화 · 교육 등 부문별 조직과 제도 통합

〈표 2-4〉〈민족공동체 통일방안 2.0〉 구상 추진구도

통일국가

⇧ ········ 통일헌법 채택 (자유 총선거)

제도통일 준비
- 통일헌법 제정
- 통일실현 방법 · 절차 마련

⬆

경제 · 사회공동체 실현
- 남북공동생활권 형성
- 사람 · 물자 · 정보 자유 이동
- 남북공동시장 가동

⬆

연합체제 형성
- 남북연합기구 구성 · 운영
- 평화체제 가동
- 단계적 군축 추진

남북연합 (평화공존체제)

⇧ ········ 남북연합헌장 채택 (정상회담)

북한 비핵화 완성 · 평화체제 구축
- 평화협정 체결 및 이행
- 평화관리기구 구성 · 운영
- 북 · 미/북 · 일 관계 정상화
- 북한 비핵화 완성

⬆

협력 가속화와 평화증진
- 남북대화 · 교류협력 일상화 · 제도화
- 군사적 신뢰 구축 본격 추진
- 북 · 미/북 · 일 관계 개선
- 북핵 폐기 이행 및 검증

⬆

남북관계 안정적 발전
- 남북기본조약 체결
  - 상주대표부 설치
- 실질적 화해협력 토대 마련
- 남북대화 · 교류협력 다양화 · 활성화
- 초보적 군사적 신뢰 구축
- 북핵문제 해결 방향 합의

평화 · 협력
(국가 대 국가 간 특수관계)

확정·공포하고, 이에 기반한 남북한 주민의 자유 총선거를 실시하여 통일정부와 통일국회를 구성한다. 통일국가가 출범하기 전부터 정치, 군사, 경제, 사회, 교육, 문화 등 각 부문별 조직과 제도의 통합이 시작될 것이고, 통일국가 출범 후 통합을 본격화하여 통일국가의 체제정비를 완료한다. 통일국가의 정부 형태를 단일국가(단방제)로 할 것인가, 연방국가(연방제)로 할 것인가는 통일헌법 제정과정에서 국민의 선택으로 결정할 수 있을 것이다.

〈민족공동체 통일방안 2.0〉은 ① 남한과 북한이 각각 독립·주권국가로 발전해 온 현실을 수용한 토대 위에서, ② 양자관계를 '국가 간 관계가 아닌 민족 내부의 특수관계'로부터 '통일을 지향하며 통일 시까지 사실상 국가 간 관계'로 인정하는 정상관계로 발전시켜, ③ '남북연합'(통일 지향의 특수관계 형태) 과정을 거쳐 통일국가를 달성하려는 평화통일 방안이다.

2) 남북연합의 기능과 역할

남북연합은 두 개의 주권국가가 존재하지만 하나의 국가로 통일하려는 한반도의 분단 현실을 고려한 구상이다. 이론적으로 두 개 이상의 국가가 각각 주권을 가진 국제법적 주체이면서 공동의 목적을 위해 느슨하게 연대하거나 결합하는 국가연합과 유사하다. 유럽연합EU, 동남아국가연합ASEAN 등을 현재 지구상에 존재하는 국가연합의 유형으로 볼 수 있다. '남북연합'은 선언적으로는 국가연합이 아니나 실제에 있어선 국가연합의 성격을 가진다. 북한 '고려연방제'는 통상적인 '연방제'와는 다른 국가연합의 성격을 띤다. 그러나 이념・체제의 성격이 근본적으로 다르고 적대관계에 있는 국가 간 국가연합은 현실에 존재하지 않는다. 그런 점에서 남북연합은 통일이라는 최종목표에 도달하기 위한 중간과정으로서 목적 지향의 특별한 성격을 내포한다. 남북연합은 남한과 북한의 관계를 전반적으로 개선하면서 안정화・제도화하고, 폭력과 전쟁이 억제된 공존을 넘어 그 근본 요인을 제거하려는 평화공존을 정착한 후, 그 기반 위에서 평화적 방식으로 자유민주적 질서의 통일국가를 달성하는 시나리오의 구현을 상정한다.

따라서 남북연합 형성과 남북연합체제가 운영되는 전 과정에서 북한의 체제전환이 동시에 진행되어야 한다. 남북연합의 기능과 역할의 핵심은, 북한의 체제전환을 고무・지원・견인하는 환경을 만들면서 경제・사회, 정치・군사 및 국제관계의 제반 측면이 서로 선순환의 영향을 주어, 남한과 북한이 제도적으로 통합할 수 있는 여건을 성숙시키는 것이다. 구체적으로 남북연합은 제도운영・통합, 정책협력・통합, 가치통합의 세 측면에서 다음의 기능과 역할을 생각할 수 있다. 10

---

10 이 절의 기본 아이디어는 1993년 필자의 연구에서 처음 제시되었다. 시간이 흐르면서 남한과 북한이 '사실상의 국가 간 관계'로서 평화공존의 과정을 거쳐야 자유민주주의 기반의 평화적 통일이 이뤄질 가능성이 커질 수 있다는 필자의 생각은 더 굳어졌다. 박영호 외(1993). 《남북한 정치공동체 형성방안 연구》, 72~82쪽, 137~

(1) 제도운영 · 통합

남북연합 기간 남한과 북한은 각각 주권국으로서 남아 있으나 쌍방 관계에 영향을 미치는 문제들을 협의 · 해결하기 위한 제도를 구성해 운영한다. 남북연합 단계에서는 남한과 북한의 상호관계가 모든 측면에서 심화할 것으로 기대하는데 그 과정을 관리하고 북한체제의 변화를 견인하며 양자의 통합을 촉진할 제도가 필요하기 때문이다. 〈민족공동체 통일방안〉의 남북연합은 국제법상 일반적인 국가연합과 달리 '남북정상회담'과 '남북각료회의', '남북평의회', '공동사무처' 등을 공동의 문제를 다루는 정치적 기관으로 제시하였다. 남북연합은 이러한 협의기관의 운영을 통해서 남한과 북한 간 현안을 협의 · 해결하고, 협력의 경험을 축적함으로써 궁극적으로 제도적 통일의 기반을 달성하기 위한 목적에서 나왔다. 남한과 북한 주민 간 교류협력 등 제반 거래관계 및 상호작용 과정에서 발생하는 분쟁을 처리하는 '남북분쟁해결기구'도 설치해야 한다.

본 연구에서도 형식 차원에서 이런 기구들의 설치 · 운영을 이어받는다. 다만, 기구들이 다루는 내용은 처음 제안했을 때와는 달리 훨씬 다양하고 복합적일 것이다. 국내문제와 국제문제의 상호 깊숙한 연계와 함께, 경제 · 통상 · 과학기술 · 환경 · 보건 · 전염병 등

196쪽. 서울: 통일연구원; 박영호 외(2002). 《남북연합하에서의 남북정치공동체 형성 방안》, 91~105쪽. 서울: 통일연구원의 내용을 재검토하고 남북 내부, 한반도의 지정학 구조와 전략 환경 변화 등을 고려하여 새롭게 수정 · 작성하였다.

전통적으로 비안보적 문제로 다루어지던 영역이 안보문제와 상호 긴밀한 영향을 미치면서 앞의 기구들은 사실상 남한과 북한 양자 간 사안만이 아니라 제3의 국가, 또는 행위자와 연관된 문제를 다루게 될 수도 있을 것이다.

남북연합의 정치기구 구성・운영 시에는 다음 사항에 주안점을 둔다. 첫째, 남북연합 초기 단계에서는 남북연합 운영의 정착을 위해 정상회담과 각료회의의 기능과 역할이 중요하다. 그러나 남북연합의 운영이 제도화하면서 남북한 주민의 의견을 대변하는 입법기구인 남북평의회와 공동의 이익을 집행하는 공동사무처의 역할이 증대되어야 한다. 두 기구의 역할 증대는 남북한 주민의 이질성을 좁히는 기능을 할 것이다. 둘째, 남북각료회의, 남북평의회는 한반도 문제를 다루는 내각과 의회의 기능을 수행하므로 산하에 분야별 상임위원회를 설치하여 협력의 범위와 심도가 늘어나도록 한다. 셋째, 각 기구의 인원구성, 회기, 의사진행 방식, 의사결정 방식 등에 대해서 각각 별도의 세부합의를 채택하여 전 분야에 걸쳐 제도적 통합의 기반을 구축해 나간다.

남북정상회의는 남북관계 현안 및 통일문제 전반에 관한 최고의사결정기구다. 남북한의 최고정책결정자 간 공동의 문제를 최종결정하는 기능을 한다. 또한 교착상태를 극복하고 관계의 돌파구를 마련하는 데 효과적으로 활용된다. 남북정상회의는 정상회담을 상설기구로 설치하여 정례화하는 것이다.

남북각료회의는 남북 간 현안을 협의・조정하고 결정사항을 집행하는 협의 · 집행기구다. 남북각료회의는 각각의 총리(급)를 공동의 장으로 하며 장관(상)급 각료로 구성된다. 남북각료회의는 남북정상회의에서 최종 결정된 사업을 집행하고 남북연합헌장의 구체적 실천방안을 입안 · 집행하는 역할을 한다. 남북각료회의 산하에 통일문제 담당 장관(상)으로 구성된 일반위원회와 분야별 상임위원회를 설치한다. 일반위원회는 남북관계의 전반적 사항과 통일과정에 수반한 문제를 취급한다. 분야별 상임위원회는 일종의 행정부처와 같은 기능을 수행한다. 경제, 산업, 군사, 국토 · 교통, 보건, 환경, 교육, 문화 등 남북 주민의 삶에 영향을 미치는 영역의 협력문제를 협의 · 집행한다. 초기에는 남북연합의 안정적 정착을 위한 분야에서 상임위원회를 구성 · 운영하다가 점차 전 영역에 걸쳐 상임위원회를 구성 · 운영함으로써 통합을 향한 경험을 축적해 나간다.

남북평의회는 남북관계와 통일문제에 관한 남북한 주민의 민의를 대변하는 국회의 기능과 역할을 담당한다. 남북연합체제에서 남한과 북한이 주권국가로서 존재하므로 남북평의회의 입법 기능에는 제한이 있을 것이다. 그러나 남북연합기구가 공동의 문제를 다루고 그 역할이 확대됨에 따라서 남북평의회는 단순히 남북각료회의의 자문기구가 아닌 유사 입법기관으로서 기능해야 한다. 남북연합 단계에 진입하더라도 북한체제의 변화는 여전히 미흡할 것이며, 특히 정치적 자유화 · 민주화 수준은 매우 낮을 것이다. 따라서 남북평의회는 남북각료회의처럼 동수의 대표들로 구성될 것이다. 이러한 초기의 한계에도 남북평의회는 남북관계 및 통일문제와 관련된, 각자의 국내 입법에 영향을 미치는 사안을 협의·심의·조정하는 역할을 함으로써 북한체제의 변화를 지원할 수 있다. 이를 통해 북한 사회의 자유화·다원화·민주화가 점진적으로 진행되고, 한반도 경제·사회 공동생활권의 성숙화가 촉진될 수 있을 것이다. 이러한 과정이 진행되면 남북평의회의 북한 측 구성도 민주적 방식으로 전환해야 한다. 이러한 기반 위에서 남북평의회는 자유민주주의에 기반한 민의를 반영하는 통일헌법 초안 작성, 통일 실현방법과 절차 등을 입안해서 남북한 주민들의 의사를 부의하는 기능을 수행한다.

남북연합의 공동사무처는 남북정상회의, 남북각료회의 및 남북평의회의 운영을 뒷받침하는 행정기구이자 정상회의, 각료회의와 그 하위기관의 결정사항이 남한과 북한 각각의 내부 행정체계를 통해 집행되도록 협력하는 기구다. 남북연합이 제도적으로 안정화·발전하면 점차 남한과 북한 전체를 대상으로 하는 공동사무처의 행정적 기능이 확대될 것이다. 남북연합의 성숙 단계에선 공동사무처 산하에 분야별 제도 통합을 준비하는 '위원회'와 'T/F' 형태의 기구가 설치·운영될 수 있다.

남북연합에서도 〈남북기본조약〉은 남북관계의 준거이며, 남한과 북한이 별도의 주권국가로서 국제무대에서 외교활동을 전개하고 쌍방 간에는 평화협력 단계에서부터 외교공관 격인 상주대표부를 운영한다. 점차 공동 외교수행 사례가 늘어날 것이며, 이에 따라 남북연합에서는 해외주재 공관 간 협력으로부터 북한의 공관 비상주국에서 한국 공관이 역할을 대행하는 것까지, 기능 통합적 협력사례도 늘어날 것이다. 그리고 남북연합 단계에서 공동생활권의 거래관계 증대 속에서 발생하는 각종 분쟁을 해결하려면 기존 국제분쟁 해결기구나 체계를 활용하는 것 외에, 남한과 북한 간에 별도의 분쟁해결기구 설치가 필요할 것이다. 또한 남한과 북한 간의 각종 협정·합의 이행과정에서 발생하는 법적 문제의 해결, 북한의 사법체계 전환 지원과 남북한 사법 협력, 공동 규칙·규범 창출 등을 위해 사법기구(재판소)의 설치도 고려할 수 있다.

한편, 북한 내부의 정치적 체제전환도 서서히 진행되어야 한다. 독일 통일 직전, 동독은 주민들의 민주화 요구를 수용해 1990년 3월 18일 동독 역사상 최초의 자유민주주의 절차에 따른 총선거를 실시하고 새 의회를 구성했다. 이 선거로 동독 정치에서 전면적인 엘리트의 교체가 이루어졌으며, 이후 동독 지역의 정치질서 변화가 가속화되었다. 그럼에도 불구하고 통일 이후 정치적 통합에 많은 노력과 시간이 소요되었다(Thumfart, 2002: 155~161). 현재 북한의 정치·사회적 통제와 억압 수준은 분단 시기 동독과 비교할 수 없을 정도로 높고 강하다. 평화협력 단계를 거쳐 남북연합에 진입하는 수준에 이르러 북한의 독재체제는 약한 권위주의체제 정도로 변해야 한다. 인민의 정치적·사회적 활동에서 자유화가 진전하고, 복수 정당과 자발적 단체의 결성 등이 가능해야 한다. 남북연합 시기에 남한의 중앙 및 지방 정부와 공공기관, 시민단체 등은 교류와 협력 과정에서 이러한 체제전환의 변화를 염두에 두어야 한다.

(2) 정책협력 · 통합

남북연합에서 남북한은 경제, 사회 · 문화 분야 등 기능적으로 덜 갈등적인 분야는 물론 정치 · 군사 · 대외관계 분야 등 각각의 주권적 영역에 더 영향을 미치는 분야에 이르기까지 협력을 쌓아야 한다. 이러한 협력은 각각의 결정사항을 집행하는 과정에서의 협력에서부터 점차 각 영역의 정책 입안 · 결정 과정에서의 협력, 즉 정책협력으로 발전해야 한다. 이 과정에서 협력의 제도화가 심화하고 북한체제의 각 영역에서 점차 자유화, 다원화 및 민주화의 변화를 촉진할 수 있다.

첫째, 사회주의체제 전환과정은 대체로 경제 분야의 변화가 선행한다. 국가와 당 주도의 계획경제가 시장경제 요소의 발생으로 혼합경제로 변하고, 시장경제 요소가 확대되면서 시장경제로의 방향으로 이행한다. 북한에서도 시장화가 확대되고, 포전담당제, 사회주의 기업책임관리제 등 개혁이 이루어지고 있다. 김정은 정권은 생산수단의 국유를 유지하면서 시장을 묵시적으로 수용하고 분권화와 인센티브 제고 등 실용적인 경제정책을 일부 도입했다. 중앙의 계획과 시장이 공존하는 이원경제구조이다(김병연, 2021. 3. 18., 발표자료). 그러나 당 · 국가가 경제장악을 유지하고 체제에 주는 부정적 영향을 차단하기 위해 주기적으로 통제조치를 취한다. 사회주의 경제의 체제이행은 소유권 변화, 중앙계획 철폐, 자본시장 도입이 필수 요소이나(Wlodzimierz & Kazimierz, 1989: 151), 이러한 관점에서 보면 북한경제는 여전히 체제이행과는 거리가 멀다(김병연, 2021. 3. 18.

발표자료).

그러나 북한경제는 현재의 자력갱생 전략으로는 성장은커녕 회복·개선하기도 쉽지 않다. 결국, 북한은 핵전략국가 고수가 동반할 경제압박으로 인해 체제 과부담의 상황을 맞게 되면, 전략적 선택에 직면할 가능성이 있다. 정치적 사회주의체제 유지를 위한 경제 개방·개혁 조치의 확대를 선택한다면, 평화협력 단계에서 남북한 자본·기술 협력 등 경협을 확대하고, 법적·제도적 개혁, 대외개방 조치 등을 취할 것이다. 이러한 변화는 남북연합 단계에서 북한 사회주의 경제의 체제 이행과정이 본격적으로 진행되면서, 남북한 간에 하나의 경제생활권 형성을 향한 여건을 조성할 것이다. 북한경제가 가격과 무역의 자유화, 재정과 거시경제의 안정화, 사적 소유권 인정의 사유화로 이행하면서, 남북한 경제관계는 북한에 대한 특혜무역협정, 자유무역협정, 관세동맹, 공동시장의 단계적인 통합의 과정을 밟게 될 것이다. 남한 정부는 북한의 경제발전 수준에 따른 북한지역 종합개발계획, 사회간접자본 투자 등을 한반도와 동북아 지역경제발전 차원의 종합적인 경제발전 구상과 연계하여 추진해야 할 것이다. 남한은 대북 경제협력과 정책 입안·추진 과정에서 북한경제의 민간 영역의 자율성이 크게 확대되는 전략을 본격화해야 한다.

둘째, 저개발국가의 발전과정에서 나타났던 것처럼 북한이 자본주의 지향의 경제발전과정에 들어서면 사회적 근대화를 동반하게 된다. 북한의 강고한 유일지배 독재체제는 점차 완화된 독재체제로 변할 것이나, 오랫동안 일원론적 이데올로기 아래에서 유지된 사회화 과정의 유산은 계속 북한 사회와 주민에게 영향을 미칠 것이다. 그러나 평화협력 단계에서 비교적 활성화되고 제도화된 인적 · 물적 교류협력은 북한 사회의 집단주의를 약화하고 자유화, 개인주의화 현상을 확산시킬 것이다. 북한 사회가 점진적으로 개방되면 주민들의 정보 접근과 소통, 상호작용의 행위양식이 변하고, 북한 정부도 중국이나 베트남처럼 정치적 사회주의체제의 존속 아래서도 이동의 자유를 포함한 자유화 · 자율적 활동의 범위를 점차 확대 허용하게 될 것이다.

남북연합 단계에서 남한은 정부와 민간 차원에서 북한 사회의 사회적 변화 과정을 전면에 걸쳐서 고무 · 촉진하는 방식으로 정책을 추진한다. 인적 교류는 각급 수준의 행정 단위와 청년 · 학생, 직능 · 직업 등 각 영역에 걸쳐 범위와 심도를 제도적으로 확대하고, 상시적인 교류가 이루어지는 방향으로 정책을 추진한다. 그에 따라 북한 당국의 주민에 대한 대남교류 허용 범위가 점차 확대되고, 자유로운 교류와 이동의 제도적 수준이 높아질 것이다. 남한과 북한의 민간 차원에서 학술, 문화 · 예술, 과학 · 기술, 종교 등 제 분야에 걸친 공동활동 확대를 통해 북한 사회의 다원화를 촉진한다. 이 과정을 통해 당 · 국가의 통제에 익숙하던 북한 주민의 수동적 행태와 신민적 정치문화를 참여적 정치문화로 바꾸어 나가는 시민사회가 형성 · 발전되도록 한다. 공공 및 민간 차원에서 남한과 북한 주민 간의 협력상태 및 공동활동이 누적되면 각급 행정단위 간, 각 영역의 민간단체 간 협력이 일상화 · 제도화되고, 각 분야에 걸쳐 정책입안 단계에서부터의 협력을 추진할 수 있을 것이다. 예를 들어, 북한지역 종합발전계획을 한반도 전체의 국토개발계획 차원에서 연계·추진하도록 도시계획, 주택, 교통, 환경문제 등의 분야에서 정책협의를 진행할 수 있을 것이다.

또한 남북연합이 정착되고 협력이 성숙하면 각급 수준의 행정단위에서 자매결연 및 공동사업이 더 활성화될 수 있다. 이를 통해 북한의 각급 수준의 행정 행위와 서비스 체계가 근대화되고 지역사회의 변화를 더욱 촉진할 수 있을 것이다. 남한과 북한의 지역단위 간 협력, 북한의 시민사회 형성, 북한 행정서비스 체계의 근대화 등은 남북 주민 간 일상생활의 이질성을 좁히고 상호이해 수준을 높일 것이다. 북한 주민의 경제적 시장자본주의로의 동화, 사회적 근대화, 정치적 시민성의 습득·체화·발전은 북한의 경제적 체제전환이 사회 및 정치적 차원에도 영향을 미치는 파급효과를 가져올 것이다.

셋째, 남북연합체제 아래서도 남한과 북한 간 외교·안보 분야에서의 협력은 타 분야보다 훨씬 어려운 과정이 될 것으로 보인다. 남한과 북한은 국제무대에서 협력하면서도 주권적 차원의 외교를 펼칠 것이고, 특히 한반도의 현상 변경에 첨예한 이해관계를 가진, 미국과 중국의 양자 관계는 물론 그들을 포함한 주변국의 대외전략으로부터 영향을 받을 것이기 때문이다.

이론적으로 북한 비핵화가 최종 검증절차를 거쳐 확인되고 한반도 평화체제가 형성·가동되면 동북아지역의 다자안보협력체 구성이 촉진될 수 있다. 북한 비핵화의 완성과 한반도의 평화체제 출범으로 동북아의 평화와 안정, 다자경제협력을 저해하는 요인이 제거되기 때문이다. 한국의 동맹국인 미국과 북한의 동맹국인 중국으로서는 각각 자국의 안보 전략 추진의 핵심 걸림돌이 해소되는 것이다. 북한이 미국 및 일본과 국교를 수립함으로써 한반도상의 두 국가 남한과 북한에 대한 주변 4개국의 교차승인이 드디어 완성된다.

남한과 북한 간 외교적 차원의 협력이 유엔과 그 산하기구, 국제다자협력기구, 다자안보·통상·스포츠·문화 등 다양한 범위에서 이루어질 것이다. 외교적 협력은 주로 북한이 국제사회에서 정상적인 행위자로 참여하도록 지원·협력하고 남북한 공동의 이익을 도모하는 방향에서 전개될 가능성이 크고, 남북연합의 외교적 조정도 그러한 방향으로 추진해야 한다. 해외 주재 한국공관과 한국무역투자진흥공사KOTRA 같은 공공기관 해외지사의 북한 지원·협력 활동이 누적될수록 전반적인 외교의 틀을 조정할 필요성이 대두될 것이다. 남북한 해외공관 간에, 그리고 국제기구에서 협력 및 공동 활동이 증대하면서 협의체 구성이 필요할 것이다. 남북연합 단계에 이르면 남한은 G8 수준의 국제적 위상에 도달할 가능성이 크며, 따라서 남북한의 해외활동과 외교적 협력을 그러한 틀 속에서 전개하는 것이 남북연합에 대한 국제적 인식을 높이는 방법이다.

한편, 한반도 평화체제가 정착하는 과정에서 남한과 북한 간의 군사적 신뢰 수준이 높아질 것으로 기대한다. 그러나 북한체제의 정치·군사적 변화가 지체하면 남북한의 정치권력 간 갈등이 발생할 것이고, 동시에 군사적 신뢰가 군비통제와 군축으로 이행되는 시간도 지체될 것이다. 북한이 동독의 마지막 시기처럼 내부 정치적 변화과정을 겪거나 자유화・다원화・민주화의 방향으로 점진적 체제 전환을 진행하면 한반도의 평화체제가 공고하게 정착할 수 있을 것이다. 오랜 기간 정치・군사적 기득권을 누려 온 북한 정치세력은 평화협정을 협상하는 과정에서부터 한미동맹, 주한미군, 유엔군사령부의 문제를 제기할 것이고, 이에 대한 남한・북한・미국 간의 이해관계가 해결돼야 평화협정이 체결될 수 있다. 또한, 대對미국 전략을 고려한 중국의 방해와 개입으로 인해 평화협정 체결과정이 복잡해질 수 있다. 만약 중국의 패권 도전과 이에 대한 미국의 대응 전략 강화로 현재 진행 중인 미・중 전략경쟁이 군사적 충돌로 비화하거나 장기간의 '신 냉전구조'로 고착된다면(Allison, 2017: 187~213; Mearsheimer, 2010: 396~402 참조)[11] 남북한 평화협정 체결과 공고한 평화공존체제 형성은 매우 어려운 과제가 될 것이다. 이 문제를 뛰어넘어 평화협정이 체결되더라도 평화체제가 정착하는 과정에서 문제들이 계속 제기될 것이다. 특히 북한의 동맹국인 중국이 자국의 패권추구 전략 추진에 한미동맹과 주한미군 문제를 중대 걸림돌로 간주하기 때문에 남북연합의 성공적인 형성・정착과 성숙화를 위해선 남한과 북한 간에 대對중국 관계에 대한 이해가 공유되거

11 핵 강대국 미국과 중국이 냉전시대의 미・소 패권경쟁처럼 전쟁으로 빠져들지 않을 수도 있으나, 최소한 동북아시아 패권국이 되려는 중국의 야망으로 인한 폭력적 충돌 가능성을 배제할 수 없다.

나 북한의 대중 관계에서 경제 · 전략적 의존도의 약화와 같은 변화가 발생해야 한다.

미국, 중국 등이 개입된 동북아 다자안보국제협력이 진전되면 한반도 평화체제의 정착에 도움이 되는 외적 환경이 조성되고, 남한과 북한 간의 군사적 신뢰 구축, 군비통제, 군축의 과정이 본격적으로 진행될 수 있다. 군사적 신뢰 구축은 평화협력의 성숙 단계에서 실시할 수 있는 상호 훈련 통보 · 참관, 군 인사교류 등을 정례화하는 것에서부터 비무장지대 비무장화를 위한 구체적 사업 이행 등까지 그 수준을 높여 나갈 수 있다. 비무장지대의 비무장화는 특히 정전협정 · 평화협정의 관련국인 미국, 중국의 참여뿐 아니라 국제적 평화증진 모델로 활용하는 것이 바람직하다. 대인지뢰를 제거하는 과정에서부터, 예를 들어 국제 평화 · 환경기구 유치 또는 동북아 평화기구 · 국제생태환경박물관 · 스포츠센터 건립 등의 계획 · 이행을 국제평화 사업으로 추진하는 것이다.

남한과 북한 간 군사적 신뢰 구축과 협력 증대는 북한의 탄도미사일 · 생화학무기 등 대량살상무기WMD의 감축 · 폐기로 이어지고, 쌍방 병력 · 장비, 무기체계의 감축 · 조정이 진행될 것이다. 평화협정 준수 · 이행, 군비통제, 군축을 협의 · 이행하는 군사공동위원회가 본격 가동되고 공고한 평화가 정착되면, 주한미군의 단계적 감축도 협의 · 추진될 수 있을 것이다.

(3) 가치통합

남북연합은 한반도에 평화공존 상태가 정착하고 성숙하는 시기를 상정한다. 또한 남한과 북한이 진정한 신뢰를 쌓고 쌍방 지향의 인적·물적 교류가 상시로 전개되어 하나의 공동생활권을 형성해 사실상 북한 주민에게도 상당한 수준으로 이동의 자유가 보장되는 상태를 지향한다. 하지만 남한과 북한 간에 제도적 협력과 정책 차원의 협력이 심화해도 오랜 억압구조 아래서 사회화 과정을 겪은 북한 주민들의 의식구조, 신념체계, 이념 등은 남한 주민들과는 매우 다르다. 이러한 차이로 인한 이질성의 간격을 좁히는 작업을 가치통합이라고 할 수 있다.

남북연합 단계에 이르면 북한 사회는 오늘날의 베트남 사회 이상으로 개방되어서 외부 정보와 문화는 물론 다양한 이데올로기에 노출될 것이다. 또한 북한 주민의 교육과 사회화 과정도 상당한 정도로 변화를 경험할 것이다. 일반적으로 저개발 권위주의 국가가 경제발전과 사회적 근대화를 이루면, 주민들의 믿음체계와 사고구조, 그리고 생활양식도 자유화·다원화의 방향으로 변하며 개인의 존엄성에 기반한 민주적 가치가 호소력을 갖게 된다. 북한 주민에게도 이러한 현상이 나타날 것이다.

그러나 북한식 사회주의 아래서 교육을 받고 사회화된 대다수 북한 주민의 믿음체계와 사고구조, 생활양식은 남한 주민과는 여전히 절대적인 괴리현상을 보인다. 동서독이 통일된 지 약 20년이 지난 후의 한 여론조사를 보면, 동독 지역 주민은 독일 시민으로서 자유와 민주주의에 대한 지지가 95% 내외로 매우 높았으나 사회주의 시스템에 대한 지지도 여전히 40% 정도로 나타났다(*Berliner Zeitung*, 2009. 1. 3.). 동독 주민은 통일 이전부터 서독을 포함, 이웃 민주국가의 미디어와 정보에 상당한 수준으로 접근 가능했고, 비록 제한은 있었으나 매년 연인원 수백만 명이 서독을 방문할 수 있었다. 그런데도 동독 공산당 지배 아래서의 사회화는 서독 주민과는 다른 믿음체계와 가치관을 갖게 하였다. 또한 통일 후 일부 동독 주민의 서독 주민에 대한 열등의식이나 일부 서독 주민의 동독 주민에 대한 멸시는 가치통합의 문제를 통일 이전부터 세심하게 준비해야 할 필요성을 보여 준다.

따라서 남북연합 시기에 남한이 특히 주안점을 두어 추진해야 할 과제는 북한 주민들이 자유, 인권, 개인의 존엄성, 민주주의, 서로 다름과 같은 가치와 그에 토대한 믿음체계, 생활방식 등에 점차 익숙해지도록 다양한 통로와 방안을 강구·실시하는 것이다. 남한 사회와 마찬가지로 북한 사회도 인구구조에 큰 변화가 있다. 억압과 폐쇄의 체제에서 사회화한 나이 든 세대와 달리 젊은 세대는 제한된 환경에서도 외부 정보와 문화에 대한 접근 빈도가 높고 흡수 속도도 빠르다. 남북관계가 정상적 관계로 정착되고 쌍방 지향의 교류협력이 일상화되면 북한의 젊은 세대는 비교적 쉽게 새로운 환경에 적응할 수 있겠지만, 북한 사회 전체 차원에서는 여전히 남한과의 이질성이 매우 클 것이다.

남북연합 시기에 남한 정부는 미디어와 다양한 정보소통 매체,

그리고 문화의 상호개방을 통해 북한 주민의 새로운 사회화 과정을 돕고, 남한 주민은 남북한의 사회화 과정의 차이점과 북한 주민의 다른 믿음체계와 행동양식 등에 대한 이해 수준을 높여 나가야 한다. 특히 남한 정부는 다양한 영역과 범위에서 활발하게 이루어지는 교류·협력 과정이 북한 주민들이 의식적·무의식적으로 인격체로서의 개인, 개인주의individualism, 인간의 존엄성, 인권, 자유민주주의, 자본주의 시장경제 등의 개념과 가치를 학습하는 과정임을 염두에 두고 정책을 추진해야 한다.

한편, 남북연합 단계에 이르면 북한 사회에서도 자발적으로 조직된 민간단체가 증대할 것이고 이들의 활동도 제한적이나마 허용될 것이다. 북한경제가 자본주의로 이행하면서 사적 소유권, 사적 영역에 대한 북한 주민의 인식도 점차 증대할 것이나, 이러한 인식이 주민에게 체화될 수 있도록 자생적 민간단체와 소규모 조직 등을 다양한 방식으로 교육할 필요도 있다. 또한 북한 정치가 약한 권위주의체제로 이행하도록 남북한 차원은 물론 국제사회 차원의 협력을 통해 정치적 자유화와 다원화를 촉진해야 한다. 정치문화 차원에서 북한 주민의 다원적·민주적 가치에 대한 의식의 깨달음과 진화는 북한에서 복수정당체제의 등장을 촉진할 것이며, 향후 남북한 주민의 가치와 믿음체계의 간격을 좁히는 데 도움을 줄 것이다.

6. 마무리

남한과 북한의 손뼉이 긍정적으로 마주쳐야 남북관계의 진전과 진화를 기대할 수 있다. 1972년 〈7·4 남북공동성명〉은 냉전의 절정기에 정치적 화해의 가능성을 보여 주었다. 1992년 〈남북기본합의서〉는 세계적 차원의 냉전체제 해체가 한반도에서도 이루어질 수 있다는 일말의 기대감을 주었다. 2000년 〈6·15 남북공동선언〉은 분단 이후 첫 정상회담의 산물이었고, 2007년 〈10·4 남북정상선언〉은 북한의 김정일 정권에 큰 기대를 갖게 했다. 그리고 북한이 '사실상의 핵보유국'이 된 상황에서 열린 2018년 정상회담의 결과물인 〈4·27 판문점 남북정상선언〉과 〈평양 공동선언〉은 다시 한 번 관계개선의 희망을 불어넣어 주었다. 이 밖에도 남한과 북한 사이에 많은 합의문이 생산되었다.

그러나 근 50년 전, 〈7·4 남북공동성명〉에서부터 합의했던 긴장상태 완화, 신뢰 조성, 비방·중상 중지, 이해 증진 등 합의사항의 성실 이행은 지켜지지 않았다. 그 사이 서독과 동독은 통일을 이루었고, 통일 독일은 벌써 한 세대를 넘겼다. 남한과 북한 간에 이루어진 수많은 합의는 근본적인 적대관계를 해소하지도, 본질적인 관계개선을 가져오지도 못했다. 남한과 북한은 상대방을 탓하지만, 애초부터 합의 내용의 해석을 두고 늘 갈등을 보였다. 남한과 북한 간 중요 합의들과 그 밖의 수많은 합의가 각각의 정책적 의도가 담겼음을 말해 준다. 그 의도의 속내는 자기 방식으로 통일을 이루겠다는 것이다. 현실적으로 서로 다른 이념과 체제를 기반으로 하는 남한과 북한, '두 개의 국가'가 자국의 이념과 체제에 충실한 각자의 목표를 달성하려는 한, 앞으로도 합의와 합의의 불이행이 반복될 것이다. 지금까지와 마찬가지로 남한과 북한은 때로는 긴장상태가 고조되고 갈등을 보이면서도 단속적으로 대화하고 회담할 것이다. 남한과 북한이 그러한 과정을 계속 겪으면서도 작은 신뢰라도 쌓기 위해서는, 무엇보다 상대방의 의도를 투명하게 인식하고 수용할 수 있는 상황을 조성해야 한다. 그 기반은 남한과 북한이 실제로 상대방이 국가라는 점을 수용하거나 국가적 실체를 인정하는 것이다. 그래야 남한과 북한의 공존이 적대적 공존에서 평화공존의 상태로 이행할 기회가 증대할 것이다. 남한과 북한이 서로를 국가로 인정한다고 해서 분단 한반도의 통일을 포기한다는 의미는 아니다. 남한이나 북한이나 모두 국가목표로서 통일을 포기하지 않는다. 통일은 남한(대한민국)과 북한(조선민주주의인민공화국)의 국가적 소명이자 국민/인민의 소명이기 때문이다.

그런데 통일을 향한 길고도 험난한 과정에서 우리가 분명하게 인식하고 명심해야 할 사항이 있다. 분단 이후 지금까지의 남한과 북한의 역사적 발전과정을 볼 때, 한반도의 통일은 자유민주주의, 자본주의 시장경제, 인간의 존엄성과 인권 등의 가치와 이념체제에 기반을 둔 대한민국의 연장선상에서 구현되고 완성되어야 한다는 점이다. 대한민국은 국제사회에서 인정받는 자유민주주의 선진국이고, 조선민주주의인민공화국은 최빈국이자 최악의 인권국가에 속하는 전체주의 독재국가이다. 우리가 목표로 하는 한반도의 통일국가가 어떤 기반 위에 서야 할지를 이처럼 분명하게 보여 주는 지표는 없다.

이러한 배경에서 본 연구에서는 평화적 방식의 통일을 추진하는 과정에서, 남한의 공식 통일방안인 〈민족공동체 통일방안〉에서 중간과정으로 구상된 '남북연합'을 평화공존 상태의 실현이란 맥락에서 어떻게 재구성하는지, 이 '남북연합'이 어떠한 기능과 역할을 해야 하는지를 검토하였다. 동 방안이 등장한 30년 전과는 크게 달라진 한반도 내외의 변화와 전략환경을 염두에 두면서, 〈남북기본합의서〉를 대체하는 〈남북기본조약〉의 체결을 통해 남북관계를 '통일을 이루기까지의 국가 대 국가 간의 특수관계'로 운영하는 〈민족공동체 통일방안 2.0〉을 제시하고, 3단계 접근을 평화·협력 → 남북연합 → 통일국가로 수정·보완할 것을 제안하였다. 그리고 이러한 구상에 입각하여 남북연합을 구체적으로 재구성하였다.

사실 1970년대 초 이래로 지금까지 남북관계 역사가 우리에게 주는 큰 교훈은 공고한 평화가 없는 남북관계는 언제든지 무너질 수 있는 모래성에 불과하다는 것이다. 교류·협력이 잘 진행되는 것처럼 보이다가도 남북관계는 하루아침에 중단될 수 있음을 우리는 경험에서 배웠다. 남북관계에서 가장 시급한 것은 상대방으로부터의 군사적 위협 인식을 제거하는 공존과 평화의 정착이다. 서로에 대한 신뢰가 없고 군사적 위협 인식을 버리지 못하는 상태에서는 먼저 불안정한 공존의 방식을 안정된 공존의 방식으로 만들어야 한다. 상대방에 대한 위협 인식을 축소하려면 상호 간 충분한 군사적 억제를 확보해야만 한다. 이러한 점에서 '핵보유국 북한'에 대한 냉정한 점검이 우선 요구된다. 검토 없이 말로만 평화를 외치는 '평화 지상주의'는 평화를 이룰 수도, 만들 수도 없는 망상과 다름없다. 평화는 평화를 만들어 갈 힘과 실천 의지가 있어야 실체적으로 구현할 수 있다.

남한과 북한 간의 교류와 협력은 군사적 대치 상태에서도 진행될 수 있다. 그러나 항상 불안정성을 안고 있다. 따라서 평화정착이 이루어져야 한다. 평화를 만들고 정착시키기 위해서는 남북대화와 교류・협력이 남한과 북한, 어느 일방이 아니라 쌍방에게 도움이 된다는 점에 동의해야 한다. 남북관계가 어느 일방에게만 유리하게 진행되면 지속성을 가질 수 없다. 정치적 화해와 신뢰 조성도 어느 일방의 노력만으로는 달성될 수 없다. 남북관계는 남한과 북한이 서로를 지향하는 쌍방적이며 호혜적인 상호작용이 누적되고 관행화되어야 지속될 수 있다. 남한의 대북정책이나 북한의 대남정책은 서로에 대한 투명성 증대에 그 본질이 있다. 그래야 불신을 축소하면서 점차 신뢰를 축적할 수 있다. 그 기반은 남한과 북한이 유엔 회원국으로서 한반도에서 서로의 국가적 실체를 수용하고 인정하는 것이다. 그리고 북한은 체제전환의 길로 들어서야 한다.

3

코리아 양국체제

전환의 환경과 경로

김상준

경희대학교 공공대학원 교수

'영원한 평화' 묘지가 그려진 저 네덜란드의 어느 여관집 간판에 새겨진 이 풍자적인 표제가 인간 일반에게 타당한 것인지, 아니면 특별히 전쟁에 싫증을 낼 줄 모르는 국가의 통치자들에게 타당한 것인지, 또는 단순히 이상향을 꿈꾸는 철학자들에게나 타당한 것인지는 미결정 상태로 유보해 두자. 단지 이 논문의 저자는 한 가지 단서를 붙여 유보하고자 한다.

정치이론가의 탁상 이론은 경험적 원리에 충실해야 하는 국가의 안전에 아무런 해도 끼치지 않으므로, 실천적 정치인은 의기양양하게 그런 정치이론가를 현학자로 멸시할 수 있다. 동시에 정치이론가에게는 세상살이에 밝은 정치인으로부터 간섭을 받지 않은 채 자신의 일을 마음대로 수행하도록 허용될 수 있다.

그러므로 실천적 정치인은 정치이론가와 견해가 다른 경우라 할지라도 일관되게 행동해야 하며, 별다른 의미 없이 공개적으로 표현하고 과감하게 제시한 정치이론가의 의견이 국가에 어떤 독을 끼치지 않을까 의심해서도 안 된다. 이 유보조항을 통해 필자는 이 글에 대한 어떠한 악의에 찬 해석도 개입되지 않기를 공식적으로 분명히 밝혀 두고자 한다.

이마누엘 칸트, 〈영원한 평화를 위하여〉

모든 죽은 세대들의 전통은 악몽과도 같이 살아 있는 사람들의 머리를 짓누른다. 현세대는 자기 자신과 만물을 개조하고 이제까지 존재한 적이 없는 무엇인가를 창출해 내는 데에 몰두하는 것처럼 보이는 시기에도 … 자기의 일을 도와 달라고 노심초사 과거의 망령들을 주술로 불러내며, 이 망령들로부터 이름과 전투 구호와 의상을 빌려 이 유서 깊은 분장과 차용한 언어로 세계사의 새로운 장면을 연출한다.

칼 마르크스, 〈루이 보나파르트의 브뤼메르 18일〉

반복강박Wiedeholungszwang, repetitive compulsion은 쾌락의 가능성을 전혀 포함하지 않은 과거의 경험, 그리고 억압된 본능 충동에조차도 만족을 가져올 수 없었던 과거의 경험을 회상해 낸다. … 모든 원치 않는 상황과 고통스런 감정을 반복하고 대단히 정교하게 그것들을 재생시킨다. … 옛 경험을 통해서 보면 이러한 작용이 오직 불쾌만 낳았다는 사실에서도 … 아무런 교훈도 얻지 못한다. 그럼에도 불구하고 그것들은 강박의 압력 밑에서 반복되고 있는 것이다. … 그 인상은 어떤 악운에 쫓기거나 어떤 악마적인 힘에 붙잡혀 있다는 것이다.

지그문트 프로이트, 〈쾌락원칙을 넘어서〉

이 글은 한반도 평화 프로세스의 핵심고리를 코리아 남북 두 국가 간의 국가로서의 상호인정에 기초한, 코리아 양국체제의 정립으로 본다. 이러한 시각에서 이 글 1절에서는 코리아 양국체제론의 요지에 대해 서술하고, 2절에서는 코리아 양국체제론의 관점에서 코리아 내외의 정세 흐름을 검토한다.

1. 코리아 양국체제론[1]

코리아 양국체제[2]란 '대한민국ROK'과 '조선민주주의인민공화국DPRK' 두 나라가 주권국가로서 서로 인정하여 공식 수교하고 평화롭게 공존·교류·협력하는 **1민족 2국가**[3]의 **평화체제, 공존체제**이다. 코리아 양국체제는 지난 70여 년 남북 간에 쌓이고 쌓인 적대와 불신을 해소함으로써 평화적 통일로 갈 수 있는 가장 현실적인 경로다.

지난 70여 년 남북은 수없이 많은 '통일방안'을 경쟁적으로 제안했지만 오히려 그럴수록 통일은 멀어졌다. 지금까지 한국과 조선은 서로를 국가 대 국가로서 인정한 바 없다. 상대를 인정하지 않으면서 아무리 통일을 말해 봐야 통일이 이뤄질 리가 없었다. 상대를 인정하지 않으면서 반드시 통일하자고 하니까 전쟁까지 했던 것이 아닌가. 그래서 통일을 하자고 할수록 통일이 멀어지는 역설이 발생했다. 평화로운 통일로 가는 '제 1보'가 양측이 상대를 진심으로 그리

---

1 본 소절은 김상준(2019). 《코리아 양국체제: 촛불을 평화적 혁명으로 완성하는 길》, 33~34쪽, 5~9쪽, 46~55쪽에 의거하였고 이 글의 목적에 따라 일부 수정하고 부가하였다.

2 Two Korean States System. 남북 두 국가를 통칭하는 말로 흔히 쓰는 '한반도' 대신 '코리아'를 쓰는 이유가 있다. '한반도'는 한국만의 용어이기 때문이다. 조선에서는 '조선반도'라고 한다. 또 '코리아'라 하면 지리적인 Korean peninsula만 아니라 코리아 사람, 민족(Korean people, nation)을 같이 지칭하니 보다 포괄적이다. 앞으로 양국체제가 정착되어 양국을 통칭하는 언어를 찾아 합의하기까지는 아쉬운 대로 '코리아'를 쓰기로 한다.

3 One Nation, Two States.

고 실제로 인정하는 데 있음은 자명한 사실이다. 국가로서의 양자 간 관계에서 그렇듯 진정으로 우러난 실제적인 인정이란 서로를 정당한 주권국가로 인정하는 것이다. 서로가 국가로서의 정당성을 인정할 때 비로소 각자의 내부에서 상대를 부정하고 적대했던 심리와 제도가 바뀌기 시작한다. 그래야 편지 한 통 오가는 데서 시작해서, 전화가 오가고, 사람이 오가고, 그리고 마음이 오갈 수 있게 될 것이다. 이것이 평화로운 통일로 가는 '제 1보'이고, 이것이 이루어지는 상태가 코리아 양국체제다.

그러나 지난 70여 년 동안 그 '제 1보'는 한 번도 제대로 떼어지지 못했다. 첫걸음도 제대로 떼지 못하면서 내달리고 도약하기를 꿈꾸는 온갖 화려한 통일안들이 난무했다. 코리아 양국체제는 여태껏 미뤄 온 그 첫걸음을 제대로 분명하게 내딛자는 의미를 담고 있다. 통일에 이르는 첫걸음이 될 양국체제가 정착되고 안정되는 데만 상당한 시간이 필요할 것이다. 이 첫 과정을 제대로 이수履修하는 데만 많은 노력과 인내와 창의력이 요구된다. 가장 기본적인 이 과정을 분명한 목표로 인식하고 과제의 실현을 위해 실제적인 노력을 기울여야 한다. 이 과정을 애매모호하게 남겨 둔 채 2단계, 3단계로 건너뛰자는 통일안들은 말만 화려할 뿐 실효가 없다. 오히려 갈등과 불신만 키웠다.

양국체제란 단순히 한반도에 두 개의 나라가 존재한다는 사실을 지칭하는 것이 아니다. 두 국가 간에 '국가로서의 상호인정'이 공식적으로 이뤄지고 그러한 상호인정 관계가 안정적으로 정착되어야 비로소 양국체제라 할 수 있다. 2018년 현재 세계 157개국이 남북 두 국가를 동시에 인정하고 수교하고 있으니 한반도에 두 개의 국가가 존재한다는 것은 이미 세계인이 인정하고 있는 엄연한 사실이다. 그러나 이런 사실이 한반도에 양국체제가 성립하였음을 의미하는 것은 전혀 아니다. 막상 남북 두 국가는 서로를 국가로서 정식으로 인정하지 않고 있기 때문이다. 전쟁을 치르고 극단적으로 적대했던 두 국가가 엄혹했던 냉전기간 서로를 인정하지 않으려 했다는 것은 상황 탓으로 보아 이해한다고 하더라도, 소련-동구권이 붕괴하여 미소 냉전이 해소되고 1991년부터는 남북 두 나라가 유엔 정식 회원국이 되었음에도 그 후로도 근 30년을 서로 국가 대 국가로 인정하지 않고 지내 왔다는 것은 분명 비정상이었다.

그러나 현실이 크게 변하여 이러한 비정상이 지속되기 어려워지고 있다. 2018년 4월 27일 판문점 남북정상회담과 같은 해 6월 12일 북미정상 싱가포르회담이 연이어 열리면서 한국전쟁Korean War의 종전과 북미 수교가 남북미 3국의 공식 어젠다에 올랐다.4 정전상태를 종식하고 평화협정을 체결할 남북 두 국가가 이제 서로를 정상적인 국가로서 인정하는 것은 당연한 수순이다. 여기에 더하여 이후 북미·북일 수교가 이뤄지는 날이 올 것인데, 그때도 남북만은 끝내 상대를 국가로서 인정하지 않은 채 남아 있다는 것은 받아

4 한국전쟁(Korean War)의 교전 당사자 중 하나인 중국 역시 이 과정에 함께하기를 원하고 있다.

〈그림 3-1〉 마리오트 맹점 실험

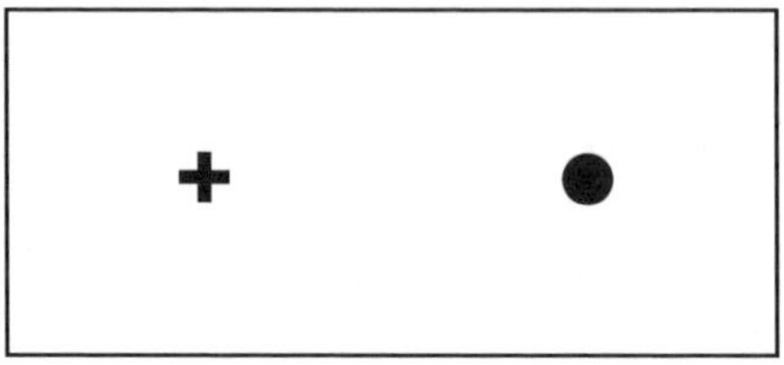

들이기 어렵다. 이제 코리아 양국체제가 눈앞의 현실로 성큼 다가오고 있다.

누구나 한 번쯤은 마리오트 맹점 실험을 해보았을 것이다. 왼쪽 눈을 감고 오른쪽 눈으로 그림의 십자 표시를 응시한다. 그리고 눈과 십자 표시 사이의 간격을 조정하다 보면 어느 지점에서 검은 원이 사라진다. 반대로 오른쪽 눈을 감고 왼쪽 눈으로 그림의 검은 원을 응시하면서 거리를 조정하다 보면 어느 순간 십자가가 사라진다.

지금껏 코리아 남북의 대한민국과 조선민주주의인민공화국이라는 두 나라가 서로를 바라보는 시각이 꼭 그랬다. 한쪽 눈만 뜬 채 상대를 맹점지대에 넣어 놓고 멀쩡하게 존재하는 상대편이 존재하지 않는다고 우긴다. 그래서 대한민국의 헌법에는 '한반도'에 오직 대한민국만이 존재하고, 조선민주주의인민공화국의 헌법에는 '조선반도'에 오직 조선민주주의인민공화국만이 존재한다. 그러나 두 눈을 바로 뜨고 바라보면, 멀리 보든 가깝게 보든, 뒤집어 보든 바로 보든, '코리아'에는 엄연히 두 개의 나라가 존재한다. 그리하여 2019년 현재 세계 157개국이 한국과 조선 두 나라를 모두 인정하여 동시 수교하고 있다. 그러나 막상 남과 북 두 코리아는 서로의 존재를 부정한다. 세계인의 관점에서는 매우 기이한 일이다. 코리아 양국체제란 두 코리아 모두 정상적인 세계인의 관점을 갖자는 것이다.

코리아의 맹목의 외눈박이는 있는 것을 없다고 우기는 정도에 그치지 않는다. 거꾸로 없는 것을 있게 만드는 놀라운 억지를 부린다. 여전히 1980년 5월의 광주시민항쟁 대열에 북에서 보낸 수백 명의 특수부대(이른바 '광수')가 있었다고 우기는 사람들이 있다. 망상에 증거가 있을 리 없다. 5·18 당시 계엄사령부와 미국조차 인정하지 않는다. 그러나 맹목의 외눈박이에게 증거는 중요하지 않다. 필요하지도 않다. 오직 '그래야만 한다', '안 되면 되게 하라'는 맹목의 외눈박이의 당위가 있을 뿐이다. 존재를 부정하는 북한과 연결 지어야 5·18 광주를 부정할 수 있고, 그래야 광주 시민들에 대한 피의 살육을 정당화할 수 있기 때문이다. 있는 것을 없다고 하고, 없는 것을 있다고 하는 외눈박이 맹점 놀음은 이렇게 내통하고 있다. 이러한 식의 지록위마指鹿爲馬 빰치는 외눈박이 맹점 놀음으로 오랜 세월 독재체제를 정당화해 왔다. 심지어 세월호 참사 항의도, 촛불집회도, 북과 연결 지어 압살하려 했던 공작들이 서서히 밝혀지고 있다. 코리아 양국체제란 외눈박이 맹점 놀음, 기만술로 지탱해 온 독재체제, 독재심리를 영구히 종식하여 정상체제, 정상심리가 확고히 자리 잡도록 하자는 것이다.

지난 70년 코리아 남북에 독재체제, 독재심리가 존속할 수 있었던 이유는 양측이 '내전상태'에 있었기 때문이다. '내전상태'란 하나의 주권, 하나의 영토를 누가 차지하느냐를 놓고 벌이는 필사의 전쟁상태고, 상대를 죽이지 않으면 내가 죽는다는 절박하고 극단적인 심리상태다. 내전체제는 전쟁체제고 비상체제다. 한국전쟁 이후 남과 북 사이가 그랬고, 남과 북 내부가 그랬다. 이러한 상태에서 남이든 북이든 독재의 위협을 결코 벗어날 수 없었다. 내전상태가 유지되는 한, 통일의지와 통일열망은 오히려 내전 격화와 독재 강화의 불쏘시개로 이용될 수밖에 없다.

오늘날 코리아가 이러한 내전상태를 벗어날 수 있는 길은 오직 하나다. 하나의 주권, 동일한 영토를 놓고 벌이는 필사의 전쟁상태를 끝내야 한다. 그러려면 한국과 조선 두 국가가 서로의 주권과 영토를 인정하고 공존해야 한다. 시늉이나 속임수로서가 아니라 진심에서 우러나 그렇게 해야 한다. 그리하여 서로 상대가 자신의 영토와 주권을 위협하지 않을 것이라는 믿음이 확고해져야 한다. 그것이 코리아 양국체제다. 그때서야 통일의 길은 비로소 열린다. 하나가 되자고 하면 우선 하나가 되자는 둘이 분명해야 할 일이다. 그렇지 않고 서로를 인정하지 않으면서 하나가 되자고 다급하게 몰아붙였던 것이 오히려 분란과 갈등을 심화시켰다. 둘임을 인정해야, 하나가 되자는 노력의 진실성이 성립한다. 코리아 양국체제는 한 민족 두 나라 공존을 통해 평화적 통일에 이르는 길이다.

이러한 코리아 양국체제 발상은 2016~2017년 촛불혁명과 2018년 연속된 남북미 정상회담을 통해 주목받게 되었다. 그렇지만 양국체제적 인식이 촛불혁명과 〈판문점 · 싱가포르 선언〉을 통해 처음

생겨난 것은 아니다. 이렇게 큰 변화에는 반드시 그에 선행하는 역사적 예비과정이 있기 마련이다. 1980년대 말~1990년대 초에 연속적으로 벌어진 대형 사건들이 그러했다. 1987년 6월 항쟁과 1989~1991년 사이의 소련-동구권과 미소 냉전체제 붕괴, 한소·한중 수교, 그리고 1991년의 남북 유엔 동시가입과 〈남북기본합의서〉 교환으로 이어진 초대형 변화가 그것이다. 이러한 변화는 분단체제의 지반을 처음으로 크게 흔들었다. 세계 판도 전체가 크게 바뀌고 있었기 때문이다.

이 변화 속에서 분단의식도 크게 흔들렸다. 분단의식은 '반쪽의식'이기도 하다. '반쪽만으로는 온전하지 못하다', '나뉜 반쪽은 합쳐야 비로소 온전한 하나가 된다'는 생각이다. 반쪽의식에서 양국체제 발상은 나올 수 없다. 양국체제는 두 코리아를 각각 온전한 하나의 국가로 보기 때문이다. 온전한 국가란 '내부의 정당성'과 '외부의 인정'이라는 양 측면을 모두 갖추어야 성립한다. 남북이 이 두 근거를 어느 정도 갖추게 된 계기는 1991년의 남북 유엔 동시가입과 〈남북기본합의서〉 교환이었다. 이 두 사건은 1987년부터 시작된 세계적 대변동의 결과였다고 할 수 있다. 세계사 차원에서는 미소 냉전구조의 붕괴가 주 원인이었고, 국내적으로는 6월 항쟁이 열어 놓은 민주화 지향의 강력한 여론이 원인이었다.

분단의식, '반쪽의식'으로 보면 남북의 국가는 '반쪽(만의) 국가'일 뿐이다. 우선 이러한 '반쪽국가 의식'을 벗어나지 못하면 양국체제 발상은 생기기 어렵다. 그러나 반쪽국가 의식에도 그만한 현실의 근거가 있었다. 냉전시대 남북 국가의 내적·외적 정당성 구조 자체가 온전하지 못한 측면이 있었기 때문이다. 우선 외적 측면부터 살펴보자. 어떤 국가에 대한 외부의 인정이란 국제사회의 인정, 외국과의 수교관계로 표현되는데, 냉전시대 남북의 국제적 인정, 수교관계는 실제로 '반쪽짜리'였다고 할 수 있다. 한국은 미국 영향권의 국가만, 반대로 조선은 소련 영향권의 국가만 수교하고 있었다.[5] 나머지 반쪽의 인정이 없었던 것이다. 남북 모두 외부세계의 절반으로부터만 인정받고 있다는 '반쪽국가 의식'을 벗어나기 어려웠다.

내적으로도 남북은 '반쪽국가 의식'에 사로잡혀 있었다. 1948년 두 정부의 수립 이래 남북은 자신이 통일을 목적으로 세워진 일종의 '경과적인 국가'라는 인식을 가지고 있었다. 물론 자신만이 적통자嫡統子고, 자신이 주도하는 통일이 되어야 한다고 믿었지만, 그렇다 하더라도 두 국가 모두 자신이 이미 완결되거나 완성된 국가라고 내세울 수는 없었다. 모두 '반쪽국가'이고 따라서 '반쪽만의 정당성을 가진 국가'라는 생각이었다. 그런 '반쪽국가 의식'이 강할수록 통일에 집착하기 마련이다. 그래야 '반쪽국가'의 정당성이 충족된다고 생각하기 때문이다. 그래서 양측 모두 통일을 내세우고 자신만이 통일의 주체가 될 수 있다고 하였다. 그러나 그 통일은 말은 좋지만 실

5 중립을 표방하는 국가들, 그리고 1950~1960년대 이후 신생 독립국이 된 많은 구식민지 국가들은 남북과 동시 수교하였다. 그럼에도 세계는 여전히 미소 냉전이 지배하는 상태였고 남북에 대한 국제사회의 인정이 냉전적으로 양분되었다는 기본 사실에는 변함이 없었다.

제 의도는 상대를 소멸하자는 것이었다. 그래서 냉전시대 남북의 통일정책은 언어로 하는 전투와 같은 것이었다. 총탄을 교환하듯 오갔던 통일정책, 통일방안들이 오히려 통일을 멀게 하였다는 것은 역설이라기보다 당연한 결과였다.

1980년대 말~1990년대 초의 소련-동구권 붕괴와 미소 냉전 종식은 코리아 남북의 이러한 상태에 큰 변화를 불러일으켰다. 이러한 변화에 먼저 능동적으로 움직인 것은 1988년 집권한 한국의 노태우 정부였다. 노태우 정부가 취임 직후부터 북에 대한 '포용과 화해의 의사'를 표명했던 것은 주목할 만하다. 예를 들어 1988년 〈7·7선언〉(〈부록 1〉 참고)에서 "한반도의 평화를 정착시킬 여건을 조성하기 위하여 북한이 미국·일본 등 우리 우방과의 관계를 개선하는 데 협조할 용의가 있으며 또한 우리는 소련·중국을 비롯한 사회주의 국가들과의 관계 개선을 추구한다"(6조)라는 대목이 그러하다. 그 수행 의지의 진실성이 어느 정도가 되었든 양국체제적 전망을 표현한 최초의 계기라 보아야 할 것이다.

노태우 정부는 이어 1989년 9월에는 〈한민족공동체통일방안〉을 제시하였다. 이 방안은 통일로 가는 중간 경로로 '남북연합Korea commonwealth'(또는 국가연합)을 제시했는데, 이는 북측에서 제기해 온 '고려연방제'를 고려한 제안이라 할 수 있다. 〈한민족공동체통일방안〉의 중요한 정치적 의미는 이 통일방안의 합의과정에서 당시 주요 야당 지도자인 김대중, 김영삼, 김종필 씨의 의견을 수용하고, 시민사회의 의견을 수렴하는 과정도 거쳤다는 점이다. 이렇듯 여야 합의에 의한 통일방안 마련은 한국에서 처음 이뤄진 일이었다. 그리고 이는 1991년 이뤄진 남북 간 합의의 바탕이 되었다고 할 수 있다.

1991년 남북 유엔 동시가입과 〈남북기본합의서〉 채택은 양국체제적 발상에서 매우 중요한 지점이다. 당시 유엔 동시가입과 〈남북기본합의서〉 채택을 주도한 것은 한국의 노태우 정부였다.6 소련-동구권 붕괴 이후의 유리한 상황이었기 때문에 상대를 인정해 주더라도 우위에 설 수 있다는 자신감이 있었던 것이다. 반면 북은 곤란한 상황이었다. 소련-동구권 붕괴 이전까지 북은 유엔 동시가입을 반대해 왔다. 통일 주도권이 자신의 편에 있다고, 자신만이 '조선반도'에서 유일하게 정통성을 가진 국가라고 생각했기 때문이다. 정통성 없는 '남조선' 정부를 굳이 유엔 동시가입을 통해 국제적으로 인정해 줄 필요가 없다고 보았다. 그러나 상황이 크게 바뀌었다. 냉전

6 남북 유엔 동시가입은 1971년 한국 대통령 선거에서 김대중 후보가 처음 제안했다. 이후 1973년 박정희 대통령이 남북문제에 관한 6·23선언을 발표하면서 이를 포함시켰고, 같은 날 북의 김일성 주석은 '조국통일 5대 강령'을 발표하여 남북이 연방제를 이뤄 하나의 국가로 유엔에 가입하자고 주장했다. 김대중의 주장이 당시 미소·미중 간에 불었던 데탕트 정세를 발 빠르게 반영하는 것이었다면, 박정희와 김일성의 주장은 적대적 체제 경쟁의 한 수단이었다. 베트남전쟁에서 북베트남의 승리가 확고해진 당시 상황에서 북은 남북 체제 경쟁에서도 자신이 분명한 우위에 서 있다고 보았다. 그래서 남이 유엔 동시가입을 통해 통일 주도권에서 자신의 열세를 숨기고 분단을 영구화하려 한다고 비난했다. 당시에 북이 체제 경쟁에서 우위에 있었다는 것은 일반적으로 인정되는 사실이지만, 오늘날 현실이 보여 주듯 남북 간 국력의 우열은 시대에 따라 달라질 수 있다. 신영석(2008). 《역대정권의 통일정책 변천사》. 서울: 평화문제연구소 참조.

의 한 축이었던 소련 중심의 '진영'이 무너져 국제무대에서 남과 북의 지지의 균형은 한국 쪽으로 크게 기울었다. 여기에 더해서 1987년 개헌에 따라 대통령 직접선거에 의해 선출된 새 한국 정부의 정통성을 (야권 분열에 따라 군부 출신 후보가 당선되었다고 하더라도) 전면적으로 부정하기 어려웠다. 이제 북은 예전처럼 한국 정부를 무작정 반대하거나 무시할 수 없었다. 체제 유지를 위한 새로운 방식을 고민하지 않을 수 없었다.

분단국의 유엔 동시가입은 1973년 동서독의 선례가 있지만, 동서독 상황이 1990년 급속한 흡수통일로 마감했다는 사실이 북으로서는 부담스러웠을 것이다. 그러나 소련이 한국과 수교하고(1990년) 중국이 남북 유엔 동시가입을 지지하게 되자(1991년 5월) 북도 입장을 바꿀 수밖에 없었다. 불가피한 일이라면 오히려 이를 자신의 체제보장을 강화하는 기회로 살리려 했을 것이다.

실제 유엔 동시가입이 북에 대한 국제적 공인을 담보하여 일방적 흡수통일 가능성을 차단한다고 생각할 수 있다. 또한 핵무기 철수 등 미국으로부터의 군사적 양보도 요구할 수 있다고 보았다. 남북대화가 최고조에 올랐던 1991년 하반기에는 다음 해 한미 팀스피릿훈련을 취소하였고, 미국은 한국에 배치한 핵무기를 철수하였으며, 그로 인해 연말에 〈한반도비핵화공동선언〉이 이뤄질 수 있었다. 북은 결단을 했고, 이로써 유엔 동시가입은 이루어졌다. 그리하여 남북은 유엔 회원국이 되었다. 유엔 회원국은 회원국 상호의 주권을 인정하고 서로 침해하지 않는다는 유엔 헌장을 준수해야 한다. 그리하여 일단 형식적 차원에서라도 '두 개의 코리아'가 온전한 국가로 공인되었다. '반쪽국가'가 아닌 '온쪽국가'로 인정되었고, '반쪽의식' 자리에 '양국의식'이 생겼다.

이는 〈남북기본합의서〉로 다시 분명히 표현되었다(〈부록 3〉 참조). 4장 25조에 이르는 〈남북기본합의서〉의 핵심은 제1조 "남과 북은 서로 상대방의 체제를 인정하고 존중한다"에 있다. 과거 냉전시대에도 주도권 경쟁 차원에서 그와 유사하거나 또는 그렇게 해석할 수 있는 구절을 사용한 경우가 있었다. 그러나 그것은 공격과 방어 차원의 언어 공세에 불과했다. 그러나 이번에는 분명한 합의였다. 크게 달라진 상황에 대한 인식과 이해의 공통기반이 생겼기 때문이다. 불확실성이 많았지만 당시 양측은 합의를 통한 공존 기조의 지속에 상당한 기대와 믿음을 공유했다. 애초부터 각자의 적대적 체제를 강화하려는 목적을 숨기고 서로 일시적으로 이용했을 뿐이었던 1972년의 〈7·4 남북공동성명〉 때와는 분명히 달랐다. 이 합의로 양국의 자체적·내적 정당성 근거 또한 '반쪽국가'에서 각자가 충족된 정당성을 갖는 '양국체제' 쪽으로 이동했다.

그리하여 냉전시대 오랜 기간 남북에 존속했던 '반쪽국가 의식'은 외적으로도, 내적으로도 '양국체제 의식' 쪽으로 이동했다. 그래서 남북 유엔 동시가입과 〈남북기본합의서〉 채택이 이뤄진 1991년을 양국체제로의 전환이 최초로 시작된 때라고 하였다. 그러나 그 변화는 아직 불충분하고 불완전했다. 외적으로도, 내적으로도 모두 그러했다.

우선 남북 유엔 동시가입을 전후하여 한국은 소련, 중국과 수교할 수 있었지만 미국은 북과 수교하지 않았다. 미국의 강한 영향 아래 있는 일본도 북과 수교하지 않았다. 유엔 동시가입을 통해 남북의 수교국 수는 증가했지만,[7] 북한체제 안정의 핵심이라 할 수 있는 미국과의 수교가 이뤄지지 않았고 일본 역시 미국을 따랐다. 국제적으로 두 개의 코리아는 공인되었지만, 그 출발은 불완전하고 불균형한 것이었다.

〈남북기본합의서〉에서 이루어진 내적 상호인정 역시 불완전했다. 상호인정을 한다고 하면 과연 상대를 어떤 수준에서 인정하는지가 중요하다. 특히 남북과 같이 서로를 인정하지 못하여 전쟁을 했고, 그 전쟁을 아직도 끝내지 못하고 있는 상태라면 더욱 그러하다. 그런데 합의서 전문에서는 상호인정하는 '쌍방'의 관계를 "나라와 나라 사이의 관계가 아닌 통일을 지향하는 과정에서 잠정적으로 형성되는 특수관계"라 규정하였다. 그 결과 4장 25조에 이르는 합의서 전체에서 합의 양 당사자를 서로의 정식 국호로 부르지 못하고 '쌍방' 또는 '남과 북'이라 애매하게 지칭했다. 합의서 말미에 서명자로

---

7 2018년 7월 현재 한국의 수교국은 190개국, 조선의 수교국은 161개국이며, 동시 수교국은 157개국이다. 이 정도면 외교적으로 두 나라 모두 세계로부터 공히 인정받는 정상국가라 부르는 데 문제가 없다. 현재의 남북 수교국 수 차이는 주로 미국의 강한 영향권 안에 있는 남미(11개국), 아시아(일본과 과거 미국령의 소형 섬나라 11개국), 중동(4개국) 등의 국가들이 북과 수교하고 있지 않기 때문에 발생한다. 북미 수교가 이루어지면 이들 국가들 역시 북과 수교하게 되고 그때 남북의 수교국 수는 거의 같아질 것이다.

'대한민국 국무총리 정원식'과 '조선민주주의인민공화국 정무원 총리 연형묵'이라 써서 딱 한 번 양국의 국호가 언급되었을 뿐이다. 물론 그조차 하지 못하고 "서로 상부의 뜻을 받들어, 이후락 김영주"라고 마무리했던 1972년의 〈7·4 남북공동성명〉에 비하면 분명 발전은 발전이라 하겠다. 그러나 아직은 불완전한 발전이었을 뿐이다.

"나라와 나라 사이의 관계가 아닌 통일을 지향하는 과정에서 잠정적으로 형성되는 특수관계"란 앞서 분석한 '반쪽국가 의식'에 정확히 상응하는 표현이다. 흔히 〈남북기본합의서〉는 1972년 체결된 〈동서독기본조약〉을 준용한 것이라 한다. 그것은 사실이지만, 상호인정 수준에서 〈남북기본합의서〉가 〈동서독기본조약〉에 크게 못 미친다는 사실은 분명히 인식해야 한다. 〈동서독기본조약〉은 서문, 10개조, 그리고 2개조에 대한 추가조항 전체에서 조약 쌍방을 정식 국호인 '독일연방공화국'과 '독일민주공화국'이라 분명히 칭하고, 두 국가가 주권과 영토를 상호인정한다는 것을 전제하고 있다.

"나라와 나라 사이의 관계가 아닌 통일을 지향하는 과정에서 잠정적으로 형성되는 특수관계"라는 구절은 〈동서독기본조약〉에서 전혀 찾아볼 수 없다. 필자가 독일의 동방정책과 관련해서 이와 그나마 가까워 보이는 표현을 조사해 본 바로는, 1969년 10월 28일 서독 수상 빌리 브란트의 연방정부 성명 중에 "독일에 두 개의 국가가 존재하더라도 그 국가는 상호 외국이 아니며, 그 상호관계는 특수한 종류인 것"이라 했던 내용이 처음으로 보인다. 그 성명의 핵심은 독일에 독일연방공화국과 독일민주공화국이라는 두 개의 나라가 존재한다는 사실을 인정하자는 것이었다(정태호, 2016: 107). 다만 그 두 국가는 서로 외국이 아닌 특수관계라는 뜻이었다. 먼저 국가로서 인정하면서, 그다음에 그 두 국가 간의 관계는 특수하다고 한 것이다. 하나의 민족이 이룬 두 개의 국가one nation, two states 간의 관계이니 특수하다 하는 것은 당연하다. 그래서 동서독은 〈동서독기본조약〉 이후 정식 외교관계를 맺고 일반 수교국 대사보다 격이 높은 장관급 대표를 상호파견했다. 그런데 〈남북기본합의서〉는 그와 전혀 다르다. 국가로서 인정하지도 않았고, 여기에다 나라와 나라 사이의 관계가 아니라고 거듭 확인까지 하였다.

당시 상황을 냉정하게 보면 비록 냉전이 종식되었다 하더라도 미국이 북을 인정할 의도가 없는 상태에서 남북 양측만으로는 종전終戰을 이루기 어려웠다. 아직 전쟁도 공식적으로 끝마치지 못한 상대를 국가로 인정한다는 것은 앞뒤가 바뀐 일이기도 하다. 당시 노태우 정부는 미국과 별개로 독자적으로 북과 종전 처리를 하고 상호 국가 인정까지 밀고 나갈 만큼의 의지와 역량을 가지고 있지 못했다. 북 역시 이 기회에 과감하게 국가로서의 상호인정까지 제안하지 못했다. 북한도 '남조선'을 곧바로 국가로서 인정할 준비가 되어 있지 못했던 것이다. 이렇게 외적으로나 내적으로 제약된 상황에 있었기 때문에 낮은 수준의 합의를 할 수밖에 없었다.

이러한 이유로 〈남북기본합의서〉가 〈동서독기본조약〉에 비해 상호인정 수준이 크게 떨어지는 불완전한 합의에 그칠 수밖에 없었다는 사실을 분명하게 인식한다면 문제가 없다(그러한 글의 하나로 박정진, 2013: 99~138). 한계를 정확히 알고 있으면 그것을 극복할 방향도 정확해지기 때문이다. 그러나 그것이 마치 오히려 더욱 높은 수준의 심오한 합의의 결과였던 것처럼 생각한다면 문제가 된다.

실제로 "나라와 나라 사이의 관계가 아닌 통일을 지향하는 과정에서 잠정적으로 형성되는 특수관계"라는 표현은 그러한 혼란을 유발할 여지가 없지 않다. '남북은 국가 대 국가로 서로를 (아직 능력이 부족하여) 인정하지 못하는 것이 아니라 오히려 (뜻이 높기 때문에) 하지 않는 것이다. 그 이유는 남북은 애당초 두 국가가 아니라 통일을 지향하는 특수관계이기 때문이다'라는 식으로 읽힐 수 있는 것이다. 그렇게 읽으면 이 구절은 마치 '우리가 지금 하나는 아니지만 결코 둘일 수 없다'라는 높은 민족적 이상에 남북 대표가 의기투합한 결과, 곧바로 국가연합이나 연방제 통일로 직행하려는 속마음이 이심전심으로 표현된 것처럼 과잉 해석될 수도 있다. 이런 혼란에 빠지면 남북관계가 어디만큼 왔고, 어디가 한계이며, 이제 어디로 가야 하는지 올바른 방향을 잡기 어려워진다.

지금까지의 분석에서 분명한 사실은 다음과 같다. 〈동서독기본조약〉을 통해 동서독은 서로를 주권국가로 인정함으로써 '반쪽국가 의식'을 극복하고 '양국체제'로 확실히 이행한 반면, 〈남북기본합의서〉는 서로의 체제는 인정하되 국가로서 인정하는 것은 아니라는 애매한 절충에 그쳐 '반쪽국가 의식'을 완전히 극복하지 못했다. 또한 1972년 〈동서독기본조약〉 체결 이후 미국은 1974년 동독과 수교했다. 반면 〈남북기본합의서〉 이후 미국은 북의 수교 요청을 거부했다. 동방정책의 서독이 동독과 미국의 수교에 적극 나선 반면, 북방정책의 한국은 조선과 미국의 수교문제에 적극적으로 나서 성사시킬 의지나 능력이 없었다. 그 이후의 차이 역시 분명하다. 양국체제로 확실히 전환한 동서독은 활발하고 광범위한 교류와 협력을 이루었지만, 낮은 수준의 애매한 절충에 머문 남북관계는 〈남북기본합의서〉 채택 이후 채 1년이 못 돼 흔들리기 시작하여, 곧 파탄에 이르고 말았다.

지금까지 한반도 남북의 '반쪽국가 의식'이 '양국의식'으로 바뀌어 갔던 첫 번째 역사적 계기를 살펴보았지만, 그러한 전환은 결코 순조롭지 못했음을 확인할 수 있었다. 우선 남북에 뿌리 깊은 반쪽국가 의식이 자리 잡게 된 데는 나름의 근거가 있었음을 알 수 있다. 냉전시대 두 코리아는 코리아 바깥에서 볼 때 각각 세계의 반쪽으로부터만 지지·인정을 받은 반쪽국가였고, 코리아 내부에서 볼 때도 서로 상대를 부정한 채, 소멸시켜 흡수해야만 온전한 하나가 된다고 생각하는 반쪽국가였다. 이 같은 내외의 반쪽의식은 남북관계에 매우 부정적인 영향을 주었다. 화해 대신 대결과 적대가 증폭될 수밖에 없는 구조였고, 그 결과 한반도는 이중으로 고통받는 안팎곱사등이 신세를 벗어날 수 없었다. 그러나 그 반쪽의식은 6월 항쟁, 냉전붕괴, 유엔 동시가입, 〈남북기본합의서〉 채택이라는 연쇄적 대사건을 통해 외적으로나, 내적으로나 크게 약화됐다. 커다란 격변을 통해 점차 상대를 인정하는 양국의식이 들어서기 시작한 것이다.

2. 코리아 양국체제 정립의 조건과 경로 검토: 촛불혁명, 판문점 남북 합의, 싱가포르 북미 합의와 그 전후 맥락

1) 사전 맥락

1991년의 〈남북기본합의서〉는 남북 두 정부가 최초로 서로를 공식적으로 인정하고 합의한 매우 중요한 문서였다(〈부록 3〉 참조). 그러나 이 합의서의 잉크가 미처 마르기도 전인 1992년부터 '북한 붕괴론'과 '북핵 위기론'의 역풍이 강하게 불기 시작했다. 당시 북핵은 실존하지 않았으나, '북한 붕괴'를 목표로 한 수단으로 활용되었다. 북은 여기에 반발했고, 북미 간 강경대결과 긴장은 1994년 6월 일촉즉발의 전쟁 위기로까지 고조되었다. 위기는 최후의 순간에 간신히 봉합했으나, 이후 남북관계는 극도로 경색되고 말았다.

이 경색은 1998년 김대중 정부가 출범하면서 풀리기 시작했고, 그 결실은 2000년 〈6·15 남북공동선언〉(〈부록 4〉 참조)으로 맺어졌다. 〈6·15 남북공동선언〉은 1989년 남측에서 여야 합의로 도출한 〈한민족공동체통일방안〉(〈부록 2〉 참조)과 1991년 〈남북기본합의서〉(〈부록 3〉 참조)의 남북연합 정신에 바탕을 둔 것이었다. 북 역시 기존의 연방제를 '낮은 단계의 연방제'라는 이름으로 남측의 연합안과 절충하여 합의하였다. 이후 2007년 노무현 대통령은 김정은 위원장과 다시 정상 합의를 이루었다. 〈10·4 남북정상선언〉(〈부록 5〉 참조)은 4조에서 "정전체제를 종식하고 평화체제로 이행한다"고 하여, 한국전쟁 남북미 간의 종전과 평화조약으로 가는 길을 최초로 명시하였다.

김대중 · 노무현 정부 때 열리기 시작한 화해의 문은 이명박 · 박근혜 정부 때 다시 굳게 닫히고 말았다. 〈남북기본합의서〉를 사실상 백지로 만들고 한반도에 전쟁위기를 불러들였던 '냉전 이후의 냉전세력'의 힘은 아직도 건재함이 드러났다. 그러한 냉전적 강경대결이 오히려 북핵을 완성으로 몰아갔다고 할 수 있다. 결과적으로, 북은 제재 강화에도 불구하고 점점 핵개발에 매진할 수밖에 없었다.

이 부정적 힘의 상호 상승작용 현상은 1960년대 후반 미국과 북베트남과의 관계에서도 살펴볼 수 있다. 이후 출간된 당시 미국 국방장관 맥나마라의 회고에 따르면, 베트남전쟁의 수렁에 빠진 미국은 명예롭게 철군하고 싶었다. 그러나 미 정부 강경파의 논리에 따르면, 더 압박해야 북베트남이 대화의 장에 나와 양보할 것이라 생각했다. 그러나 실상은 반대였다. 북베트남은 미국이 앞으로는 대화와 타협을 말하면서 뒤로는 북폭을 오히려 강화하는 것은 기만에 불과하다고 보았다. 결국 베트남전쟁은 모든 당사자의 피해를 극한까지 고조시킨 이후에야 종료할 수 있었고, 결국 미국은 패배자가 되어 굴욕적으로 철수할 수밖에 없었다.

결국 지금까지의 경과를 보면, 미국의 '북한 붕괴'를 암묵적 전제로 한 '북한 비핵화 압박'은 완전한 실패로 돌아갔다고 할 수 있다. 현재 북은 모든 희생을 감수하고 핵무장에 성공한 것으로 보인다.

북핵문제 해결을 위한 6자회담이 지지부진한 기간, 동아시아 이해당사국 간의 관계에 미묘한 변화가 발생하고 있었던 지점도 짚어보아야 한다. 미국의 오바마 정부는 2010년대 접어들면서 중국의 성장에 경계를 표현하기 시작했다. 오바마 정부가 세계 정책 중심의 아시아로의 회귀pivot to Asia(중국 포위 아시아 전략) 전략을 표방하고, 중일 간에 센카쿠열도(혹은 댜오위다오) 분쟁이 벌어졌던 2012년이 중요한 분기점으로 보인다. 오바마 정부의 중국경계론은 일본 우파의 중국경계론과 중첩한다.

센카쿠열도 분쟁을 계기로 일본의 반중여론은 급격히 고조되었고, 아베 정권은 그 바람을 타고 장기집권을 시작했다. 일본의 이른바 '혐한 바람'이 거의 같은 시기에 고조되기 시작했던 점도 주목해야 한다. 정치인 아베는 2010년 고이즈미 총리가 북일 관계 개선을 목적으로 행했던 북 방문 시 그를 수행했다가 납치문제를 크게 제기하여 일본에서 정치적으로 큰 주목을 받게 되었다. '반 북조선', '북조선 때리기'는 그의 정치적 커리어의 핵심자산이다.

여기에 더해 2010년대에 들어 팽창하기 시작한 '혐한 소동'의 배경에는 한국 국력의 빠른 성장세가 있다. 한국이 정치・경제・문화 등 모든 측면에서 일본이 차지했던 우위를 위협할 정도로 성장했다고 느낀 것이다.

'북조선 때리기'와 함께 이러한 '혐한 소동'의 흐름도 아베 정부의 주요한 지지 동력이 되었다. 아베 정부와 일본 우파는 미국의 정책기조를 반중 경향으로 끌어오고, 반북 경향을 강화하기 위해 미국

조야의 여러 경로를 통해 집요하게 로비했다. 그래서 미국의 '아시아로의 회귀 전략', 그리고 '미국 중심의 태평양-인도양 동맹'을 통한 중국 압박에는 일본 우파의 지속적인 로비가 상당한 역할을 했다는 평가가 나온다.

이러한 미일의 반중전략으로의 전환에 한국의 이명박, 박근혜 정부는 동조하거나, 또는 일관성 없게 왔다 갔다 하는 모습을 보였다. 즉, 한국의 근본 국익에 대한 정리와 자리매김이 모호했다.

이러한 상태의 위험성은 미국이 집요하게 추진한 사드 배치 이슈에서 잘 드러났다. 당시 미중 간의 군사적 줄다리기 상황에서 한국은 중국의 안보에 위협이 되는 미국 신무기의 한국 배치에 무조건 동조하는 대신, 자주국방 체제의 일환으로 독자적 미사일 방위체제를 세우기 위해 미국의 한국 미사일 개발제한 조치의 해제를 요구하는 등 역의 선제적 조치를 내걸고 공세적으로 협상할 필요가 있었다. 그렇게 되었다면, 중국은 한국의 주권문제로 보아 쉽게 반발하기 어려웠을 것이고, 미국 역시 그러한 요구를 간단히 기각할 수 없었을 것이다.

그러나 그러한 길은 당시 한국 내부 여야 어느 쪽에서도 분명히 제기하지 못했다. 다만 사드 배치 찬성과 반대로 나뉘어 내부 갈등만 심화되었을 뿐이다. 그 결과 격심한 내부 갈등 아래 사드는 결국 배치되었고, 이는 한국에 대한 중국의 강력한 반발(아직까지 완전히 풀리지 않은 '한한령'으로 이어짐) 을 불렀다. 게다가 사드 배치를 허용해 준 미국 측에도 감사 대신 못미덥다는 눈초리를 받게 되었다.

2) 촛불혁명에서 판문점 · 싱가포르 회담까지

2016~2017년 한국의 촛불혁명은 박근혜 대통령의 총체적 실정과 무능에 대한 국민의 심판이었다. 촛불혁명 현장에서 남북관계 문제는 표면에 올라오지 않았다. 그러나 적대적 남북관계의 고착이 블랙리스트 통치로 건강한 공론의 장을 질식시키고, 유라시아로 이어질 수 있는 한국경제의 새로운 기회를 봉쇄했다는 광범한 의식이 잠재했다.

〈표 3-1〉은 박근혜 대통령에 대한 지지-반대율 추이를 보여 준다. 세월호 참사나 연말소득정산 논쟁, 메르스 사태에서 보인 무능이 지지율 하락으로 나타난 반면, 2015년 9월 중국 전승절 때 박근혜의 중국 방문이 지지율 상승으로 나타났던 것은 흥미롭다. 이때까지는 미중 갈등이 아직 크게 부각되지 않았고, 중국과의 관계 개선과 확장이 한국의 국익에 부합하는 것으로 간주하는 심리가 작용하고 있었음을 보여 준다. 그러나 방중 직후(10월) 한미정상회담에서는 미국의 (중국 포위) 아시아 전략의 핵심이 한미동맹이라고 공언하며 이른바 '널뛰기 외교'를 벌였다. 이후 2016년의 사드문제 대응에서 미국에 피동적으로 끌려가는 모습 때문에 지지율은 지속적으로 하락했다.

촛불혁명으로 출범한 문재인 정부의 남북 · 한미 · 북미 · 미중 관계는 그다지 우호적이지 않은 것으로 보였다. 2016년 말 취임한 트럼프 미국 대통령은 예측불허의 공격적인 스타일로 한국문제에 관

〈표 3-1〉 박근혜 대통령 임기 지지율 추이

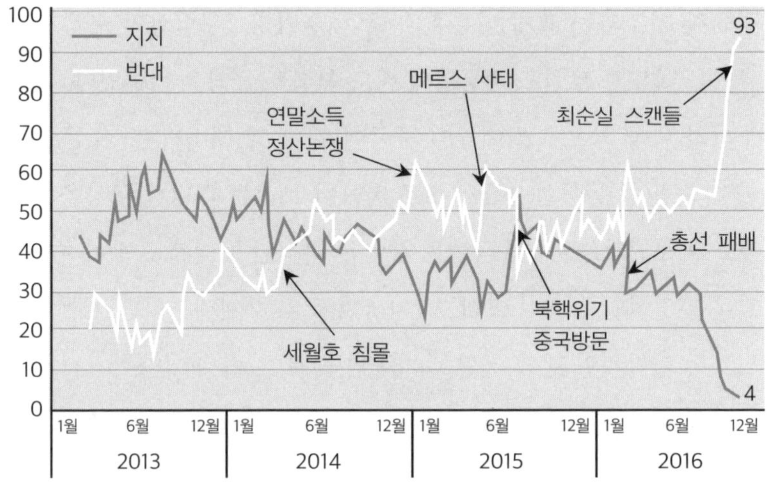

한국갤럽, 리얼미터, 알앤써치의 조사 합산[8]

한 여러 의제에 곤란을 야기할 것으로 예상되었다. 실제로 2017년 북이 미사일 발사와 고강도 핵실험을 계속하면서 북미 간에는 일촉즉발의 위기가 조성되는 듯 보이기도 하였다. 또한 트럼프의 대중 강경론 역시 미국과 중국을 동시에 중시하는 한국의 외교 입지에 어려운 과제를 던져 주었다.

그러나 2018년 들어 남북 코리아의 상황은 2017년과 매우 다르게 전개되었다. 연초부터 김정은 국무위원장은 신년사를 통해 평창 동계올림픽 참가 의사와 함께 "북남 사이의 첨예한 군사적 긴장상태 완

---

8 Wikimedia Commons(2016. 11. 25.). 출처: https://commons.wikimedia.org/wiki/File:Park_Geun-hye_Presidential_Approval_Rating.svg

화"와 "조선반도의 평화적 환경 마련"을 강조하며 2017년까지의 강경대결 기조와는 크게 다른 입장을 내놓았다. 사실상의 북핵 능력 완성을 목도한 트럼프 대통령의 태도 전환도 놀라운 것이었다. 북을 오히려 미국 쪽으로 끌어들여 중국에 대한 역 레버리지, 또는 최소한 미중 양자 동등한 영향권으로 바꾸어 보려는 대담한 구상을 했던 것으로 보인다. 결국 중국이든 북이든 외적인 이념적 표방이 중요하거나 본질적인 문제가 아니고, 자국의 국익을 위해서라면 어떤 방향으로든 탄력적인 정책 전환이 가능함을 보여 준 것이다.

사실 이러한 변화는 냉전 종식 이후 미국의 한때의 일극주의가 사실상 끝났다고 할 수 있는 2010년대 초반부터 명확해진, 어쩌면 지구촌의 상식이 된 사실이다. 단지 그러한 사실이 뒤늦게 한반도에 도달한 것이었다. 문재인 정부는 이러한 상황 변화에 기민하게 대응하여 남북관계뿐만 아니라 북미관계도 평화와 교섭의 방향으로 재조정하는 역할을 수행했다. 그 결과가 〈4·27 판문점 남북정상선언〉(〈부록 6〉 참조), 〈6·12 싱가포르 북미정상선언〉(〈부록 7〉 참조)이었다.

〈4·27 판문점 남북정상선언〉은 한국전쟁의 종전終戰문제를 제1화두로 끌어올렸다. 전쟁 당사국 간의 종전이란 전쟁 이전의 국가 간 정상상태가 회복됨을 뜻한다. 따라서 코리아 남북 두 국가의 종전협정은 양국 간 평화협정을 동시에 동반하는 것이 일반적이고, 그러한 평화협정은 바로 양국 간의 정상 수교로 이어지는 것이기도 하다. 이것이 전쟁을 한 국가들이 종전 후 다시 정상상태로 돌아갈 때 치르는 지극히 일반적인 과정이다. 따라서 코리아 남북의 종전은 두 국가 간의 정상 수교, 즉 한조 수교로 바로 이어지는 다리이기도 하다.

코리아 양국체제란 이렇듯 사실 코리아의 현실과 매우 가까운 곳에 이미 항상 존재한 가능성이었다. 한국전쟁이 (비록 휴전으로) 끝난 1953년 이후부터 무려 70년 가까운 세월 동안 종전하지 못하고, 따라서 양국 간 정상 수교가 이뤄지지 못한 것이 매우 비정상적인 상태일 뿐이다. 도대체 어떻게 전쟁이 사실상 끝났는데도 70년 가까이 끝나지 않고 반 전쟁상태로 남아 있을 수 있는가?

코리아 남북의 근 70년의 세월이 그러했고, 그러한 비정상과 억지가 가능했던 것은 우선 미소 냉전의 엄존 때문이었다. 그러나 냉전은 이미 1990년대 초에 종결되었다. 비정상적인 상태가 지속되는 제 1조건이 사라졌음에도 근 30년간 그 상태가 지속되었다. 그 누가 이러한 상황이 억지스럽다고 하지 않을까? 어쨌거나 이제야 〈판문점 선언〉을 통해 코리아 남북이 종전을 제 1화두로 제기할 수 있게 되었다. 더구나 한국전쟁의 또 다른 주요 당사자인 미국과 교전국이었던 북이 역사상 최초의 양국 정상회담을 개최하여 양국 간 관계 정상화의 물꼬를 터놓음으로써 이 선언이 실질적 의미를 갖게 되었다.

그러나 남북미 관계가 순조롭게 진행되는 것으로 보였던 2018년 한 해에도 중국・일본과의 관계에서 또 다른 미묘한 방향 변화가 진행되고 있었다. 우선 일본의 아베 정부는 트럼프 정부가 북과의 교섭에 나서고 한국이 여기서 중요한 중재자 역할을 하는 상황에 대해 큰 곤혹감을 느꼈다. 코리아 남북의 적대적 대치상태 유지와 미국의 보호 아래에서 코리아 분단상황을 이용하는 데 익숙한 일본 우파의 전략적 입지가 흔들렸다고 본 것이다. 아베는 트럼프와의 관계 친밀화에(골프 회동 등) 큰 공을 들이면서 그러한 사태 변화를 되돌려 보려고 했지만 성공하지 못했다.

중국 역시 트럼프식의 공격적인 중국 때리기가 이어지면서 불편한 상황에 처했다. 남북미 간의 화해무드에 공식적으로는 환영을 표했지만, 이 흐름이 중국을 밀어내는 또 다른 포위 전략은 아닌지 주시하였을 것이다. 과거 6자회담 시기 (북의 입장에서는) 북보다 오히려 한국과 가까운 입장을 보이는 것으로도 간주되었던 중국의 태도는 이제 북이 미국의 접근으로 자신의 영향권에서 멀어질 것에 대한 우려 때문에, 보다 북 중심적인 방향으로 바뀌었다. 반면 한국에 대해서는 2016~2017년 사드 배치에 대한 징벌적 한한령을 강화함으로써 과거보다 거리를 두는 방향으로 변화했다.

그럼에도 전체적으로 코리아 상황에 우호적으로 전개되던 2018년은 2019년 2월 하노이 북미정상회담이 합의 도출에 실패함으로써 교착상태에 이르는 것으로 마감되었다. 결국 북핵 해소와 북미 수교의 순서 맞추기 조율에 실패했기 때문이다. 김정은-트럼프 간 북미 교섭은 시종 미국 쪽의 북핵 해소 CVID와 조선 측의 수교와 관계정상화 CVID 간의 순서와 속도 조율의 문제로 압축된다. 그러나 하노이 회담 무합의의 전말을 살펴보면 결국 전형적으로 톱다운 방식으로 진행되었던 협상 과정에서 김정은에 비해 트럼프가 가진 카드의 결정권과 결정력이 약했던 것으로 보인다. 김정은이 내부 반미 강경

파를 통제할 수 있었던 데 비해, 트럼프는 결국 내부 반북 강경파의 집요한 발목잡기를 뿌리치지 못했다. 하노이 회담이 성과 없이 끝나서 김정은의 정치력도 일정한 손상을 가져왔지만, 트럼프의 정치적 커리어에도 큰 손상이 있었다. 트럼프의 재선 실패 역시 그와 무관하다고 볼 수 없을 것이다.

3) 포스트 하노이 교착상태에서의 사태 추이

북미 교섭이 교착상태에 빠졌다고 하여, 2018년 남북 정상이 이룬 중요한 합의 역시 교착상태에 빠져야 할 이유는 없다. 오히려 남북 간 합의와 접촉의 밀도를 높여 교착상태를 타개하는 돌파력으로 만들 수도 있는 것이다. 그것이 남북 간의 종전협정과 평화협정 체결, 그리고 그 후속 조치로서의 남북 수교, 즉 한조 수교이다. 앞서 코리아 양국체제의 필요성을 설명하며 밝혔듯, 한조 수교는 국제사회에 매우 크고 긍정적인 영향을 끼친다. 코리아 남북 간의 협력을 강화할 뿐만 아니라, 북에 대한 국제사회의 규제도 크게 풀 수 있는 역사적 계기가 된다. 그렇다면 이 교착 기간, 코리아 남북은 과연 그러한 방향으로 움직여 왔는가?

먼저 한국의 상황은 어떠했는가. 문재인 정부 출범 이후 세 차례의 남북정상회담, 두 차례의 북미정상회담과 한 차례의 남북미정상회동이 있었고, 이를 통해 남북미 간의 파국적 대결을 일단 저지했으니 취임 시 표방했던 '한반도 운전자론'이 절반은 성공했다고 볼 수 있다.

그러나 아직 절반이 남아 있다. 2017년 8월의 한 칼럼에서 필자는 문재인 정부가 성공한 운전자가 되기 위해서는 무엇보다 "운전의 방향과 목표를 확고하게 설정해야 일시적 장애물이 나타나거나 예상치 못한 길 막힘으로 잠시 우회하더라도 길을 잃지 않고 최적의 경로로 목표지점에 도달할 수 있다"고 했다. 그리고 그 목표는 '코리아 분단체제'를 '코리아 양국체제'로 전환하는 데 있다고 썼다. 이렇게 보면 지금까지 문재인 정부는 '절반의 성공'을 이루기는 했지만, 과연 처음부터 방향과 목표가 확고하게 설정되어 있어서 가능했던 성공인지, 아니면 특별한 운과 조정 기술로 거둔 일시적 성공이었는지는 아직까지 미지수다.

하노이 회담 이후야말로 장애물 또는 길 막힘이 있고, 잠시 우회해야 하는 상황이라 할 수 있다. 2019년 2월 하노이 북미정상회담이 성과 없이 끝난 후 현재까지 북미 교섭이 교착상태에 있고, 2020년 들어서는 북측에서 남북공동선언 합의 이행이 지지부진하다고 비난하면서 개성의 남북연락사무소를 폭파한다거나(6월 16일), 실종된 월경 공무원이 사살되는(9월 21일) 등의 돌발사태가 벌어졌다. 어렵게 이룬 남북미 간 평화무드가 다시 풍전등화의 신세가 되는 것이 아닌지 우려되었다. 왜 이런 일이 생겼는가? 이런 때야말로 목표지점이 어디인지 다시금 분명히 해두어야 한다. 그래야 돌발사태 속에서 길을 잃는 일 없이 굳게 제 길을 지켜 목표에 이를 수 있다.

필자가 현 정부의 '한반도 운전자론'이 표방한 방향과 목표에 대해

'아직 미지수'라는 생각을 갖게 된 계기는 2018년 10월 24일 '(남북관계는) 국가 간의 관계가 아니'라는 청와대 대변인의 논평이었다. 당시 문재인 대통령은 10월 23일 〈판문점 선언〉의 군사 분야 이행합의서의 국무회의 의결을 비준하였는데, 여기에 대해 야당인 자유한국당이 그 비준은 '국가 간 조약 체결·비준의 국회 동의'를 규정한 헌법 60조를 위반한 것이라고 '위헌 논쟁'을 걸고 나온 것이 시발이었다. 여기에 대해 청와대 대변인이 '(남북관계는) 국가 간의 관계가 아닌 특수관계'라는 〈남북관계발전법〉 조문을 들고 나와(이는 1991년의 〈남북기본합의서〉 구절을 준용한 것임) 우리는 북을 헌법과 법률상 국가로 간주하지 않으므로 야당의 '위헌' 시비는 근거가 없다고 반박했던 일이다. 당시 보도에 따르면, 청와대와 여당의 일부 중요 보직자들도 헌법 3조와 대법원, 헌재 판례 등을 들어 대변인의 논평을 두둔했다고 한다. 앞서 거론했던 바,9 〈남북기본합의서〉의 '특수관계' 조항의 한계성을 분명히 인식하고 있지 못함을 보여 준 것이다.

9 앞서 132쪽 내용 중 다음 부분 참조: "나라와 나라 사이의 관계가 아닌 통일을 지향하는 과정에서 잠정적으로 형성되는 특수관계"라는 표현은 그러한 혼란을 유발할 여지가 없지 않다. '남북은 국가 대 국가로 서로를 (아직 능력이 부족하여) 인정하지 못하는 것이 아니라 오히려 (뜻이 높기 때문에) 하지 않는 것이다. 그 이유는 남북은 애당초 두 국가가 아니라 통일을 지향하는 특수관계이기 때문이다'라는 식으로 읽힐 수 있는 것이다. 그렇게 읽으면 이 구절은 마치 '우리가 지금 하나는 아니지만 결코 둘일 수 없다'라는 높은 민족적 이상에 남북 대표가 의기투합한 결과, 곧바로 국가연합이나 연방제 통일로 직행하려는 속마음이 이심전심으로 표현된 것처럼 과잉 해석될 수도 있다. 이런 혼란에 빠지면 남북관계가 어디만큼 왔고, 어디가 한계이며, 이제 어디로 가야 하는지 올바른 방향을 잡기 어려워진다.

그러나 이 문제는 이론 이전에 실천의 문제였고 급박한 문제였다. 당장의 국무회의-대통령 비준을 변호하고자, 장차 국회 비준의 당위성을 망각한 명백한 실착이었다. 남북이 서로를 국가로서 인정하지 못하는 상황은 〈국가보안법〉 등으로 남북의 대치가 지속되게 하는 근거이기도 하다. 따라서 이런 대응은 새 정부의 기조가 이러한 적대적 대치를 뒷받침한 각종 법과 제도를 혁파해 가는 데 있을 것이라는 일반적인 인식을 혼란스럽게 했다.

더구나 평양회담 직전 문재인 대통령은 국회에 〈판문점 선언〉의 비준 동의를 요청했으나, 야당의 반발에 부딪쳐 상임위 안건으로조차 상정할 수 없었다. 당시 여당은 국회에서 소수당의 위치에 있었기 때문이다. 이미 대통령은 대선 전 자신의 자서전을 통해 "남북 정상 간 합의는 사실상 '국가 간 조약의 성격'이므로 국회의 비준 동의를 받자"고 한 바 있다. 그의 재임 중의 〈판문점 선언〉에 대한 국회 비준 동의 시도도 그러한 소신의 연장이었음이 분명하다.

그런데 대통령의 뜻을 대변해야 하는 보좌진들 사이에서 대통령의 입장과 배리되는 혼란스러운 발언이 돌출했던 것이다. 자유한국당의 입장은 더욱 자가당착이었다. 대통령의 〈판문점 선언〉에 대한 국회 비준 동의 요청은 거부하다가, 그 후속합의서의 국무회의-대통령 비준에 대해서는 국회 비준 동의를 거치지 않았다고 문제 삼은 것이다.

2018년 4월 〈판문점 선언〉, 9월 〈평양 공동선언〉과 그 이행합의서는 일괄하여 모두 국회 비준을 받아야 마땅한 일이었다. 그래야

이 선언이 확실한 법적·제도적 뒷받침을 받을 수 있다. 촛불 이후의 압도적 민의 역시 이러한 조치를 지지했다. 그러나 당시 여당은 국회에서 열세였고, 자유한국당 등 주요 야당은 정부의 일에 사사건건 반대했다. 〈판문점 선언〉의 국회 동의 요청이 거부당하니, 그 부속합의문이라도 궁여지책으로 대통령 비준했던 것이다. 그런 전후 사정을 솔직하게 설명하고 국민의 이해를 구했어야 했다. 그런데 엉뚱한 발언이 나왔다.

큰 정치는 원칙에 따라 큰길을 걸어야 한다. 원칙과 목표가 분명하고, 일관되고 정직해야 한다. 남북미 관계와 같은 큰 문제에 대해서는 더욱 그러하다. 야당이 국무회의-대통령 비준에 대해 위헌 시비를 걸고 나왔을 때, 여당은 당시의 상황을 솔직하게 말했어야 했다. 그러나 그렇게 하지 못했다. 현행법이 북을 국가로 인정하지 않고 있으니, 국회 동의가 필요하지 않다고 꼼수를 썼다. 그러나 국회 동의는 필요했다. 그리고 여전히 필요하다.

더욱 문제는 2019년 4·15 총선 이후 정부와 여당의 모습이다. 총선에서 여당은 183석을 얻어 개헌 선에 육박하는 다수당이 되었다. 그렇다면 두 선언과 이행합의서에 대한 과반수 국회 동의에 걸림돌은 더 이상 존재하지 않는다. 이렇듯 여당 단독 다수가 된 의회에서 정부 여당이 관철해 나가야 할 '제 1의제'가 무엇이겠는가. 너무나 당연하다. 코리아 평화체제의 정착을 담보해 줄 2018 남북정상합의 국회 비준 동의였다. 여당 지도부는 총선 이후 시나리오에서 당연히 그러한 가능성을 철저히 준비하고 있어야 마땅했다.

그러나 총선 승리 이후 여당 집행부에서는 이 문제에 대한 언급조차 없었다. 5월 30일의 21대 국회 개원 이후에도 정부와 여당은 이 중차대한 문제를 의제에 올리지 않았다. 도대체 무슨 생각을 하고 있었던 것일까? 어디에 정신이 팔려 있었던 것일까? 마음은 뽕밭에 가 있고 제사보다 젯밥에 마음을 두고 있었던 꼴이다. '제 1의제'는 그렇게 묻혔다. 만일 총선 직후부터 (준비된 시나리오에 따라) 정부 여당이 총력으로 이 의제를 들고 나왔다면 과반수 통과는 당연한 일이고 더 나아가 야당을 설득하여 초당적 합의에 이를 가능성도 존재했다. 압도적인 의석을 점하게 된 만큼 야당에게 여러 가지 양보와 타협을 해줄 수 있는 여유가 생겼기 때문이다.

이 중요한 시기에 정부 여당은 '제 1의제'를 잃어버리는 모습을 보여 주었다. 두고두고 아쉬운 지점이다. 그때 정부 여당이 그러한 방향으로 움직였다면 합의사항 이행 부족과 지체에 대한 북측의 불만에 일정한 대답이 되었을 것이고, 2020년 6월 16일에 벌어진 개성 남북연락사무소의 폭파도 충분히 미연에 방지할 수 있었을 것이다. 폭파 사건 이후 남북 소통창구는 굳게 닫혔고, 월경 공무원 실종사건에서도 조율된 대응을 할 수 없었다(그나마 김정은 위원장의 신속한 사과 표현이 있었던 점은 다행이다). 이러한 돌발사태가 이어지면서 북에 대한 여론의 온도도 낮아지는 추세를 보였다. 정부 여당의 사려 부족, 준비 부족과 그로 인한 실기失期가 두드러져 보인다.

한편, 2019년은 한일 관계에 중요한 변곡점이 생긴 해다. 이해 7월 아베 내각은 화이트 리스트(주요 수출품 혜택국가 리스트)에서 한국을 제외했다. 한국으로 간 주요 전략물품이 북으로 갈 가능성이 있으며, 징용 배상문제에 대해 한국 대법원이 일본 기업에 불리한 판결을 했다는 이유를 들었다. 어느 것도 이례적인 경제 보복조치를 취할 이유가 되지 못한다. 전자는 무근거하고, 이웃나라의 대법원 판결에 그런 방식으로 대응한다는 것은 너무나 엉뚱하다. 이러한 충격적 조치의 배경에는 급성장한 한국경제가 일본의 우위를 위협할 수 있다는 해묵은 경계심과 함께 2018년 남북미가 발맞추어 한반도 평화 프로세스를 진행한 상황에 대한 긴박한 견제 의도가 있었다. 그동안의 '북조선 때리기'에 더하여 이제 '한국 때리기'를 정치적 기반 확장의 소재로 본격적으로 끌어들인 셈이다. 하노이 이후 북미협상이 교착상태에 빠진 상황을 예의 주시한, 준비된 행동이 아닐 수 없다.

아베 정부는 미국의 아시아로의 회귀pivot to Asia 전략에 이어 중국 포위를 위한 '인도-태평양 전략' 수립에 로비를 통해 깊이 관계하면서 동아시아에 새로운 대결구도를 세우는 데 부심하고 있다. 인도와 동남아를 반중 전선으로 결집하고, 촛불 이후의 한국을 고립시키겠다는 의도가 엿보인다. 그런 방식으로 다시 냉전을 부를 수 있을까? 인도와 동남아는 물론이려니와 일본과 미국조차도 중국과의 상호의존 관계를 끊을 이유가 없다. 자신의 국익에 해가 되기 때문이다.

현재의 '미중 갈등'은 과거 '미소 대결'과 본질적으로 다르다. 상대를 절멸시켜야 할 이유가 없다. 상호 의존하되 전략적 주요 지점에서의 관계형식에 대한 이견을 놓고 갈등할 뿐이다. 그런 갈등은 수

평적 다극관계에서 있을 수 있는 현상이다. 수평적 다극관계인가 수직적 양극관계인가. 어느 편이 현실적이고 아울러 미래적인가. 일본의 아베 정부는 분명 후자의 입장에 섰다. 부산한 로비를 통해 미국을 그 방향으로 한 뼘이라도 더 끌어오기 위해 노심초사하는 것으로 보인다.

21세기에 들어 수평적 다극관계는 공존공영의 미래를 약속하지만, 수직적 양극관계는 재앙의 먹구름을 불러들인다. 어느 나라든 재앙을 불러들이는 정치세력과 여론을 경계해야 마땅하다. 비단 21세기만의 이야기는 아닐 것이다. 파국적 적대는 항상 '혐오'를 앞장세워 들어온다. 코리아 양국체제의 길은 성숙과 지혜를 요구한다. 남북관계와 국제관계를 넓고 깊게 봐야 한다. 일본에 대해서도 혐한의 동향만이 아니라 혐오와 대결에 반대하는 평화의 여론을 함께 보아야 한다. 그런 시각을 한국 내부에도 투사해 보면, 최근 심상치 않게 부상하는 '반중정서'에 대해서도 살펴볼 필요가 있다. 〈표 3-2〉와 〈표 3-3〉에서 중국에 대한 지표에 주목해 보기로 한다.

〈표 3-2〉와 〈표 3-3〉은 조사 시기와 주체가 달라 지표의 수치가 연결되지는 않는다. 그렇지만 변화의 추이는 분명히 보여 준다. 한국에서 중국에 대한 감정온도(높을수록 우호적)는 2008년 이래 2016년까지 지속적으로 높아지는 모습을 보인다(〈표 3-3〉 참고). 그러다 2019년 이후, 특히 2020년 이래 상당히 빠르게 낮아지는 추세를 보인다. 2015~2016년간 사드 배치를 둘러싼 갈등에도 별로 흔들리지 않던 우호적 기조는 (그림에는 빠져 있지만) 대략 2017년경부터 하강

추세가 시작된 것으로 보인다. 2017년의 북미 갈등 고조와 트럼프 정부의 '중국 때리기' 정책이 여론에 영향을 미친 것으로 보인다.

2018년 남북미 간 협상 호조기에는 다시 약간 상승하지만 하노이 회담의 교착 국면 이후 다시 하강하였고, (2019년에는 홍콩사태가 진행

〈표 3-2〉 북·중·미·일에 대해 느끼는 감정 온도 추이

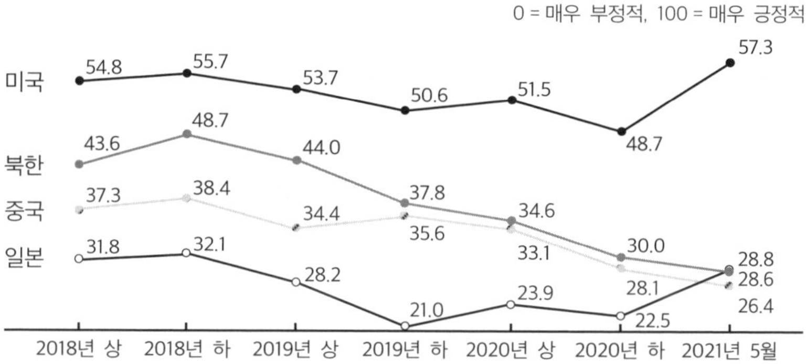

출처: 2018~2020년은 한국리서치 정기조사 결과, 2021년 5월은 〈시사IN〉 조사.

〈표 3-3〉 과거 북·중·미·일 감정 온도 추이

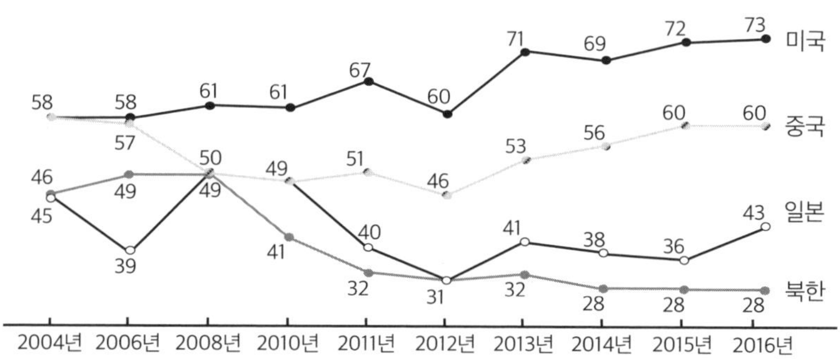

출처: 동아시아연구원.

되었다) 2020년의 코로나 팬데믹 상황에서 더욱 빠르게 저하하는 상태다. 이 기간 중국 관련 기사에 대한 한국 네티즌들의 댓글 기조를 보면 가히 '혐중'이라 부를 만한 비하와 멸시, 조롱의 표현들이 크게 증가하고 있다. 이러한 혐중 댓글에 열중하는 층은 아직 일본의 넷우익만큼 조직화하지 않았다. 한국의 중국 관련 기사 다수가 편향적 기사 쓰기로 혐중 반응을 유도한다는 점이 더욱 문제일 것이다.

역사적으로 조선 문제를 조선을 배제하고 타국들의 입맛대로 처리하려 했던 두 가지 주요한 사례는 임진왜란 때의 일본(도요토미 히데요시)과 명나라의 정전협상 사례, 그리고 제 2차 세계대전 후 미국과 소련의 조선 분할 사례다. 오늘날에도 코리아 문제를 놓고 주변 강대국들이 당사자를 소외시키고bypass 자신들 입맛대로 좌지우지하려는 경향을 항상 경계하고 방지해야 한다. 우리가 일본의 혐한 조류 형성에서 주목할 것은 일본 우익이 코리아 문제에서 코리아를 배제하고 코리아에 대한 우월적 지배를 확보하려는 전략을 미국을 등에 업고 추진하려는 의도를 품고 있다는 사실이다. 다시 말해, 코리아 문제에 대한 일본의 대미 로비에서 한국이 점해 온 당사자 지위를 밀어내고 일본이 주도적 역할을 점하려는 의도를 엿볼 수 있다.

반면 최근 한국 내 '반중정서'는 한국이 코리아 평화 문제에서 중국에 마련했던 레버리지를 스스로 줄이는 역할을 했다. 이 역시 한국의 외교적 주도권을 약화하는 결과를 낳는다. 한국의 '반중정서'의 성격이 일본 우익의 '혐한정서'와 상당히 닮은꼴을 보인다는 사실은 우연이 아니다.

코리아의 미래를 결정하는 당사자는 코리아 남북일 수밖에 없다. 주변국은 자신의 이해에 따라 움직인다. 코리아 문제의 당사자인 남북이 우선 안정적인 공통의 이해관계의 틀을 구축해야 하는 이유다. 그래야 상변하는 주변상황에 안정적으로 대응할 수 있다.

이런 시각에서 코리아 남북이 2018년 판문점 회담 이후 이루었던 합의와 신뢰를 유지하고 발전하는 일이 대단히 중요하다. 2019년 초 성과 없이 끝난 하노이 북미회담 이후 코리아 평화 프로세스는 잠시 교착기에 접어들었다. 2020년 한국 총선 직후 새로운 돌파구를 열어 갈 기회를 놓친 것은 대단히 아쉽다. 그러나 그 과정에서도 전향적인 변화는 지속되었다. 2018년 한미군사훈련이 중단되고, 2019년과 2020년 매우 축소된 형태로 진행한 것은 결코 작은 변화가 아니다. 2021년 군사훈련은 실기동 없이 시뮬레이션 위주로 진행할 예정이라 보도된 바 있다. 중단을 요구했던 북은 이러한 축소 진행에 대해 항의 수준을 크게 낮춘 모습을 보여 주었다. 군사적 대치 수준을 이렇듯 분명히 낮추어 가는 것은 평화 프로세스의 매우 중요한 고리다.

한국의 경우 평화 프로세스에는 여야가 없다는 공통의 합의를 공고히 해야 한다. 대선 국면으로 접어드는 지금, 평화 문제를 놓고 남남 갈등(이념 갈등)을 벌이는 행태는 특히 경계되어야 한다.

끝으로 2021년 1월 조선노동당 8차 대회에서 코리아 양국의 공존 인정으로 풀이될 수 있는 중요한 규약 변화가 있었음을 확인할 수 있었다. 북한은 새 당 규약을 채택하며 "조선노동당의 당면 목적"을

"전국적 범위에서 민족해방민주주의혁명 과업 수행"에서 "전국적 범위에서 사회의 자주적이며 민주적인 발전 실현"으로 대체했을 뿐만 아니라, '북 주도 혁명 통일론'을 뜻하는 기존 규약의 여러 문구를 대폭 삭제·대체·조정했다. 기존 노동당 규약 서문의 "조선노동당은 사회의 민주화와 생존의 권리를 위한 남조선 인민들의 투쟁을 적극 지지·성원"한다는 문구가 사라졌고, "민족의 공동 번영을 이룩"이라는 내용이 새로 들어갔다. 노동당 규약 본문의 "당원의 의무"(4조)에서 "조국통일을 앞당기기 위하여 적극 투쟁하여야 한다"는 문구는 대체 표현 없이 삭제했다(〈한겨레〉, 2021. 6. 1.). 북조선형의 흡수통일론이 기각된 것이다.

북은 변화하지 않을 것이라는 우리 사회 일각의 고정관념은 편견일 뿐이다. 북 체제의 성격으로 볼 때 당 규약 개정의 규정력은 크다. 한국이 촛불혁명 이후 크게 변화한 것처럼, 조선 역시 그러하다. 그토록 고통스러웠던 내전적 적대는 지난 70여 년으로 족하다. 코리아에 새로운 역사의 장이 열리고 있다.

4

세계시민주의와 미래의 한반도 거버넌스

전재성

서울대학교 정치외교학부 교수

1. 들어가며

남북통일은 과거의 숙원을 해결하는 일이기도 하지만 미래를 설계하는 일이기도 하다. 한반도는 근대 국제정치체제에 편입되면서 고난의 역사를 거쳤다. 19세기 후반 우리는 국난과 국망의 역사를 거쳤고, 현재는 분단의 시대를 살고 있다. 한반도의 분단은 고래로 하나의 민족 · 하나의 영토로 존재해 온 한민족이 근대 국제정치체제 속에서 하나의 근대적 주권국가를 이룩하지 못한 상태를 의미한다. 사실 세계의 많은 민족, 종족은 유럽에서 기원한 근대 주권국가체제를 수용하면서 기존의 정치 단위가 왜곡되거나 변화되었다. 분단된 민족도 많고, 여러 민족이 하나의 국가를 세운 경우도 많으며, 전통시대의 정치 단위가 인위적으로 근대적 국민으로 재편되면서 비극이 발생하기도 하였다.

근대 주권국가체제의 관점에서 남북통일은 분단의 극복일 뿐 아니라 아직 세우지 못한 통일된 주권국가의 수립을 의미한다. 1897년 수립된 대한제국이 대한국민 최초의 근대 주권국가라는 점에서 통일은 대한제국의 명맥 속에서 재통일을 의미한다. 그러나 대한제국이 불과 10여 년 존속했고 제국주의 시대에 국제사회의 승인을 받는 데에 여전히 많은 한계가 있었던 것은 사실이다. 또한 남북통일은 잠시 존재했던 대한민족 최초의 근대 주권국가의 지위를 회복하는 것이기도 하지만, 다른 한편으로 사실상 제국주의가 물러난 시대에 하나의 주권국가를 새롭게 만드는 일이기도 하다.

1991년 9월 한국과 북한은 유엔에 동시가입하면서 두 개의 주권국가로 국제사회의 승인을 받았다. 그해 12월 남북 간에 체결된 〈남북기본합의서〉는 통일의 가능성을 염두에 두고 남북 간 특수관계를 정의했지만 국제사회에서 남북은 두 개의 주권국가이다. 분리된 두 개의 주권국가가 하나로 통일되는 것은 쉬운 일은 아니다. 1948년 남과 북에서 두 개의 단독 정부가 수립된 이후 남북 양측은 이전에 만들어진 전통에 기대지 않았고, 공통의 문화와 체제, 정체성을 갖는 일도 없었기 때문이다. 또한 분단 이후 70여 년이 경과하면서 통일보다 평화와 공존을 강조하는 목소리도 높아졌고, 두 개의 한국으로, 통일을 공식적으로 지향하지 않는 정책 노선도 나오고 있다. 세대가 변하면서 한국의 이른바 MZ 세대 사이에는 북한에 대한 관심이 낮아지고 통일의 당위성에 대한 인식도 급격히 저하되었다.

국제정치의 변화 역시 매우 빠르다. 냉전이 종식되면서 세계는 빠른 속도로 지구화의 물결에 휩싸이게 되었다. 여전히 주권국가체제를 유지하고 있지만 지구 어느 한구석의 일이 지구 전체에 영향을 미치는 일이 점차 빈번해지고 있다. 2001년 9·11테러는 미국에 반대하는 이슬람 근본주의자의 소행이었지만 곧 세계 안보구조는 물론 세계의 경제와 사회문화에 중차대한 영향을 미친 바 있다. 2008년의 경제위기는 전 세계인의 삶을 뒤흔들었고, 신자유주의에 기초한 지구화에 대한 반발은 현재까지도 중단 없이 세계 모든 국가의 정치·경제 상황에 영향을 미치고 있다. 2019년 12월 시작된 코로나 사태는 2021년 7월 현재 전 세계적으로 2억 명에 달하는 확진자를 산출했고 400만 명 이상이 코로나로 사망했다. 불과 1년 반 만에 중국 우한에서 시작한 사태가 전 세계를 뒤흔든 것이다. 지구화는 공간과 시간의 축소를 가져왔고 이제 지구 전체를 관장할 새로운 지구적 관리체제, 글로벌 거버넌스governance가 필요한 시대가 되었다.

지역별로 주권국가체제는 심대한 변화를 겪고 있다. 유럽은 지역 통합을 이룬 지 오래되었고 2016년 브렉시트로 지역 통합 역시 많은 변화를 맞고 있다. 동남아의 아세안과 같이 지역적 통합 정도가 높은 다양한 지역 통치체제가 나타나고 있다. 지구화와 더불어 지역 통합은 근대국가의 자율성을 크게 감소시키고 새로운 상호의존체제의 출현을 예고하고 있다.

이러한 상황에서 남북통일을 뒤늦은 주권국가의 완성이라는 목표로 한정하기 어렵다. 이미 세계는 탈근대 국제정치, 탈베스트팔렌체제,[1] 탈국가주권의 시대로 빠르게 이행하고 있고, 이러한 이행의 심도를 읽고 선제적으로 대응하는 국가에게 미래가 열려 있다고 보아야 한다. 기존의 국가주권을 지키면서도 지역·지구적 차원의 새로운 거버넌스에 적응하고 이를 주도할 수 있는 정치·경제·사회 문화체제를 이룩해야 하는 것이다.

---

1 베스트팔렌체제란 우리가 살고 있는 주권국가체제를 의미한다. 1618~1648년의 30년 동안 유럽 전역에 걸친 30년 전쟁이 마감되고 유럽 대부분의 국가들이 독일의 베스트팔렌 지역에 모여 다자조약을 체결한다. 베스트팔렌 조약을 통해 중세 제국 질서가 무너지고 개별 영토국가들이 주권을 가진 체제가 성립되어 이를 베스트팔렌 체제라고 부른다.

한국은 세계 10위의 경제선진국이 되었고 한국의 문화는 세계를 뒤흔들며 각 영역에서 세계 최고의 위치에 오르고 있다. 세계에 미치는 한국의 영향력은 이미 선진국 수준이라고 해도 과언이 아니다. 앞으로 한국이 행하는 정책과 비전은 세계적 함의를 가지고 있다고 할 것이다. 한국이 북한에 대해 어떠한 정책을 펴고 한반도의 미래 거버넌스를 어떻게 설계할 것인가 하는 점은 향후의 국가비전을 고민하는 많은 제 3세계 · 비서구 · 과거 식민지 국가들에게 큰 모범이 될 수 있다.

한국이 미래지향적으로 한반도 거버넌스를 기획한다고 할 때 어떠한 대북정책을 구상해야 할 것이며, 어떠한 관점에서 통일을 생각해야 할 것인가. 한국의 공식 통일방안은 1989년에 만들어진 〈민족공동체 통일방안〉으로, 현재까지 계승되고 있다. 이 방안의 핵심은 전형적인 주권국가를 이룩하기 위한 평화적이고 단계적인 방안이다. 3단계로 이루어진 이 통일방안에 비추어 보면 현재의 남북관계는 1단계조차 진척을 이루지 못하고 고착되어 있는 상황이다.

남북 간 주권국가 통일을 지향하되 하나의 정치체제로 통일하는 것에 집착하지 않고 사실상의 통일, 활발한 남북 교류, 연성복합 네트워크 건설 등을 주장하는 방안도 있다. 통일을 목표로 하는 것은 공식 통일방안과 다르지 않지만 사실상 형식적인 통일 단계의 진척보다 남북 교류와 협력을 증진하여 점진적인 통일의 기회를 추구하자는 것이다.

마지막 방안은 남북이 서로를 별개의 주권국가로 공식적으로 인정하고 남북관계를 국제관계로 전환하자는 움직임이다. 아직 이러한 별개의 주권국가 방안을 공개적으로 주장하기는 어렵지만 현실적인 방안으로 고려되는 측면이 있다. 남북 간 국력 격차가 엄청난 현실에서 흡수통일을 두려워하는 북한은 자신의 주권성에 위협을 느낄 수밖에 없고 두려움을 극복하고자 핵무력 건설과 같은 극단적인 방법을 추구하고 있다. 두 개의 주권국가를 공식적으로 선언하는 순간, 북한의 흡수통일에 대한 불안은 줄어들 것이며 남북 간 평화공존과 상호이익이 되는 교류・협력이 가능하다는 논리이다.

이러한 세 통일방안은 모두 일리가 있고 향후 어떠한 안이 현실화할지도 알 수 없다. 그러나 어떠한 방안이 실현되더라도 모두 근대적 주권국가 통일을 궁극적 이상으로 삼고 있음을 알 수 있다. 이 글에서 제시하려는 바는 주권국가 통일이 지향해야 할 이상적이고 현실적인 목표지만 보다 미래지향적이고 보편적인 관점에서 통일을 생각해 볼 수 있다는 점이다. 즉, 이미 지구화가 진전되고 지구 거버넌스의 형태에 대한 논의가 활발히 진행되고 있으며, 한국 내 종족적 정체성보다 시민적 정체성이 우위에 서고 있는 현실에서 한반도의 미래 거버넌스를 새롭게 생각해 볼 수 있지 않겠냐는 것이다.

이 글은 세계시민주의의 이념에 비추어 한반도 미래 거버넌스의 기초를 새롭게 구성하고자 한다. 세계시민주의는 모든 인간이 동등한 도덕적・제도적 가치를 가지고 있다는 점을 중시하며 이들이 속한 정치적 집단의 성격과 무관하게 모든 이를 존중하는 이념이다. 세계시민주의에 비추어 보면 한반도의 모든 개인은 한국과 북한에

소속되어 있다는 정치적 상황은 물론, 심지어 한국인이라는 정체성을 넘어 세계의 시민으로서 존중받아야 한다. 따라서 미래 한반도의 개인들은 근대 주권국가적 통일과 무관하게 존중받고 평등한 개인으로 재정립되어야 하는 것이다.

만약 근대 주권국가적 통일이 남북 간 불평등을 보존 또는 심화한다거나, 한반도 구성원의 개인적 존엄성을 해치는 비민주주의적 거버넌스에 의한 통치로 이어지거나, 현재 일어나고 있는 지구화의 급격한 변화 속에 오히려 개인의 존엄성을 해치는 닫힌 민족주의를 유발해서는 안 될 것이다.

보다 현실적으로, 한반도 통일이 한국과 북한 어느 한쪽의 주도권하에 이루어져 다른 쪽의 정체성이 단기간에 급속히 훼손되어서는 안 될 것이다. 남북은 서로 다른 체제에서 긴 시간 공존했고 서로의 체제를 악하다고 비판하는 데 매우 익숙하다. 정치체제에 대한 비판은 상호보완적으로 이루어지더라도 남과 북의 서로 다른 삶의 방식과 생활세계까지 폭력적으로 통합되어서는 안 될 것이다. 남북통일의 당위성이 종족적 정체성에 있다고 고집하면 남과 북의 문화의 이질성, 다문화적 통합성에 대한 이상은 실현되기 어려울 것이다. 단순히 종족적 단일성에 기초한 통일의 당위성 논의를 넘어 이제는 다문화주의와 보편적인 세계시민성에 기초한 통일의 이념적 기초를 새롭게 할 필요가 있다.

이 글은 우선 현재의 남북한 관계, 한반도의 거버넌스 현실을 국제정치 변화의 차원에서 정리하고, 기존의 통일론을 살펴보도록 한다. 이후 세계시민주의의 내용을 살펴보고, 세계시민주의가 미래지향적 통일의 사상적·정책적 기반이 될 수 있는지 알아본다. 이 과정에서 다문화주의가 한국 내 통일 논의에 미치는 영향도 살펴본다. 이후 새로운 통일론에 의해 한국의 대북정책을 어떻게 추구해야 하는지를 살펴보도록 한다.

2. 국제정치 차원에서 본 한반도의 분단체제

1) 근대 주권국가체제 이행과정에서 발생한 분단

동아시아의 정치집단들은 근대에 들어서면서 제국주의의 침탈에 의해 주권국가체제로 이행하였다. 베스트팔렌체제가 폭력에 의해 강제되고 이미 주권국가를 이룩한 유럽 제국의 이익을 위해 규정되었다는 점에서 유럽과는 차이가 있지만 전통적 제국질서가 베스트팔렌 주권체제로 변화되면서 같은 과정을 겪고 있다.

유럽의 경우 17세기 30년 전쟁으로 폭력에 의한 조직원리 이행이 이루어졌고, 동아시아의 경우에도 1948년부터 현재까지 기본적으로 폭력에 의한 조직원리 이행과정이 여전히 진행 중이라고 할 수 있다. 중국의 경우 국공내전을 거쳐 현재의 양안관계에 이르기까지 베스트팔렌 이행이 완료되지 않은 상황에서 두 개의 중국 간 관계를 고도로 군사화하고 있다. 한반도의 경우 한국전쟁이 종료되지 않고 여전히 군사적 대치 중이며 북한의 핵개발로 군사화의 정도는 더욱 심화되고 있다. 국공내전과 한국전쟁은 국제정치의 역사와 이론에서 보면 근대국가 형성전쟁이고, 사회학자 찰스 틸리의 견해에 따라 "전쟁이 국가를 만들고, 국가가 전쟁을 만드는" 과정의 미완 상태이다. 그렇게 보면 한국과 중국이 겪고 있는 현재의 전쟁 상태는 두 개의 주권국가 간 전쟁이 아닌 근대 이행기의 전쟁이라고 할 수 있다. 다른 현대의 전쟁 상태와는 차별화되며, 한국전쟁의 성격도 근대 국제정치의 조직원리 차원에서 재규정할 필요가 있다.

한국전쟁이 정전상태에서 평화체제로 이행한다는 것은 비단 전쟁의 종식만을 의미하는 것이 아니다. 근대 이전의 전통적 한반도 조직원리가 베스트팔렌체제 조직원리로 변화하면서 근대 이행을 어떤 형태로든지 마감한다는 의미이다.

베스트팔렌체제 이전 단위들이 베스트팔렌체제의 주권적 단위로 이행하는 과도기에 분단국가, 전쟁상태, 혹은 정전체제 속에 있는 것은 보편적 현상이다. 전통적으로 다양한 형태로 존속하던 단위들이 서로 단일하고 배타적인 주권국가가 되려는 투쟁의 상태를 겪는 것이다.

여전히 근대 이행이 완결되지 않은 상태에서 지구적, 혹은 지역적 국제정치의 구조에 의해 미완결 상태가 고착되는 경우는 비일비재하다. 이 속에서 각 단위들은 주권적 요소들을 완전히 갖추지 못한 채 불완전 주권국가로 존속하게 된다. 불완전 주권국가는 주권의 결손상태를 해결하기 위해 노력하는데, 이를 주권게임이라고 정의

할 수 있다. 남북이 추구하는 통일, 한국전쟁 당시 김일성이 내세웠던 국토완정 등 모두 주권게임의 기치라고 할 수 있다.

주권게임이 어떠한 형태로든지 종료되면 하나의 주권국가가 된다. 만약 주권게임이 마감되지 않고 폭력적 형태를 띠면, 기본적으로는 전쟁 상태가 지속된다. 외부의 국제정치 변화에 따라 주권게임이 진행되지 못하고 고착되면 이는 전쟁의 동결, 즉 정전체제로 존속된다. 그러나 결국에는 주권국가의 형태를 모델로 하나로 통일되든지, 분단이 아닌 두 개 이상의 주권국가로 상호승인, 국제사회에 의한 승인 과정을 밟게 된다.

한국전쟁이 근대 이행과정에서 토착적 단위들의 폭력적 대응이었다면 정전체제는 이미 주권국가체제로 고착된 외부의 국제정치 환경, 즉 냉전의 논리가 개입하면서 작동한 결과였다고 볼 수 있다. 동아시아 단위들이 주권게임을 하면서 근대로 이행하는 동안 이를 둘러싼 근대 주권국가들, 혹은 제국들은 이행기 단위들에 영향을 미쳐 자신의 권력을 극대화하려는 노력을 기울였다. 이는 주권게임과는 다른 성격의 게임이며, 국제정치게임이라고 할 수 있다. 이미 주권국가의 지위에 도달한 국가는 명시적인 식민지 개척, 그리고 다음 단계로 식민지 해방과정에서 선제적으로 탈식민 과정을 점유하여 영향력을 넓히고자 한다. 식민지가 베스트팔렌 주권의 지위를 학습하여 스스로 주권국가가 되기 위해 노력하며 독립을 추구할 때, 이미 이를 막을 수 없음을 알게 된 기존 제국은 식민지 해방과정에 영향을 미쳐 권력을 극대화하고자 한다.

한국전쟁은 남북의 주권게임이라는 내전의 형태를 가지고 있지만 냉전이 시작하면서 미소 간 국제정치게임이 개입한 결과이기도 하다. 정전체제 역시 북한에 대한 소련의 지원 철회, 냉전의 세계적 국면을 고려하여 한국전쟁을 끝내려는 미국의 전략적 고려가 함께 작용하였고 한국전쟁은 베스트팔렌 이행을 끝맺지 못한 채 동결되었다. 즉, 주권게임에 국제정치게임이 작용하여 근대 이행과정이 미완성으로 동결된 것이다.

이후 20세기 초~중반을 지배한 식민지 독립의 물결, 혹은 주권게임은 격화된 냉전, 즉 미소 간의 국제정치게임에 압도되어 더 이상 진행하지 못하고 동결된다. 한반도에서도 역시 통일이나 전쟁을 통한 정복의 과정은 중단되고 냉전적 진영구도 속에서 군사적 대치가 굳어진다. 그런 면에서 한국전쟁이 주권게임의 성격으로 시작되었다면 정전체제는 국제정치게임에 의해 고착된 것으로 볼 수 있다.

2) 베스트팔렌 조직원리의 윤리성

이러한 베스트팔렌체제가 과연 윤리적으로 적절한 체제인가, 향후 근본적인 변화를 수반할 것인가, 그 속에서 한반도는 어떠한 미래 거버넌스의 모습을 찾아야 하는가는 바람직한 통일을 구상할 때 고려해야 할 요소들이다. 국제정치 규범이론은 국가 간의 관계를 윤리적 관점에서 비판하고 대안을 제시한다.

예를 들어 현실주의 국제정치 규범이론은 국가들이 각자의 이익을 추구하게 되어 있으므로 국제윤리는 단순히 적용불가능irrelevant하다고 본다. 비윤리적immoral 행동을 독려하기보다는 윤리무관적amoral 행동의 불가피성을 논할 뿐이다. 자유주의, 평화연구 등의 관점 역시 평화를 윤리적 목표로 내세우지만 주권국가들 간의 윤리무관적 관계를 기본 전제로 한다는 점에서는 큰 차이가 없다.

결국 국가가 서로의 이익을 배타적으로 추구하게끔 조직되어 있는 베스트팔렌 조직원리상 윤리적 행동의 한계는 명백할 수밖에 없다. 주권적 단위의 형성과정이 하나의 최고권위만을 인정하는 과정이므로 폭력에 의한 조정일 수밖에 없고 주권적 단위 간의 관계 역시 폭력에 의해 매개되며 전쟁의 상태를 평시의 상태로 가정하므로 전쟁의 상태일 수밖에 없다. 즉, 국제정치학자 케네스 왈츠가 논의한 바대로 국가 간의 관계는 전쟁상태일 수밖에 없는데, 이는 단위의 속성이 아니라 국제정치가 조직된 방식의 특성일 뿐이다. 권력을 공유하거나 타협할 수 없고 개체주의적 관점에 따라 조직원리를 만들 때 귀결되는 당연한 과정이다.

동아시아 역시 제국체제에서는 군사력과 경제력 등 권력을 다층적으로 공유하는 조직원리에 기반하였지만 베스트팔렌체제로의 전환은 근본적 변화를 요구하는 과정이었고 이는 폭력을 수반했다. 더구나 지역 내 단위들 간의 자생적 변화가 아닌 제국의 침탈에 의한 과정이었으므로 폭력성은 배가되었다. 결론적으로 베스트팔렌체제의 조직원리가 기원에서부터 폭력성과 배타성, 경쟁성을 내재한 것이었고, 국가와 개인에게 폭력을 강요하는 체제였기 때문에 현재 한반도가 겪고 있는 비윤리성의 근원도 조직원리의 비윤리성에서 찾아야 한다.

3. 주권게임과 국제정치게임의 복합게임으로서 통일

1) 탈냉전기 통일의 추구 환경 변화

평화체제와 통일, 혹은 남북 공존의 틀은 결국 분단된 두 국가가 어떠한 형태로 공존, 통합, 혹은 정복할 것인지에 대한 비전이다. 분단국가라는 점에서 다른 국가들의 현재 상태와 매우 다른 상태인 것 같지만 사실은 그렇지 않다. 국제정치의 역사와 이론의 측면에서 보면 베스트팔렌체제, 즉 주권국가체제 이전에 하나의 민족, 혹은 정치체로 존재했던 단위가 분단된 경우는 매우 많다. 둘로 분단되기도 하고 여러 개로 분단되기도 한다. 예를 들어 신성로마제국은 독일이라는 하나의 단위로 통일, 혹은 평화체제를 이루기까지 수많은 단위로 분단되어 존재했다. 베스트팔렌 이행 이전의 제국적 단위에서 제국의 권위는 사라지고 이를 구성하는 영방국가들의 준주권을 인정한 상태에서 이행기적 단위의 특성을 가졌던 것이다.

1980년대 말부터 동구권의 탈공산 이행이 시작하고 공산권의 분열이 가속화하면서 한반도를 제어하던 냉전이라는 국제정치게임의 힘은 급속히 약화된다. 이는 냉전의 승리진영에 속한 한국에게 국제정치게임을 넘어 주권게임을 추구할 수 있는 기회가 주어졌음을 의미한다. 즉, 주권게임에서 주도권을 잡을 수 있었던 것은 탈냉전기 한국에 유리한 국제정치게임의 결과였고, 노태우 정부는 북방정책을 통해 북한과의 평화공존, 혹은 외교적 압박에 의한 통일을 추구했다. 반면 북한은 불리한 상황을 타개하기 위해 핵무기 개발을 선택했다.

북한의 핵무기 개발은 미국의 대북 적대시 정책에 대한 대응이 명분이지만, 북미관계는 국제정치게임의 양상이라기보다는 주권게임의 양상이다. 미국이 국제정치적 이익을 위해 북한을 적대시하는 국제정치의 현상이 아니라, 미국 주도의 국제질서에서 주권국가로 생존하지 못할 것을 두려워한 북한이 핵개발을 추진한 것으로 보아야 한다. 결국 남북 간 주권게임, 즉 완성하지 못한 근대 이행의 전쟁에서 불리한 영향을 미치는 국제정치게임에 대한 복합적 대응이 북핵 개발이라고 볼 수 있다.

이후 30년간 미국 주도의 단극체제가 유지되었고 이 과정에서 북한은 끊임없이 체제불안에 시달리게 되었다. 미국이 북한을 주권국가로 인정하고 이를 물리적으로 보장할 수단이 결여되어 있는 한, 북한의 핵 포기는 쉽지 않은 문제이다.

탈냉전기가 미국 단일패권의 시기로 규정된다면, 21세기에 들어서 미국은 중동 개입으로 인한 국력 약화, 2008년 경제위기, 그리고 2020년 코로나 사태의 3대 위기로 지구적 공공재를 단독으로 광범위하게 제공할 수 있는 패권의 영향력을 상실하고 있다. 여전히 미국은 세계 제 1의 종합국력국가이지만 그렇다고 자동적으로 패권국가가 되는 것은 아니다.

국제정치게임의 양상이 단극체제하에서 벗어나 미국 패권이 쇠락하고, 논리적으로는 이와 별개인 미중 간 전략경쟁이 본격화하면서 한반도의 주권게임, 혹은 평화체제의 가능성을 둘러싼 국제정치 환경도 급속하게 변화하고 있다. 이러한 변화가 정전체제의 변화 가능성과 평화체제의 정착 가능성에 어떠한 변수로 작동할지 분석할 필요가 있다.

2) 다양한 통일방안들

현재까지 남북은 분단된 한반도에서 서로를 적대하면서, 한편으로는 자기 중심의 통일을 추구해 왔다. 가장 이상적인 방법은 평화적이고 점진적인 통일이다. 평화적·점진적 통일은 지속적인 공존의 노력과 타협을 통해 하나의 주권체로 이행하는 것으로, 그 형식은 단일한 중앙집권적 국가일 수도 있고 연방국가일 수도 있다. 그러나 이질적인 두 체제가 경합하는 현실에서 이는 공식적 방안에 그친 것이 현실이다. 평화통일이 어렵다면 자기 중심의 통일은 무력을 통한 정복일 수도 있고, 체제경쟁 승리 이후의 흡수통일일 수도 있다.

70여 년에 걸친 분단으로 남북의 이질성이 심화된 상태에서 통일을 유예, 혹은 포기하고 두 개의 주권국가로 나아가는 방법도 있다. 1991년 9월 17일 유엔 동시가입 이후 남북은 이미 두 개의 주권국가로 인정받았고, 만약 통일 의지를 동시에 버린다면 남북관계는 곧 국제관계로 변화하여 평화를 지향하는 두 국가 간의 관계로 전환할 수도 있다. 결국 평화체제와 남북공존, 혹은 통일의 기조를 어떻게 구성할지는 보다 거시적인 미래의 대안을 어떻게 설계하는가의 문제이며, 이에 따라 남북한의 한반도 전략, 미래 전략 등 모든 것이 달라질 수 있다.

현재까지 남북한을 막론하고 제기된 통일방안은 대략 세 가지로 나눌 수 있다. 첫째, 근대적 주권국가 통일을 지속적으로 추구하는 방안이다. 이는 남과 북의 공식 통일방안이며 한국은 〈민족공동체 통일방안〉, 북한은 〈연방제 통일방안〉이다. 한국의 통일방안대로 나아갈 경우 북한의 완전한 핵 포기, 이후의 통상 무기 상호군축, 평화체제 수립을 통한 점진적·평화적 통일을 추구해야 할 것이다.

둘째, 통일의 목표를 내세우지 않고 두 개의 주권국가로 공존하는 방안이다. 서로의 주권을 인정한 상태에서 국제정치적 평화를 추구할 경우 통일의 의지를 버린 것으로 평가할 수 있기 때문에 군사적 위협 또한 분산될 수 있다. 남북의 군사력이 서로에 대한 정복을 목적으로 하지 않는다는 사실을 국제적·국내적으로 확인하면 각자의 군사력이 증강하더라도 서로에 대한 안보 딜레마 정도는 줄어들 수 있기 때문이다. 예를 들어 한국이 미중 간 군사력 경쟁에 깊이 관여되어 군사력을 증강하더라도 북한이 이를 자국에 대한 위협으로 느낄 확률은 줄어들 수 있다.

셋째, 근대적 의미의 통일을 유예하고 남북 모두 평화공존의 흐름을 강화하는 모델이다. 근대적 통일을 완전히 포기한 것은 아니지만 남과 북이 교류·협력·평화공존에 초점을 맞추면서 통일의 가능성은 미래의 문제로 남겨 두는 것이다. 이른바 사실상의 통일, 연성복합통일의 대안이다.

우선 남과 북의 공식 통일방안을 살펴보자. 하나의 근대적 주권국가를 이루려는 통일 비전은 가능한 수단을 총동원하여 주권게임을 완성하고자 하는 남과 북의 각축이다. 주권게임은 평화적 교섭에 의해 이루어질 수도 있지만 이미 국제사회에서 두 개의 주권국가로 인정받은 주체들이기 때문에 쉬운 일은 아니다. 남과 북의 이질성은 분단 70여 년 동안 매우 심화되었고 한국전쟁을 거쳤기 때문에 상호 간 불신과 적대감도 존재한다. 한국은 북한에 비해 50배 이상의 국력을 가지고 있기 때문에 북한이 느끼는 불안감과 열세감 역시 대단하다.

한국의 〈민족공동체 통일방안〉의 정신은 단순히 국가 간 통일을 넘어서는 부분도 있다. 한국의 공식방안이 목표로 제시하는 바는 다음과 같다.

> 통일의 기본철학으로서 자유민주주의를 제시하고 있습니다. 이는 우리가 통일로 나아가는 과정이나 절차에서뿐만 아니라 통일국가의 미래상에서도 일관되게 추구해야 할 가치는 자유와 민주가 핵심이어야 한다는 것을 의미합니다.
>
> 이와 함께 통일의 접근시각으로 민족공동체 건설을 제시하였습니

다. 민족통일을 통하여 국가통일로 나가자는 뜻입니다. 통일은 권력 배분을 어떻게 하느냐보다는 민족이 어떻게 함께 살아가느냐에 초점이 맞추어져야 하며, 계급이나 집단 중심의 이념보다는 인간 중심의 자유민주주의가 바탕이 되어야 한다는 것입니다(통일부, 2021. 8. 12.).

그러나 목표가 하나의 주권국가 수립이라는 점은 가장 중요한 기준점이다. 즉, "남과 북의 이질화된 사회를 하나의 공동체로 회복·발전시켜 궁극적으로는 '1민족 1국가'의 통일국가 실현을 목표"로 하고 있다.

더욱 중요한 문제는 주권게임이 힘의 각축을 수반한다고 할 때, 국제정치게임으로 힘의 증감이 나타난다는 것이다. 냉전기 국제정치게임은 비교적 대등한 미소 양대 진영의 대결로 이루어졌다. 이에 북한은 공산진영의 힘에 기대어 국제정치게임 속에서 주권게임을 추구할 수 있었다. 그러나 소련의 붕괴 이후 미국 단극체제가 자리하면서 국제정치게임은 북한에게 극단적으로 불리한 상황이 되었다. 현재 중국의 부상으로 미중 간 전략경쟁체제가 차지하고 있지만 국제정치게임이 북한 위주의 주권게임을 가능하게 할 조건으로 변화했다고 보기는 어렵다.

한국은 냉전 종식 직후 미국 단극체제가 성립하는 시기에 절대적으로 유리한 국제정치게임의 환경을 맞이하였다. 소련, 중국과 수교하였고 국제정치게임상 우위를 바탕으로 북한과 협상하여 〈남북기본합의서〉와 비핵화 공동선언, 유엔 남북 동시가입 등의 성과를 이루어 내었다. 그러나 북한은 주권게임의 열세를 국제정치게임으로 변환하고자 하였고 미국 단극질서에 가장 큰 위협이 되는 핵개발, 핵확산의 문제를 본격적으로 제기하게 되었다. 북한의 핵개발은 미국과 정면으로 국제정치게임을 벌여 주권게임의 열세를 회복하기 위한 노력으로 정의될 수 있다.

미국은 핵 비확산의 목적을 달성하기 위해 북한과 치열한 협상을 벌여야 하는 상황이다. 미국은 세계적 리더십 유지라는 국익을 위해 한국이 추구하는 한반도의 주권게임에 충분히 주의를 기울일 여지가 없으며, 이후 한국의 통일 노력, 혹은 주권게임의 주도력은 크게 발전하지 못하고 있다.

둘째, 통일의 목적을 포기하고 두 개의 근대 주권국가로 존속하며 평화와 공존을 추구하는 방안이다. 한국 내 코리아 양국체제 논의, 북한의 두 개의 조선 정책 등의 논의이다. 앞서 논의한 대로 전통적으로 하나의 민족으로 존재해 온 집단이 두 개, 혹은 그 이상의 근대적 주권국가로 나뉜 사례는 비일비재하다. 대표적으로 독일 민족은 1871년 독일 통일 이전까지 전체 독일 민족을 포괄하는 단위로 존재하다가 현재의 독일과 오스트리아로 나뉘었다. 한민족 역시 근대 이행과정에서 두 개의 주권적 단위로 나뉠 수 있다.

분단이 오래 지속되면서 이질감이 심화되고 특히 세대 변화가 지속되면서 새로운 세대는 기존의 민족 개념을 빠르게 상실하고 있다. 한국 내 새로운 세대의 북한에 대한 관심은 극도로 감소하고 있으며, 통일의 당위성은 인정하지만 통일에 대한 개인적 열망과 기대는 빠르게 줄어들고 있는 것이 현실이다.

코리아 양국체제를 제시하는 대표적인 논자는 김상준이다. 김상준은 '코리아 양국체제'를 대한민국과 조선민주주의인민공화국 두 나라가 주권국가로서 서로 인정하여 공식 수교하고 평화롭게 공존·교류·협력하는 '1민족 2국가의 평화체제, 공존체제'로 정의한다. 그는 지난 70여 년 남북이 수없이 많은 '통일방안'을 경쟁적으로 제안했지만 오히려 통일은 멀어졌다는 역설이 존재한다고 보고, 이 길만이 평화적 통일에 이르는 거의 유일한 길이라고 주장한다(김상준, 2018: 39~75).

북한의 경우, 남북 간의 국력 격차가 심해지면서 위협감과 체제 불안감, 흡수통일에 대한 두려움이 증폭되고 있으며 이는 핵개발로 이어졌다. 북한은 한국과의 통일을 포기하고 두 개의 조선으로 공존하면서 한국에 의한 흡수통일의 두려움을 떨쳐 내고자 하는 움직임도 보이는 듯하다.

북한은 한국과의 교류·협력은 원하지만 한국 체제의 확산은 극도로 경계하고 있고, 남북의 체제·생활세계 분리 등을 추구한다. 김근식은 북한이 2015년 전후로 취한 정책들, 즉 표준시 변경, 메르스 검역장비 요청, 소나무 병충해 공동노력 요청, 2+2 회담에서 '대한민국' 호칭, 남북관계 관련 '외무성' 성명 증가 등이 두 개의 조선에 대한 징후라고 주장한다. 북한 내부의 변화, 즉 민족 담론의 감소와 국가 담론 우세, '김정일 애국주의', '국산품 애용운동', '강성국가', '애국', '국가', '조국' 등의 용어 등장, '김일성 민족' 대신

'김일성 조선' 등의 용어 사용도 이러한 변화와 연관된다고 본다(김근식, 2015: 349~364; 〈신동아〉, 2019. 8. 28.).[2]

만약 남과 북이 주권게임을 포기하고 상호 간 주권국가 승인 속에 공존하게 된다면 남북관계는 국제관계로 변화할 것이다. 영토와 국민, 정당한 정부라는 주권적 요소가 상호 간에 보장받으면 주권게임을 멈추고 국제정치게임에 몰두할 수 있다. 한국은 북한의 무력통일에 대한 두려움 없이 기본적인 대북 억제를 추구하면 될 것이고, 북한 역시 체제불안감에 의해 증폭되는 핵개발과 같은 무리수를 약화할 가능성도 있다. 상호 간 주권 승인이 자리 잡으려면 시간이 걸릴 수 있지만 명시적인 통일 포기 선언으로 상호 간의 안전감이 증가할 수 있다. 북한도 국제사회의 기준에 맞는 체제이행을 좀더 자유롭게 할 수 있을 것이며 이 과정에서 한국과의 체제 동질성 증가 등에 대한 염려도 줄어들 수 있다. 시장경제나 독재 완화 등의 변화를 거치

---

2 2019년 8월 28일 〈신동아〉 기사는 북한이 "우리민족끼리" 정책을 폐기하고 "두 개의 조선" 전략을 가동하고 있다고 쓰고 있다. 민족 담론이 사라진 자리를 국가 담론이 대체했고 주민들에게도 남북이 서로 다른 나라라는 인식을 강조하면서 국가성의 강화를 시도하고 있다는 것이다. '우리민족제일주의', '조선민족제일주의'가 자취를 감추고 '우리국가제일주의'가 통치 담론으로 떠올랐다고 본다. 북한이 7월 11일 공개한 개정 사회주의 헌법 서문에도 김정은 시대의 통치 담론인 '우리국가제일주의'가 담겨 있다고 본다. 기존 헌법 서문은 "조선민주주의인민공화국은 위대한 김일성동지와 김정일 동지의 사상과 영도를 구현한 주체의 사회주의 조국이다"라고 시작한 반면, 개정 헌법은 "조선민주주의인민공화국은 위대한 수령 김일성 동지와 위대한 영도자 김정일 동지의 국가건설사상과 업적이 구현된 주체의 사회주의 국가이다"라고 되어 있고 '조국'이 '국가'로 바뀐 점에 주목한다.

더라도 한국에 흡수통일될 가능성이 없기 때문이다.

주권게임을 포기한 상태에서 남북 간 국제정치게임은 여느 국가들과 같은 경쟁과 협력의 복합관계가 될 것이다. 남과 북 모두 통일로 얻을 수 있는 편익을 포기하고 현실주의적인 대립과 갈등에 휩싸일 수도 있다. 가중되는 미중 전략경쟁과 동아시아 강대국 지정학 경쟁 속에서 남과 북은 상대적 약소국으로서 별다른 전기를 마련하지 못한 채 국제정치게임의 주도국으로 등장하기는 어려울 것이다.

셋째, 사실상의 통일, 혹은 연성 복합통일의 대안을 생각해 볼 수 있다. 명시적으로 근대국가적 통일의 가능성을 포기하지 않은 채, 남북 간의 협력 네트워크를 활성화하는 방안이다. 통일 방안에서 명시하는 하나의 국가로의 통일을 주장하지도 않는 상황이다. 따라서 북한의 흡수통일 불안감을 최소화하고 교류·협력을 통해 북한의 발전, 남과 북의 동질성 제고 등의 노력을 기울이는 방안이다. 주권게임을 적절한 수준에서 유보·관리하면서 변화하는 국제정치게임 속에서 남과 북이 공히 얻을 수 있는 이득을 극대화하는 방안이다.

주권게임이 유보된 가운데 남과 북의 교류, 협력 증진, 그리고 국제정치게임에서 남과 북 모두가 이익을 극대화할 수 있는 가능성은 높다. 북한은 줄어든 체제불안감과 흡수통일 불안감 속에서 여유를 가지고 남북협력을 추진할 수 있고 국제정치게임에도 좀더 적극적으로 나설 수 있다. 명시적으로 통일을 포기하지 않았기 때문에 통일의 가능성을 점진적으로 추구할 수 있고 동시에 통일을 명시적으로 추구하지 않기 때문에 북한의 불안감과 한국 내 통일을 향한 조급한 움직임도 통제할 수 있다.

문제는 주권게임이 약화된 형태로나마 지속되기 때문에 북한의 불안감이 완전히 사라지지는 않는다는 점이다. 남북 간 다양한 차원의 협력 네트워크가 지속되는 가운데 북한의 체제 약화에 대한 불안감이 지속되고 교류·협력의 움직임이 역전될 가능성은 존재한다. 북한은 이미 햇볕정책을 경험하였는데 현재 햇볕정책과 같은 대북포용정책 또한 궁극적으로는 북한의 체제를 약화하여 흡수통일을 목표로 한다고 의심하고 있다. 이러한 상황에서 협력 네트워크를 추구할 때 북한이 체제불안감을 극복하고 핵 포기 등 전략적 결단을 내릴 수 있을지, 점진적이고 평화로우며 합의에 의한 통일을 향한 남과 북의 변화가 이루어질 수 있을지 여부는 여전히 도전 요소로 남아 있다.

뒤에서 논의할 세계시민주의에 기초한 한반도 미래 거버넌스와도 차이가 있다. 사실상 통일, 연성복합 네트워크는 기본적으로 국가 중심적인 접근법이다. 국가 정책에 의해 협력과 교류를 추구하고 이후 사회 간 네트워크를 확보하는 방식이다. 반면 세계시민주의 접근법은 국가가 여전히 중요한 제도일 수는 있어도 궁극적으로 개인의 존엄성과 평등, 권리에 초점을 맞춘다. 남과 북의 정부나 국가 차원에 얽매인 미래를 추구하는 것이 아니라 한반도의 모든 개인들에 초점을 맞춘다.

또한 한반도에 국한되지 않고 변화하는 국제정세 속에서 지역과 지구 차원의 연계도 더욱 강조한다. 한반도의 개인들이 한반도를 넘어 지역과 지구 거버넌스에 직접 참여하는 방안을 강구하는 것이다. 그렇게 되면 목표는 단순히 한반도 통일이 아니라 지역과 지구의 세계시민주의적 통합 속의 한반도 거버넌스가 된다.

4. 세계시민주의

1) 국제정치의 변화와 세계시민주의의 대두

베스트팔렌체제가 17세기 유럽에서 시작되어 전 지구적으로 확산된 것은 사실이지만 이는 매우 불안하고 이행적인 질서이다. 과연 언제 근대 주권국가체제가 자리 잡았는가를 둘러싼 학문적 논쟁은 여전히 진행 중이다. 15세기로 보기도 하고 30년 전쟁이 마감되는 17세기 중반으로 보기도 하며 신성로마제국이 해체되는 1806년 이후로 보기도 한다.

베스트팔렌체제의 무대인 유럽의 경우도 1815년이 되어서야 본격적인 근대 주권체제가 자리 잡았다고 비교적 자신 있게 이야기할 수 있다. 그러나 이후 19세기 전반까지도 서유럽의 강대국을 제외하면 중동부 유럽국가들은 온전한 주권국가로 자리 잡지 못한 채 어려움을 겪었다. 1 · 2차 세계대전 역시 불완전한 주권국가의 모습을 띤 발칸반도 국가들에 대한 유럽 강대국들의 간섭, 그리고 서유럽 강대국들의 제국 수립 노력 등이 상호작용하여 일어났다.

제2차 세계대전이 종식되자마자 유럽은 유럽연합으로 나아갔고 국가주권은 지역 차원에서 부분적으로 통합되는 이행의 역사를 시작하였다. 결국 유럽 역시 전 지역이 고르게 주권국가를 이루어 평화를 유지하기 어렵다는 사실을 보여 준다. 주권의 개념 자체가 불안정한 상황에서 전형적 주권국가체제를 이루었다고 인식되는 유럽조차 안정된 주권국가들 간 평화체제를 이룩하지는 못했다. 주권국가체제 속 세계대전을 거치면서 국가를 넘어서는 지역주권의 대안을 모색하게 된 것이다.

제2차 세계대전 이후 유럽연합이 탈베스트팔렌 이행의 모습을 보이기 시작했다면 탈냉전기에는 지구적 차원에서 거대한 변화가 일어났다. 신자유주의 지구화, 미국 단극체제하에서 제도화의 발전과 함께 비국가 행위자, 혹은 초국가 행위자들의 역할이 증진되었다. 국제정치가 무정부상태라고 하는 베스트팔렌체제의 비유는 사실상 고도의 제도화된 탈냉전, 지구화 속의 국제정치 속에서 점차 약화되고 있다고 볼 수 있다. 문제는 이러한 지구화의 흐름을 관리할 수 있는 조직원리, 거버넌스, 통제체제가 만들어지지 않았다는 것이다. 현재까지 강력한 힘을 가지고 있는 미국이 단극체제의 리더 국가로서 국제공공재를 제공해 왔지만 그럴 수 있는 힘과 의도는 점차 줄어들고 있다. 새로운 이념, 새로운 조직원리에 기초한 지구 거버넌스가 출현하지 못한다면 지구적 위기가 심화될 수 있다.

동아시아 역시 경제적 상호의존이 강화되는 가운데 제도화 정도가 높아졌고 비국가 행위자들 간의 상호작용이 빈번해졌다. 근대 이행에서 여전히 주권의 결손을 가지고 있는 많은 동아시아 국가들은 탈냉전기에 접어들면서 국가주권 자체가 이행되는 탈베스트팔렌 이행을 동시에 겪어야 하는 복합적 상황에 도달한 것이다. 결국 동아시아는 불완전한 근대 이행과 근대적 국제정치, 그리고 시작된 탈근대 이행의 논리가 겹쳐지면서 새로운 구조를 형성하고 있다. 그리고 국가를 비롯한 많은 개별 단위들 역시 영향을 받고 있다.

미중 간 전략경쟁이 국가 단위의 강대국 정치와 지정학을 강화시키는 것 같지만 사실 미중관계 역시 고도의 상호의존으로 규정되고 있다. 미중의 리더십 역시 국제 제도와 규범을 기초로 해야 한다는 점에서 미중 간 전략경쟁이 과거와 같이 패권전쟁으로 귀결될 수 있을지는 지켜보아야 한다. 이른바 투키디데스의 함정이 논의되지만 국제정치 자체가 변화하고 있다는 측면에서 이러한 판단은 피상적 비유일 수밖에 없다.

남북 역시 이러한 변화에 영향을 받을 수밖에 없다. 앞서 살펴본 바와 같이 남북은 현재 주권국가모델을 기초로 하나의 근대국가를 형성하는 통일, 두 개의 주권국가로서의 평화적 국제관계, 혹은 사실상의 통일을 주장하지만 여전히 근대국가를 기초로 한 이행론 등을 목표로 상정한다.

그러나 탈베스트팔렌 이행이 급속도로 진행된다면 남북의 통일모델은 어떻게 바뀌어야 하는가? 남북이 비국가 행위자들 간의 교류, 한반도를 넘어서는 초국가적 제도에 의한 규제, 한반도에 거주하는 개인들의 자유와 정의를 세계시민주의 관점에서 규정할 수 있다. 또한 한반도 차원이 아닌 지구 차원에서 지구정의론 등의 논의도 가능하다. 이미 북한의 인권 논의 등은 북한의 개인을 지구적 차원에서 바라보고 판단하는 움직임을 반영한다.

남북이 근대적 통일을 이루기 전에 지구정치나 아시아 지역정치가 탈근대 이행을 먼저 하게 된다면 한반도의 평화체제는 또다시 시대에 뒤떨어진 이중 지체의 결과를 낳게 될 것이다. 오히려 미래지향적 한반도 거버넌스를 생각할 필요가 있다. 현재와 같이 근대적 통일국가 모델에 고정된 시각에서 비핵화와 남북교류협력, 연합 단계, 통일로 향하는 로드맵이 잘못된 점은 물론 없지만 얼마나 현실적이고, 또한 미래지향적인지 살펴볼 필요가 있다.

남북 내 시민사회가 모두 발전하고 아시아 차원의 통합, 지구적 차원의 제도화가 진행될 경우 민족주의적 통합은 세계시민주의적 연대로 대체될 수 있다. 이미 나타나고 있는 국제기구, 국제규범 등의 영향력이 더욱 강화될 것이고, 한반도의 평화 역시 이러한 관점에서 비추어질 수 있다. 남북의 군사력은 세계나 지역 차원에서 판단될 수도 있다. 어떠한 공존모델을 추구하는가에 따라 통일의 비전이 규정되고, 이에 따라 현안인 북핵문제, 남북한 간 군비통제, 한반도를 둘러싼 주변국의 개입형태 등의 향방이 결정될 것이다.

문제는 그러한 다양한 미래의 공존모델이 아시아 지역, 지구 정치의 변화 속도와 어떻게 결합되어야 하는가이다. 남북이 평화체제를 향해 나아가는 동안 지구적, 지역적 차원의 국제정치는 여전히 근대적 강대국 갈등과 지정학에 포획된다면 남북의 공존이 양자 간의 선의, 혹은 미래지향적 노력과 무관하게 탈근대적 공존모델을 향해 나아갈 수 없을 것이다. 반대로 남북이 근대적 공존모델에 얽매여 있는 동안 국제적 상황이 탈근대 이행으로 급속히 발전한다면 남북 모두 미래에 적응하는 데 고난을 겪을 것이다.

2) 세계시민주의적 민주주의를 통한 지구 거버넌스

(1) 세계시민주의의 기본 이념

세계시민주의는 스토아학파에서 비롯된 개념으로 '세계의 시민'이라는 관념에서 시작된 것으로 알려져 있다. 근대 세계시민주의 정치철학의 시조로는 세계시민의 연대를 역설한 칸트를 설정하고 있다. 이는 모든 개인은 자신이 속해 있는 집단과 무관하게 한 개인으로서 도덕적으로 보편적 지위를 지닌다는 이념이다. 모든 개인은 존중받아야 하며, 보편적 관점에서 정의의 대상이 되며, 인간으로서 권리를 가진다는 것이다.

세계시민주의는 1948년 제정된 세계인권선언에 일찌감치 제시되어 있다. 여기서는 "인류사회의 모든 구성원이 갖는 고유한 존엄과 평등하고도 양도할 수 없는 권리를 승인함은 세계의 자유, 정의와 평화의 기초"라고 선언하였다. 유엔 가입국들은 "가입국 자신의 인민들과 자국의 통치하에 있는 인민에게도 이들 권리와 자유의 존중을 교육을 통하여 촉진하는 일 및 그 보편적이고 효과적인 승인과 준수를 확보하도록 국내 및 국제적인 점진적 조치를 통하여 노력"해야 한다는 것이다. 1991년 9월에 유엔에 공동 가입한 한국과 북한도 예외는 아닐 것이다.

세계시민주의는 한편으로는 정체성에 대한 개념이고 다른 한편으로는 책임에 대한 개념으로 볼 수 있다. 어느 특정 집단에 대한 소속감과 충성심을 갖지 않는 정체성을 기초로 하는 개념이면서 개인과 직접적인 관계를 맺지 않는 인간들에 대해서도 책임을 갖는다는 책임성의 개념이기도 하다. 책임성의 범위에 대해서는 세계시민주의자들 간에도 논쟁이 있지만, 국가와 국민이라는 테두리를 넘어 책임감을 느낄 수 있는가 하는 점이 그 핵심이다.

세계시민주의는 통상 강한 버전과 약한 버전으로 나뉘는데 강한 세계시민주의자들은 국가와 같은 특정 집단을 넘어 모든 부분에서 인류 전체에 대한 정체성과 책임성을 가져야 한다고 본다. 약한 세계시민주의자들은 모든 부분이 아닌 특정 부분, 특정 도덕적 이슈들에서 국가와 같은 집단을 넘어서는 보편적 정체성과 책임성을 가져야 한다고 본다.

21세기 현재 약한 세계시민주의 자체를 완전히 거부하기는 어렵다. 많은 지구적 이슈들 가운데 국경을 넘어 논의하고 책임져야 하는 이슈들이 점차 늘어나고 있기 때문이다. 지구적 차원에서 논의하고 책임지지 않으면 개별 국가들에게도 해가 되는 지구화의 시대가 된 것이다(Brock & Brighouse, 2005: 2~4).

또한 세계시민주의는 도덕적 세계시민주의와 제도적 세계시민주의로 분류할 수 있다. 전자는 세계시민주의의 도덕적 기초에 관한 것으로 개인성, 보편성, 일반성에 기반을 두고 있다. 개인성은 모든 논의의 궁극적 단위가 인간, 혹은 개인이라는 점으로 자신이 속한 가문·종족·인종·문화·종교·민족·국가와 무관하게 개인적 구성원, 시민으로 존중받아야 한다는 것이다. 보편성은 모든 개인은 보편적인 지위를 인정받아 평등하게 취급되어야 한다는 것이다. 일반성은 모든 개인은 다른 모든 개인에게 정당한 대상이 되어야 한다는 것으로, 배제성과 반대되는 개념이다.

도덕적 세계시민주의가 실현되기 위해 반드시 세계정부, 세계국가가 만들어져야 하는가는 별도의 문제이다. 세계시민주의적 도덕성이 실현되는 제도적 차원은 다양할 수 있기 때문이다. 제도적 세계시민주의는 현재 국제정치를 이루는 조직원리가 근본적으로 변화되어야 한다고 생각한다. 그러나 기존의 조직원리가 변화되지 않고서도 각 단위의 정치적 지향이 세계시민주의적으로 변화하면 제도의 급격한 변화 없이도 이상이 실현될 수 있다고 볼 수 있다. 도덕적 세계시민주의는 이념에 상응하는 근본적 제도변화를 요구하는 것은 아니다(Brock, 2005: 183).

이러한 세계시민주의를 실현하기 위해 어떠한 원칙을 기본으로 해야 하는가? 정치학자 헬드는 세계시민주의의 기본원칙을 8가지로 요약하였다. ① 모든 개인의 동등한 가치와 존엄, ② 행위자로서의 적극성, ③ 개인적인 책임성, ④ 동의, ⑤ 투표절차를 통한 공적 문제들에 대한 집합적 결정과정, ⑥ 포괄성과 보충성subsidiarity, ⑦ 심대한 상해의 회피, ⑧ 지속가능성 등이 그것이다.

이를 보다 자세히 살펴보자면 첫째, 모든 개인은 동등한 가치를 가지고 있으므로 동등한 개인주의의 원칙이라고 할 수 있다. 동등성이 있다고 해도 개인들의 문화적 다양성이나 차이를 존중하면서 모든 인간의 이성과 도덕적 선택의 존엄을 동등하게 존중하는 것을 의미한다.

둘째, 모든 개인은 적극적인 행위자로서 스스로의 이성에 의해 판단하고 결정하며 이를 행동으로 옮길 수 있는 기회와 의무를 가지는 것을 의미한다. 또한 다른 사람들의 행동을 침해하지 않는 책임성도 수반한다.

셋째, 개인들은 자신의 목적에 따라 스스로 다른 결정을 할 수 있고 자신이 가진 재능에 의해 다른 기능에 특화할 수 있다. 그러나 스스로의 결정에서 비롯되는 직접적, 간접적, 그리고 의도한 바, 혹은 의도하지 않은 바의 결과에 대해 책임을 져야 한다.

넷째, 이상의 중요한 원칙에 대해 각 개인들은 동의하며 비강제적 방법으로 서로 타협하고 협의하여 공적인 상호의존을 도모해야 한다.

다섯째, 개인들의 책임 있는 행동에 기초하여 공적으로 합법적인 결정을 내리려면 다수결에 의해 모든 이의 동의를 얻는 집합적 결정 절차를 거쳐야 한다. 만장일치는 너무 어려운 기준이므로 가능한 한 포괄성을 유지하는 선에서 다수의 견해에 의존한 결정을 내려야 한다는 것이다.

여섯째, 모든 개인은 스스로의 삶에 영향을 미치는 결정에 대해 참여할 수 있어야 하고, 참여의 수준은 가장 낮은 수준부터 지구적 수준까지 단계적으로 고르게 구성되어야 한다.

일곱째, 사회정의의 가장 중요한 원칙으로 상해를 피하고 가장 중요한 필요를 충족시킨다는 원칙이다. 개인으로서 보유해야 하는 가치들을 지키기 위해 가장 절박하고 중요한 필요를 충족시키고 이를 행하지 못하는 데에서 생기는 상해를 해결해야 한다는 것이다.

여덟째, 경제적·사회적 발전에도 불구하고 지구적 핵심 가치와 자원을 유지해야 한다는 원칙으로, 지속가능한 발전이 가장 핵심적인 원칙이 된다(Held, 2005: 12~13).

보다 구체적으로 세계시민주의를 실현하기 위한 정치적 제도 기반에 대해 헬드는 다음과 같은 점들을 들고 있다. 첫째, 다차원적인 거버넌스와 분산된 권위체제를 만들 것, 둘째, 지방 차원에서 지구 차원까지 민주주의적 장의 네트워크를 만들 것, 셋째, 주도적인 정부 간 기구의 투명성, 책임성, 효율성을 진작시키고 공공정책 조율과 행정 능력이 필요한 곳에서 이러한 형태의 제도를 배가할 것, 넷째, 공공의 선호를 기반으로 일관성을 확보하고 공공의 의지 형성을 위한 다양한 구조를 만들 것, 다섯째, 세계시민주의 법률을 지키기 위한 마지막 보루로서 강제력의 사용을 위한 효과적이고 책임감 있는 국제적 경찰력, 군사력을 확보할 것 등이다(Held, 2011: 175).

(2) 세계시민적 민주주의

세계시민주의에 기초한 지구 거버넌스는 필연적으로 개인의 정치적 권리에 기초한 세계시민적 민주주의이다. 역사적으로 민주주의는 다양한 가치와 연결되어 왔지만 다음의 가치들과 일반적으로 관계되어 있다. 즉, 모든 시민의 사법적 평등성, 다수결의 원칙, 모든 국민들의 이익을 위해 행동해야 하는 정부의 책임과 의무, 정책결정은 다양한 의견들을 공개적으로 수렴하여 결정해야 한다는 생각 등이다. 민주주의는 그리스 폴리스에서 시작된 이후 현재에 이르기까지 상황과 조건에 따라 계속 변화되어 왔기 때문에 지구화 시대의 민주주의가 국내외적으로 어떻게 실현되어야 하는지에 따라서 다양한 견해가 있을 수 있다.

세계시민주의적 민주주의는 단순히 여러 국가들의 정치체제가 좀 더 민주주의적으로 변화한다는 의미는 아니다. 오히려 세계 전체의 정치적 관계를 이해하고 조직하는 새로운 방법에 대한 개념이다. 지구화 시대에 세계시민주의적 민주주의란 민주주의를 지구화하는 것이기도 하지만, 지구화를 민주화하는 것이기도 하다는 것이다.

냉전이 종식되고 지구화 시대에 서구 민주주의 국가 정부들은 이러한 경향과 흐름에 특별히 동조했다고 보기는 어렵다. 국제사법재판소를 제외하고는 특별한 제도적 개혁이 있었다고 보기도 어렵다. 여전히 전쟁은 중요한 분쟁해결 수단으로 자리 잡고 있고 국제법은 수시로 위반되는 사례를 보인다. 저발전국에 대한 지원 역시 증가했다기보다는 오히려 감소했다고 볼 수 있다. 즉, 서구 국가들이 민주적 절차에 의해 수립되고 유지되지만 이러한 정부들이 대외정책에서도 민주주의와 법에 의한 지배라는 이상을 추구하고 있다고 보기는 어렵다는 것이다(Archibugi, 2004: 437~473).

아치부기는 세계시민주의적 민주주의의 가정을 다음 일곱 가지로 요약한다. 첫째, 민주주의는 규범과 절차의 체계라기보다는 하나의 과정으로 개념화되어야 한다. 둘째, 국가들 간 갈등이 발생하는 체계는 국가 내부의 민주주의 역시 해친다. 셋째, 국가들 내부의 민주주의는 평화를 지향하는 경향을 가지지만 그렇다고 반드시 평화를 지향하는 외교정책을 만들어 내는 것은 아니다. 넷째, 지구적 민주주의는 비단 각 국가들 내부의 민주주의 성취를 의미하는 것은 아니다. 다섯째, 지구화는 개별국가들의 자율성을 약화시키고 국가에 기반한 민주주의의 효율성도 감소시키는 경향이 있다. 여섯째, 여러 특정 이슈에서 이해관계자 집단이 이제 반드시 국가의 영토적 경계와 일치하는 것은 아니다. 일곱째, 지구화는 다른 나라의 개인들과 집단에 영향을 미치는 이슈들과 관련하여 새로운 사회운동을 일으키는 변화를 만들어 냈다. 그리고 이러한 변화는 자신의 정치공동체와 지리적으로, 그리고 문화적으로 매우 먼 집단에도 영향을 미치게 되었다(Archibugi, 2004: 439).

세계시민주의적 민주주의를 구체적으로 실현해 나가는 데에서 핵심적인 논점은 과연 지구적 시민, 지구적 차원의 시민사회가 창출될 수 있는가 하는 점이다. 지구적 시민이 국가 차원의 소속감과 정체성을 제거하고 지구적 시민으로 탈바꿈하는 경로가 필연적일 필요는 없다. 지금도 많은 시민들은 국가에 속해 있으면서 다양한 이익과 이념에 의해 초국가적, 혹은 지방적 정체성을 보유하기 때문이다. 또한 지구적 시민의 각 부분들은 다양한 형태로 제도화될 수도 있다(Archibugi, 2004: 461).

지구화 시대의 민주주의는 각 정치 집단별로 다양한 차원에서 민주주의의 기반을 이루어야 한다. 첫째, 지방 차원이다. 통상 국가 차원의 민주주의를 우선적으로 생각하지만 국가 민주주의를 위해서는 지방 차원의 민주주의가 먼저 기반이 되어야 한다. 세계시민주의 민주주의 역시 지방정부 차원의 민주주의에 지지를 받아야 한다.

둘째, 세계시민주의는 국가 차원의 민주주의를 이룩한 국가들에 기반할 수밖에 없다. 여전히 반수 이상의 국가들이 민주주의가 아닌 체제를 택하고 있고, 신생 민주주의는 민주주의 공고화에 어려움을 겪고 있다. 21세기 지구화 시대에 민주주의의 역행은 오히려 일반적인 현상이 되었다. 민주적으로 선출된 정부가 민주주의 기본 규범에 어긋나는 정치체제를 만들어 가고 있으며, 신생 민주주의의 경우 권위주의로 회귀하는 경우도 나타나고 있다. 세계시민주의가 실현되려면 다양한 국가들이 민주주의 공고화를 향해 나아가야 하는 것은 물론이다.

셋째, 국가들 간의 관계를 규정하는 원칙이 민주주의적이어야 한다는 조건이다. 물론 현재에도 정부 간 국제기구와 국제제도가 존재한다. 문제는 현재 존재하는 국제기구가 얼마나 민주주의적으로 운용되는가 하는 점이다. 유엔의 예를 보더라도 투명성과 합법성, 민주적 책임성에 대한 기대가 높아 가고 있지만 유엔이 엄격한 민주주의, 특히 다수결의 원칙에 의해 운용되고 있다고 보기는 어렵다. 먼저, 유엔의 구성원인 개별 국가들의 대표가 그 국가 국민들을 민주적으로 대변한다고 보기 어려운 문제가 있다. 권위주의 국가나 독재국가 대표들은 자신의 국민들을 민주적으로 대변하지도 못하기 때문에 세계시민주의적 민주주의를 위한 기능을 한다고 보기 어려운 것이다. 만약 유엔의 구성국가가 모두 민주주의 정치체제로 채택한다고 해도 유엔의 정책결정 과정이 민주주의적인가는 또한 별개의 문제이다. 유엔의 인구구성 역시 문제가 될 수 있다. 전체 인류의 5%에 불과한 국가들이 총회에서는 반수 이상을 차지하고 있다. 과연 국제기구가 민주주의적이라면 인구수에 비례하는 투표제를 유지하는 것이 옳다고 할 수 있는가의 문제가 있다. 그럴 경우 중국, 인도, 미국, 인도네시아, 브라질, 러시아 등 인구수가 많은 국가들이 전체 인류의 과반수를 차지할 것이다.

넷째, 지역 차원의 거버넌스를 들 수 있다. 민주주의 국가들이 구성원인 지역에서 지역 차원의 민주주의 거버넌스를 원칙으로 하는 지역연합들이 만들어진 바 있다. 유럽연합이 대표적인 경우이다. 그러나 아프리카의 경우처럼 비민주주의 국가들이 다수 존재하면서 지역 거버넌스 역시 여전히 많은 문제를 안고 있는 경우도 존재한다. 세계시민주의적 민주주의를 지탱하기 위한 지역 차원의 민주주의 거버넌스가 중요한 상황이다.

다섯째, 지구 차원의 민주주의 거버넌스이다. 여전히 주권국가

시대인 현재 지구적 민주주의 정책결정 과정을 생각하기는 어려운 것이 사실이다. 앞서 살펴본 국가 간, 지역 차원의 거버넌스가 기반이 될 수 있다. 지구적 차원에서도 긍정적인 현상은 증가하고 있다. 유엔을 비롯한 여러 국제기구에서 비단 국가 행위자뿐 아니라 비국가 행위자들 역시 정책 결정에 참여하는 비중이 늘어나고 있다. 이미 여러 이슈영역에서 지구 차원의 민주적 거버넌스 논의는 증가하고 있다. 예를 들어 금융거래, 이민, 환경문제, 인권, 개발협력 분야 등에서는 비국가 행위자들의 목소리가 직접적으로 반영되는 현상이 나타나고 있다. 물론 지구적 차원의 개인들이 직접적 권한과 권리를 가질 수는 없다. 현재까지 민주주의 국가의 선출 방식에 의해 정부가 정책 결정에 배타적 권한을 행사하는 것처럼 비국가 행위자들의 권한도 제도에 의해 대변되어야 한다. 이러한 점에서 지구적 차원의 의회와 같은 제도가 중요해지는 것이다.

5. 세계시민주의 차원에서 본 미래의 한반도

1) 다문화주의의 한계

통일에 대한 한국인의 시각에 영향을 미치는 변수를 살펴보는 일은 중요하다. 한국이 스스로를 어떻게 생각하는지, 북한을 어떻게 생각하는지, 즉 정체성 문제는 통일의식의 문제에 중요한 요소이다.

통일에 영향을 미치는 요소로 한국민의 연령, 성별, 이념성향 등 인구사회 변수와 보수, 진보 등 정치성향이 중요할 것이라고 예측해 볼 수 있다. 그러나 이내영의 연구에 의하면 이러한 변수보다 북한에 대한 인식과 북한과의 민족적, 정서적 유대감의 강도가 중요한 영향을 미친다는 점을 알 수 있다. 북한에 대해 강한 민족적 유대감을 가지는 국민일수록 통일의 당위성을 강하게 느끼고 통일의 실현 가능성에 대해 낙관적일 것이라는 것이다. 문제는 민족적 정체성이 중요하지만 빠른 속도로 변화하고 있다는 것이다. 세대의 변화에 따라 북한과 민족적, 종족적 정체성을 느끼는 정도는 급속히 약화되고 있다. 통일에 긍정적 요소로 작용할 대체적 대북 정체성이 확립되지 않으면 통일, 혹은 미래 한반도 거버넌스에 대한 희망은 줄어든다고 보아야 할 것이다(이내영, 2014: 167~206).

이러한 전제하에서 북한에 대한 민족적, 종족적 정체성이 유지되더라도 한국인의 북한 주민에 대한 인식은 여전히 배타적이며 통합에 부정적이라는 사실을 알 수 있다. 예를 들어 북한이탈주민에 대한 한국인의 부정적 인식은 종족적 정체성으로 극복하기 어려운 상황이다. 단일민족의 정체성이 포용적이지 못하고 단일민족주의에 기초한 동화주의로 나아간다. 이에 대해 폐쇄적 단일민족주의를 넘어설 대안으로 다문화주의가 제시되었다. 유럽 및 미주 국가들의 이민정책에서 진화해 온 다문화주의는 차이의 인정과 인정의 정치에 기반한다.

민족정체성이 통일에 대한 인식에 일차적으로 중요한 영향을 미치지만 다문화지향성이 통일에 미치는 영향 또한 중요하다. 다문화지향성, 수용성과 관련하여 “다문화수용성은 편견을 가지지 않고 다양한 민족·인종·문화를 인정하고 존중하려는 태도이며, 다문화사회에서 다문화와 다문화의 조화로운 공존을 위해 노력하는 열린 사고와 태도”라고 할 수 있다(이기영·최혜경, 2017: 649~676). 실증적 연구에서도 통일에 대한 인식에 다문화수용성이 중요한 매개변수로서 긍정적인 영향을 미친다는 사실이 지적되고 있다(백시내, 2016: 337~356).

이러한 경향은 특히 청소년의 통일인식에서 잘 나타난다. 청소년들은 통일의 의미가 단일민족성을 회복하는 것이라는 견해에 대해서는 부정적인 인식을 보인다. 반면 다문화 사회로 변화하는 과정에서 청소년들은 높은 다문화수용성을 가지고 있으며 이에 기초한 통일을 지지하는 경향이 강하다. 폐쇄적인 단일민족주의에 기초할 경우 남한의 패권주의적 통일관이 강화될 수 있으며 증가하는 다문화수용성과도 양립가능하지 않다(김경은·윤노아, 2012: 123~140).

다문화주의가 통일의식과 긍정적인 관계를 맺고 있다면 과연 통일의 이론적 근거는 어떠해야 하는가? 여전히 민족적, 종족적 단일성에 기초한 통일 담론은 유효할 것인가? 다문화의 중요성을 인정하게 되면 민족정체성에 기초한 통일 담론과 대안은 모순에 처하게 된다. 이미 이질성이 심화된 북한 주민에 대한 한국인의 감정과 동질성에 기반한 통일 담론이 함께 수용되는 데 혼란을 불러일으키기 때문이다. 또한 다문화주의는 지구적 흐름의 변화에 따라 빠른 속도로 다민족우선주의, 혹은 폐쇄적 민족주의로 변화하는 상황을 목도하고 있다. 2001년 9・11테러, 2008년 경제위기를 거치면서 약소국은 물론 선진국 시민들조차 자신의 집단 내부의 이질적 문화집단들을 배제하며 차별하고 있기 때문이다. 역차별을 지적하는 자국민들의 경향에 대해 국가가 제시할 수 있는 정책적 대안은 한계를 가진다(박영자, 2012: 299~333; 김경은・윤노아, 2012: 123~140).

결국 통일, 혹은 미래 한반도 거버넌스에 대한 기획은 단일민족주의를 넘어선 다문화주의에 기초하되 다문화주의를 굳건히 유지할 수 있는 정치사상과 철학이 필요함을 알 수 있다. 북한을 더 이상 단일민족의 파트너가 아니라 주변 국가로 인식하는 것이다(권영승・이수정, 2011: 1~38). 이러한 상황에서 통일의식에 대한 연구에서 주목하는 것은 시민적 정체성이다(조대엽, 2010: 159~184). 한국인의 국민정체성에서 종족적 정체성과 대비되는 시민적 정체성은 통일의식과 긍정적인 관계를 맺고 있음이 다수의 연구를 통해서 확인되어 왔다(백시내, 2016: 337~356). 앞으로 한민족의 개념을 논할 때에는 단순히 북한과의 단일한 종족성뿐 아니라 해외에서 유입된 이민, 식민지시대를 거치면서 세계에 분산된 한국형 디아스포라 등을 종합적으로 고려해야 한다.

2) 미래 국제정치 거버넌스와 한반도

세계시민주의는 민주주의 원칙에 기초한 시민의 존재를 강조한다. 그러나 이제 국제정치의 변화에 따라 한 국가의 시민이 더 이상 국경 안에 갇혀 있다고 보지 않는다. 지구화 시대에 국가주권은 약화되었고 시민의 운명은 국제정치와 함께하기 때문이다. 크라스너는 이를 4개의 주권 이론 중에서 상호의존 주권이라고 칭하였다. 이제 어느 국가도 국경을 넘어 이동하는 흐름을 통제할 수 있는 주권을 보유할 수 없기 때문이다(Krasner, 1999 참조). 로드릭 역시 지구화의 흐름 속에서 지구화와 국가주권, 민주주의는 모두 병행할 수 없다고 보고, 특히 국가주권의 한계를 논하였다(Rodrik, 2010 참조). 국가의 권능이 제한되는 상황에서 한 국가 내 시민들의 운명을 국가 단위의 조직원리로 추구하는 것 역시 점차 많은 문제를 가져오게 된다. 국가를 넘어선 세계의 시민에 대한 자각이 강화될 수밖에 없는 이유이다. 이러한 경향은 이미 20세기 후반부터 강화되어 오다가 냉전이 종식되고 단극체제가 자리 잡으면서 더욱 강화되었다. 다양한 국가 간의 조약과 포럼, 국제기구, 비공식적 국제 레짐과 제도들이 국가의 권능을 제약하는 규칙과 규범에 기반한 질서가 강화된 것이다.

현재의 국제질서를 단순히 미국과 같은 강대국들이 주도하는 권력기반 질서로 보기는 어렵다. 이미 자유주의 국제질서의 담론에서 보듯이 많은 국가들이 자유주의에 기초한 규칙과 규범을 중요한 국제정치의 요소로 보고 있으며, 현재는 기존의 권력정치와 규칙기반 질서가 혼재되는 양상이라고 볼 수 있다. 국경을 기준으로 국가를 별개 집단으로 보는 관점도 한계가 있다. 이제 국경을 국가 간 지리적 경계로 보지 않고, 새로운 지평을 여는 연결점, 네트워크상의 분절점으로 보는 견해가 등장하고 있으며 이는 세계시민주의와 통한다(Cooper & Rumford, 2005).

미래의 한국, 그리고 한반도가 점차 시민적 정체성에 기반하고 국가주권을 넘어서는 시대에 속한다고 할 때 새로운 통일 담론, 한반도 미래 거버넌스의 담론은 어떻게 구성되어야 하는가? 앞서 살펴본 세계시민주의는 하나의 가능성을 제시하고 있고 통일 교육과 관련하여 세계시민성의 중요성에 대한 연구도 진행된 바 있다(박형빈, 2020: 99~128; 박찬석, 2017/2020: 83~107, 141~161; 구정우·이수빈, 2017: 373~423; 차승한, 2018: 161~184; 손경원, 2014: 121~144; 이진석, 2020: 137~169).

이미 한국인은 종족 정체성을 벗어나고 있으며 시민적 정체성에 기초한 복합적인 국민적 정체성을 가지고 있다. 더욱이 변화하는 국제정치의 시대에 일국적 정체성을 넘어선 국제적, 세계적, 지구적 정체성을 체화하고 있다. 남과 북이 통일되더라도 과거지향적인 종족적 정체성의 유산을 제외하고는 시민적, 세계적 정체성을 공유하기 어려운 상황이다. 따라서 과거지향적 종족 정체성에 의존하여 미래의 통일을 기획하기보다는 한반도의 새로운 정치체제, 미래지향적이고 세계지향적인, 한반도인 모두의 미래 발전에 도움이 될 수 있는 담론과 방안을 만들어야 할 것이다.

한국의 통일 담론, 혹은 미래 거버넌스 담론에서도 이러한 시각은 부분적으로 나타난다. 문재인 정부는 통일이라는 목표 대신 한반도 평화, 혹은 신한반도체제라는 용어를 사용해 왔다. 2019년 5월 7일 문재인 대통령의 〈프랑크푸르터 알게마이네 차이퉁FAZ〉 기고문은 이러한 세계시민주의 시각을 부분적으로 담고 있다.

> 다시, 평범한 사람들이 중요합니다. 평범한 사람들이 바꿀 수 있는 것은 국내문제에 한정되지 않습니다. 국가를 바꾸면, 세계질서도 바꿀 수 있습니다. 평범한 사람들 누구나 국가 운영을 자신의 권리와 책임으로 여기고, 세계의 운명을 자신의 운명과 연결 지어 생각할 때 새로운 세계질서는 만들어질 수 있을 것입니다. 평범한 사람들이 국경과 인종, 이념과 종교를 뛰어넘어 서로 연대하고 협력할 때, 세계는 더불어 잘사는 지속가능한 발전을 이룰 것입니다. … 각 나라가 포용성을 강화해 국가 간 격차를 줄이고, 국민들이 세계시민으로서 사고할 수 있는 역량을 키워야 할 것입니다. 평범한 시민이 이룬 유럽의 통합과 번영은 세계를 더 나은 곳으로 만들고자 하는 인류에게 의지와 용기를 북돋아 줄 것입니다. … 정의와 공정 속에서만 평범한 사람들이 세계시민으로 성장할 수 있습니다. 아직은 모든 것이 진행 중인 듯하지만, 인류가 지난 온 길에 새로운 세계 질서에 대한 해법이 있습니다. 동양의 옛 글은 "곡식 창고가 넉넉하면 예절을 알고, 옷과 음식이 풍족하면 영예와 치욕을 안다食廩實而知禮節, 衣食足而知榮辱"고 말하고 있습니다.

정의와 공정으로 세계는 성장의 열매를 골고루 나눌 수 있게 될 것이며, 이를 통해 모두에게 권한이 주어지고 의무가 싹트며 책임이 생길 것입니다.

문재인 대통령은 신한반도체제를 제시하면서 이와 같은 논의를 제시하는데, 통일보다는 신한반도체제를 이야기하면서 시민의 평범성을 세계시민성으로 연결하고 있다. 주로 유럽과 지구적 위기를 논하면서 세계시민주의를 이야기하기 때문에 한반도의 미래 거버넌스와 직접 연결되어 있지는 않지만 변화하는 시대의 정체성과 한반도 미래 거버넌스의 새로운 비전을 의식하고 있다고 할 수 있다.

세계시민주의에 기초한 한반도 미래 거버넌스 담론과 방안은 목표와 비전으로서 다음과 같은 특징을 가진다. 첫째, 한반도에 살고 있는 모든 개인들의 가치를 그 자체로 중시한다. 현재 한반도에 거주하는 모든 개인들은 대한민국과 조선민주주의인민공화국이라는 유엔의 두 정부에 속해 있지만 국가소속감과 국가정체성 이전에 개인으로 존중받고 인권을 보장받아야 한다는 것이다. 한반도의 미래 거버넌스, 혹은 통일이 개인의 가치를 인정하지 않는 타협과 상황논리에 좌우되어서는 안 된다.

둘째, 한반도의 미래 거버넌스는 근대 주권국가적 통일일 수도 있고, 보다 느슨한 네트워크의 형태일 수도 있다. 앞서 도덕적 세계시민주의가 강조하듯이 세계시민주의가 성립되는 제도적 배경이 반드시 세계국가일 필요는 없다. 여전히 주권국가가 중요한 제도로 존재하면서 국가를 넘어서는 초국가적 다층 네트워크가 세계시민주의의 주된 기제로서 작동할 수 있기 때문이다. 한반도의 미래 역시 두 국가의 완전한 정치적 통일일 수도 있지만 국가가 중심이 되는 환경 속에서 초국가 행위자들의 다층적 네트워크로 이루어질 수도 있다. 남북이 불완전 주권국가로서 추구할 수밖에 없었던 기존의 주권게임의 부담을 미래지향적 단위를 지향하면서 덜어 갈 수 있다. 더불어 세계시민성을 체현한 새로운 한반도로 국제정치게임에 변화를 불러올 수도 있다.

셋째, 세계시민주의를 기초로 한 미래의 한반도에서 개인들은 열린 세계시민성을 지향할 수 있어야 한다. 개인들은 여전히 한민족의 일원이지만 이미 한국인의 정체성은 종족적 범주를 넘어서 시민적 정체성을 포괄하고, 다문화 관점에서 북한과 공존할 수 있어야 한다. 그리고 이를 넘어 세계시민성을 지향하는 정체성을 가질 수 있어야 한다. 이는 비단 당위로서가 아니라 변화하는 국제정치 속에서 미래 거버넌스하의 한반도 전체 이익을 보장할 수 있는 방법이다. 한반도의 개인들이 지구 거버넌스의 일인으로 정체성을 가지고 규범과 원칙, 규칙을 제정하는 세계시민이라는 인식을 가질 때 이익을 극대화하고 지구 거버넌스에도 선구적 공헌을 할 수 있을 것이다.

세계시민주의에 기초한 담론과 방안은 보다 구체적으로 기존의 통일방안과는 다른 장점을 가질 수 있다. 첫째, 기존의 공식 통일 담론과 방안이 한민족이라는 종족적 집단의 당위성에 기초해 있다는 점에서 이와 차별화된다. 변화하는 한국인의 정체성에 반응하므로 좀더 현실적이며 미래지향적인 논의의 근거를 확보할 수 있는 것이다. 남과 북은 모두 전통적으로 한 집단으로 존재해 온 종족적 단위를 중요한 통일 당위성의 근거로 삼는다. 그러나 이미 국제정치의 변화에 따라 종족적 정체성을 중심으로 정치단위를 재편하기 어려운 것이 현실이다. 한국의 경우, 점차 종족적 정체성을 벗어나 보편적 세계정체성을 실현하고 있다. 2050년이 되면 한국인 중 10%는 혈연적으로 비한국인이 차지할 만큼 한국의 구성 자체가 종족 정체성을 넘어서고 있다.

21세기에 자라난 젊은 세대들 역시 지구화의 흐름 속에 자신의 정체성을 종족적으로 정의하기보다는 보편적 이념에 의해 정의하고 있다. 자신의 삶을 규정하는 제도들이 국가를 넘어선 국제제도, 국제정치경제 구조라는 사실을 인식하고 있는 세대들은 종족적 정체성에 기초한 미래 한반도 거버넌스에 찬성을 보내기 어렵다.[3]

---

3 북한인권을 위해 활동해 온 청년단체들이 연합한 북한인권청년연합은 북한인권선언문을 만들어 제시하는데 이는 세계인권선언을 북한에 적용한 것으로 흥미롭다. 여기서 "북한주민은 태어날 때부터 자유로우며 그 존엄과 권리에 있어 동등하고 … 북한주민은 천부적으로 이성과 양심을 부여받았으며 서로 형제애의 정신으로 행동하여야 한다"고 선언하고 있다. 또한 "북한주민은 인종, 피부색, 성, 언어, 종교, 정치적 또는 기타의 견해, 민족적 또는 사회적 출신, 재산, 출생 또는 기타의 신분과 같은 어떠한 종류의 차별이 없이, 이 선언에 규정된 모든 권리와 자유를 향유할 자격이 있다. 더 나아가 개인이 속한 국가 또는 영토가 독립국, 신탁통치지역, 비자치지역이거나 또는 주권에 대한 여타의 제약을 받느냐에 관계없이, 그 국가 또는 영토의 정치적, 법적 또는 국제적 지위에 근거하여 차별이 있어서는 아니 된다"고 선언하고 있다. 〈뉴데일리〉(2012. 12. 10). "세계인권선언문, '모든사람 - 북한주

둘째, 기존의 통일방안들은 주권국가 완성을 목표로 하지만 이미 국제정치는 주권국가의 틀을 넘어서고 있다. 변화하는 국제정치의 추세를 배경으로 미래지향적인 국가의 속성을 실현할 수 있다. 전통적으로 하나의 민족을 이루어 온 한민족이 하나의 주권국가를 이루는 것은 여전히 의미 있는 목표라 할 수 있다.

그러나 미래에 남한과 북한이 하나의 주권국가로 통일된다 하더라도 통일 한국은 지구화한 국제정치 속에 많은 영향을 받을 것이다. 이미 주권국가 단위로는 해결할 수 없는 수많은 지구적 문제들이 인류의 생존을 위협하고 있다. 기후변화, 보건, 군비의 비확산, 신자유주의 세계화의 역풍 등은 초국가 차원의 협력으로만 해결할 수 있는 문제이다. 앞으로 선진국은 국제정치 속에서 얼마나 세계화된 국가로서 다차원적인 초국가 네트워크를 실현하는가로 평가받을 것이다. 세계시민성은 인권 존중, 인류애, 자유, 평등, 정의, 세계공동체 의식, 평화 등의 보편 가치를 중시한다. 미래의 지구 거버넌스에 초석이 되는 규범과 규칙을 생산하는 국가는 국가 단위의 국력이 약하더라도 강한 규범 제정력을 가지게 된다. 자신의 이념으로 국제적 규범과 규칙을 생산하고 확산시키는 국가는 국제적 위상이 높아질 수밖에 없다. 통일 한국, 혹은 미래 한반도는 국제정치 속에서 보편적 규범과 규칙을 생산하는 규범 제정국가로 자리 잡아야 한다.

민'으로 바꿔 보니".

셋째, 한반도가 위치한 동북아 지역은 세계의 강대국들이 밀집해 있는 지역으로 강대국들의 지정학 경쟁은 물론 한국, 중국, 일본 등 불완전 주권국가들의 각축이 벌어지는 지역이다. 한국이 통일되더라도 동북아의 세력경쟁구도가 여전히 유지된다면 한국의 위상은 강대국에 비해 상대적 약소국에 머물 수밖에 없다. 만약 한국이 세계시민주의에 기초한 미래 거버넌스를 만들고 주변 국가들에게 모범적인 국가모델을 보이면 이는 한반도의 평화뿐만 아니라 지역의 평화에도 기여할 수 있다. 세계시민성에 기초한 미래 한반도 거버넌스는 국가 간의 무력사용금지라는 소극적 평화뿐 아니라 초국적 네트워크와 도덕성에 기초한 적극적 평화를 추구한다는 점에서 지역의 평화에 기여할 수 있다. 한반도의 통일이 세력균형이 지배하는 동북아에서 좀더 강한 통일 한국의 출현이라는 경계의 요소가 아니라 지역 평화에 기여할 수 있는 새로운 세력의 등장이라는 점이 확인된다면 한반도의 미래 거버넌스는 한반도를 넘어선 의미를 지닐 수 있을 것이다.

6. 세계시민주의에 기초한 한반도 미래 거버넌스를 향한 한국의 전략

세계시민주의에 기초한 한반도 미래 거버넌스를 구축하는 데 가장 큰 걸림돌 중의 하나는 북한의 정치체제이다. 세계시민주의는 민주주의 원칙에 기반하고 세계시민주의적 민주주의는 앞의 아치부기의 논의와 같이 모든 단위들의 내재적 민주적 조직원리, 그리고 단위들 간의 민주주의적 관계를 기초로 한다. 비단 국가들 간의 관계뿐 아니라 지방에서 지구에 이르기까지 각 단위들의 민주성이 매우 중요한 조건이다.

한국이 세계시민주의 한반도 거버넌스를 제안할 때 북한의 체제는 해결해야 할 큰 문제이다. 북한은 사회주의를 내세우고 있지만 사실상 세습독재국가로서 개인의 자유와 존엄성, 개인 권리의 평등성, 인권 등이 존중되는 체제라고 보기 어렵다. 앞서 살펴본 바와 같이 세계시민주의는 도덕적 세계시민주의를 실현하는 목적을 달성하기만 하면 국가를 완전히 넘어선 제도적 세계시민주의를 반드시 추구하는 것은 아니다. 여전히 국가가 중요한 기능을 수행하면서 개인의 권리를 중시하는 다차원적인 제도가 마련되면 세계시민주의의 가치를 달성할 수 있다고 본다. 그러나 북한의 경우 개인 인민들은 국가를 넘어선 초국가적 제도에 참여할 수 있는 길이 봉쇄되어 있으므로 북한의 자체적인 세계시민주의 실현은 매우 어렵다.

북한의 체제가 변화한다면 어떠한 경로를 취하게 될지 현재로서는 미지수지만, 북핵문제가 해결되지 않으면 북한의 변화는 전기를 맞이하기가 대단히 어렵다. 북한은 냉전 종식 이후 노태우 정부의 적극적인 북방정책에 수세로 대처하다가 1993년 북핵문제를 일으켰다. 북한은 미국의 이른바 대북 적대시 정책과 한국의 대북 대결 정책이 핵무기 개발의 외적 요인이라고 주장했다. 대내적으로 지속되는 경제위기 속에서 정치권력의 유지를 위해 핵무기 개발의 성과를 내세우는 한편 국제사회의 대북 경제제재를 중요한 이유로 내세우고 있다.

북핵문제의 주된 책임자는 국제사회의 반대를 무릅쓰고 핵을 개발한 북한이지만 국제정치 구조 속에서 북한이라는 정치체의 생존이 위태로운 상황에서 발생한 북한문제의 결과이기도 하다. 분단상황하에서 북한은 불완전 주권국가로서 생존 자체의 위험을 지속적으로 겪고 있으며 이는 체제안전보장이라는 명제로 북핵개발의 주된 원인으로 작동하고 있다. 북핵으로 인한 남북 교류·협력 중단은 한국 정부의 〈한민족공동체통일방안〉을 1단계에서 조금도 나아가게 하지 못하는 요인으로 작용하고 있다. 교류·협력이 안 되는 상황에서 남북연합이나 통일은 요원한 목표일 수밖에 없다.

한국이 세계시민주의에 기초한 미래 거버넌스를 추구할 경우 북한에 강한 도덕적·규범적 압박이 되지만, 공식 통일방안과 같은 체제 위협을 제기하지는 않는다. 북한 역시 민주주의 공화국임을 내세우고 있는 상황에서 민주주의에 기반한, 남북 합의의 거버넌스를 추구하자는 목표에 반대하기는 어렵기 때문이다. 그렇다고 완전히 두 개의 코리아로 나아가는 것은 아니므로 남북 분단을 고착화하는 것이라고 하기도 어렵다.

세계시민주의는 또한 국제규범과 규칙을 준수하는 한편, 이를 주도해 나가는 초국가적·지구적 시민성을 강조하므로 북한의 행동을 단순히 한국의 주장에 의해서가 아니라 국제적 규범에 의해 통제하고 이끌 수 있는 계기를 마련할 수도 있다. 핵문제 역시 핵 비확산 레짐이나 유엔의 제재 레짐 등 국제적 규범에 맞추어 해결해 나가는 방안을 더욱 강조할 필요가 있다. 이러한 해결책이 남북 간 경쟁과 대립, 그리고 한국 주도의 통일, 북한의 체제불안 조성이 아니라 궁극적으로 남과 북의 세계시민성을 강화하는 길이라는 점을 강조할 필요가 있다.

비핵화된 북한이 지구적 표준에서 정상국가로 자리 잡고 이후 한국과의 교류·협력, 그리고 국제사회와의 관계를 지속해 나갈 수 있다면 북한의 변화 역시 가능할 수 있다. 세계시민주의 관점에서 북한이 점차 세계시민주의의 기본 목표에 맞는 권능강화로 나아가는 방법을 모색할 수 있을 것이다. 세계시민주의자인 마사 누스바움의 권능강화, 혹은 임파워먼트empowerment 개념을 북한에 적용한 통일연구원의 연구도 시사적이다. 이 연구는 임파워먼트 개념을 활용하여, 행위주체인 북한 주민들이 자신의 삶에 이롭도록 북한의 현실과 현상을 변화시키는 '자유민주적 힘과 환경'의 배양 과정을 중시한다. 이 시각에 따라 임파워먼트의 의미를 크게 3가지의 총합으로 사용하고 있다. 첫째, 행위주체의 자아존중감(자존감), 둘째, 자기효

능감(자신감), 셋째, 의지와 역량(행동의 의지)의 배양이 그것이다. 이 연구는 또한 북한 변화의 행위주체인 주민들을 계층·세대·지역으로 나누어 각각의 실태를 분석하고, 이들이 북한의 자유민주적 변화를 촉진할 수 있는 동력을 고찰한다. 그리고 이들의 자존감·자신감·행동 의지를 배양하는 조력방안을 찾는 방향을 모색한다(박영자·현인애·김화순, 2015 참조).

또한 국제적 차원에서는 강대국 지정학 경쟁과 세력균형의 논리가 여전히 강한 동아시아에서 남과 북의 협력, 그리고 세계시민주의에 기초한 공동의 외교노선 모색 등을 목표로 한반도의 미래 거버넌스를 함께 모색할 계기를 만들 수도 있을 것이다.

7. 마무리

이 글은 국제정치체제의 역사와 이론의 측면에서 남북이 미래에 지향할 수 있는 통일, 혹은 거버넌스 모델을 세계시민주의에 기초하여 모색해 보았다. 국제정치의 급속한 변화 속에서 남북의 근대 주권국가적 통일 모델은 지속가능하거나 바람직하지 않을 수도 있다. 현재까지 남북의 공식적 통일방안, 두 개의 주권국가로 별개 존재하면서 협력을 모색하는 코리아 양국체제 모델, 사실상의 통일과 연성복합 네트워크를 추진하는 방안 등 다양한 담론과 비전이 제시되었다.

이러한 방안·담론·비전은 그 자체로 모두 의미를 가지고 있지만 급속히 변화하는 국제정치 속에서 과거와는 다른 한국인의 정체성, 그리고 지구 거버넌스의 변화를 고려해 볼 때 새로운 모델을 생각할 수 있다. 세계주의 없는 세계화, 민주주의 없는 지구화가 불러온 지구 거버넌스의 문제들로 인해 세계시민주의는 하나의 대안으로 논의되고 있다. 여전히 규범적・도덕적 논의로 실현가능성 측면에서 비판받고 있지만, 이미 세계는 초국가적 협력으로 해결할 수밖에 없는 수많은 문제로 시달리고 있다. 또한 규칙기반 질서가 지구 거버넌스의 중요한 흐름으로 자리 잡으면서 권력기반 질서, 패권적 질서, 세력균형 질서의 유지 가능성에 대한 비판도 등장하고 있다. 국제정치 자체의 변화 속에서 모든 국가들은 새로운 비전과 국가모델을 추구하면서 자국의 이익을 도모하며 지구 거버넌스에 공헌하고자 노력하고 있다.

한반도의 미래 거버넌스는 뒤늦은 주권국가 성립, 불완전 주권의 완성이라는 목표를 추구해야 하지만 동시에 앞으로 다가오는 도전에 선제적으로 대응하는 성격을 가져야 한다. 통일, 혹은 한반도 미래 거버넌스는 이루지 못한 과제를 성취하는 것이지만, 앞으로의 비전을 수립하는 것이기도 하다. 앞으로 한반도의 개인들은 열린 민족주의와 다문화주의, 그리고 세계시민성을 바탕으로 모든 개인의 인권과 자유를 강조하면서 지구 거버넌스에 힘을 발휘할 수 있는 능력을 제고해야 한다. 현재는 북핵문제를 축으로 남북의 대결과 경쟁으로 많은 어려움을 겪고 있지만 한반도의 미래를 보는 시각을 새롭게 함으로써 지구 거버넌스의 중심에 설 수 있는 한반도를 기획해야 한다.

5

남북연합에서 '분단국가연합'으로

중간단계의 재구축

박명규

서울대학교 사회학과 명예교수

1. 탈냉전과 한반도

탈냉전이 본격화된 1990년대 이래로 전 세계의 정치지형은 급변했다. 독일이 통일되고 동구권 사회주의가 총체적으로 체제전환의 길을 걷는 가운데 유럽통합을 향한 대장정이 본격화되었다. 냉전시대의 한 축을 담당한 공산주의 종주국 소련은 아예 지도상에서 사라졌고 철의 장막이라 불리던 시기 중국은 개혁개방을 본격화하면서 세계시장에 깊이 편입되었다. 냉전의 승리로 유일패권국이 된 미국은 그 압도적인 힘으로 세계를 지배할 것이 예상되었지만 21세기가 시작되자마자 9·11테러라는 전대미문의 공격을 받고 이후 지루한 전쟁의 늪으로 말려들었다. 급성장한 중국은 이제 '대국굴기大國崛起'를 표방하면서 미국과 신형대국관계를 주장하고 새로운 패권경쟁의 길로 나섰다.

한반도 역시 탈냉전의 강력한 충격에서 자유로울 수 없었다. 북한에게 불리한 환경이 조성되었음은 두말할 필요가 없는데, 대부분의 공산권 국가들이 체제전환을 선택하는 가운데 북한도 새로운 대응책을 모색했다. 한국과 함께 유엔에 가입하기로 결정하고 〈남북기본합의서〉를 채택하는 데에도 동의했으며 〈한반도 비핵화 공동선언〉에 서명했다. 하지만 본격적인 대외개방과 시장화 조치에는 반대하면서 미국, 일본 등과의 수교에는 이르지 못한 채 스탈린식 주체국가로서의 정체성을 고수하였고, 그 결과는 급변하는 세계흐름으로부터의 고립이었다. 이에 반해 한국은 북방정책의 추진으로 소련 및 중국과 수교하고 구공산권 국가들과도 정치경제적 교류를 강화했다. 세계시장과의 밀접한 연계 속에서 고도의 경제성장이 계속되었고 정치적 민주화도 달성하면서 국제사회에서의 위상도 높아졌다. 개방체제로의 전환과정에서 일시적 혼란도 없지 않았지만 매우 다원적이고 역동적인 사회로 변모했다. 탈냉전 30년의 시간에 북한과의 체제대결을 더 이상 의식할 필요가 없을 정도로 남북 간의 경제적, 정치적, 문화적 격차를 벌리면서 성장해 온 것이다.

이 상반된 흐름 가운데 남북교류와 북한 핵개발 역사가 함께 존재한다. 북한이 수많은 주민들이 굶어 죽는 참상을 겪으며 고난의 행군기를 보낼 때 한국은 밀려드는 탈북자들을 수용하느라 바빴고 조만간 한국 중심의 통일이 가능하리라는 기대로 들떴다. 한국이 정치민주화와 경제성장의 과실을 즐기면서 세계여행의 행복감에 젖어 있을 때 북한은 극심한 경제난과 체제위기에 빠져 있었고 그로부터 벗어날 방안으로 핵카드를 준비했다. 탈냉전 직후에 불거진 제 1차 북핵위기로부터 지금까지의 흐름은 북한이 얼마나 집요하게 체제보위의 근간으로서 핵무장을 추구했는지를 보여 준다. 2006년 제 1차 핵실험 이후 가해진 국제적 경제제재를 감내하면서도 일관되게 핵개발에 진력한 결과 북한은 2017년 스스로 핵무력 완성을 선언했고 국제사회로부터 사실상의 핵보유국으로 평가받기에 이르렀다.

돌이켜 보면 탈냉전 이후 남북관계가 지속적으로 순항할 수 없었던 중요한 이유의 하나도 남북한이 한반도의 미래를 전망하는 시각이 현저하게 달랐기 때문이다. 미국의 단일패권, 남북 간 힘의 불균형, 북한의 체제위기가 동시적으로 나타나던 상황에서 한국은 남북간 화해교류의 진전을 전망했지만 북한은 핵개발과 고립주의를 통한 체제유지에 전력투구했다. 남북교류 30년의 역사가 화해・협력의 흐름이 강화되던 시기로부터 교류도 줄어들고 관계도 악화되는 시기로 변화하게 된 것도 이런 편차와 무관치 않다. 2018~2020년에 진행된 롤러코스터 같은 상황변화도 남북이 각기 바라보는 미래상의 차이로 인한 것이다. 남・북・미 지도자들의 새로운 대응과 탑다운 접근으로 오랜 악순환의 고리를 벗어나는 대전환의 기회가 되리라는 기대가 적지 않았지만 마치 1990년대 초반과 2000년대 초반이 그러했던 것처럼 또다시 악순환의 구조가 재현되고 있다.

2021년 1월 열린 북한의 노동당 8차 대회에서는 개혁과 개방을 통한 문제해결 대신 자력갱생의 정신주의와 군사력 우선주의를 강화한다는 전략적 기조가 채택되었다. 보도에 의하면 김정은 위원장은 "정세를 격화시키는 군사적 적대행위와 반공화국 모략소동이 계속되고 있고 이로 말미암아 북남관계 개선의 전망은 불투명하다"면서 한미 연합훈련을 관계개선의 장애물로 규정했다. 갓 출범한 조바이든 미 행정부에 대해서도 김 위원장은 "강 대 강, 선 대 선의 원칙"에서 상대할 것이라고 했고 "새로운 조미(북미) 관계 수립의 열쇠는 미국이 대조선(대북) 적대시 정책을 철회하는 데 있다"는 오래된 주장을 반복했다. 미국을 "우리 혁명 발전의 기본 장애물이자 최대주적"이라고 명시적으로 언급함으로써 전통적인 대미관에서 크게 달라지지 않을 것임을 내비쳤다. 남북관계에 대해서도 김 위원장은

"남조선에 이전처럼 일방적으로 선의를 보여 줄 필요가 없다. 우리의 정당한 요구에 화답하는 만큼, 북남 합의들을 이행하기 위해 움직이는 것만큼 상대해 줘야 한다"고 했고 방역협력과 금강산관광 등 우리 측의 제안에 대해선 "비본질적 문제"라면서 사실상 거부했다.

북한이 남한과의 교류협력을 비본질적인 것이라고 언급한 것은 상황에 따라 변하는 선전선동의 차원으로 치부할 수도 있지만 그 지향과 속내를 좀더 무겁게 분석할 필요가 있다. 어떤 희생을 치루더라도 체제를 유지하려는 북한에게 한국이 보이는 연성적이고 우호적인 접근도 강경 적대적 우파정부 못지않게 위협적이라는 생각을 드러낸 셈이기 때문이다. 남북관계의 구조적 성격에 대한 냉정한 인식과 70년의 변화를 새롭게 수용하는 관점의 변화가 수반되지 않으면 이런 악순환은 지속될 것이다. 남북관계의 기조를 해석하는 패러다임의 전환이 불가피한 이유다.

2. 제도화의 실패와 평화 문제

분단 70년을 지나고 탈냉전 30년을 지나면서 남북관계가 여전히 불확실성과 불신구조로부터 크게 벗어나지 못하는 현실은 한마디로 '남북관계 제도화의 실패'라고 할 수 있다. 정전협정에서 목표된 휴전을 최고목표로 본다면 지난 시기는 비교적 성공적이라 할 수도 있다. 거의 모든 접촉과 대화의 단절을 비용 삼아 무력충돌을 회피하고 관리해 왔기 때문이다. 하지만 지난 30년간의 기본적 정책기조가 남북한 사이의 비적대적 교류와 상호협력, 이를 통한 평화공존의 조건 형성, 나아가 통일로 향하는 민족공동체 결속을 모색하려는 데 있었다고 본다면 이 30년의 모든 노력들은 적어도 현재까지는 성공적이라 볼 수 없다.

1) 남북관계 제도화의 성찰

남북관계를 제도화한다는 것은 무엇을 의미하는가? 그것은 남북관계를 우발적이고 즉흥적이며 내부정치적인 변수에 맡기지 않고 상호 간을 규율하는 원칙과 규정에 의해 이루어지도록 하는 것을 뜻한다. 남북관계는 당분간 예측하기 어려운 각종 사건과 갈등이 불가피한 사안이다. 국내적 변수도 국제적 요인도 예상하지 못한 충격을 가져올 수 있다. 하지만 일단 갈등을 관리하고 파장을 최소화하면서 해결을 모색하는 절차와 규범을 공유하는 것이 필요하다. 한 연구자는 '남북한 관계의 제도화'에 대하여 "남북한 관계의 예측가능성, 지속성, 효율성을 보장할 수 있는 법적, 제도적 장치를 마련하는 것"이라고 정의하면서 예측가능성은 '남북한이 어떤 행위를 취하였을 경우 그 결과가 어떠할 것인가를 인지하도록 하는 것', 지속성은 '남북대화와 교류가 지속적으로 이루어질 수 있는 환경'을 조성하는 것, 그리고 효율성은 '남북한 간 교류와 협력이 보다 적은 비용으로 보다 커다란 성과를 낼 수 있는 환경'을 만드는 것이라 했다(정성장,

2004b: 240~241). 아마도 여기에 회복가능성과 계획가능성을 첨가할 수 있을 것이다. 회복가능성은 남북관계가 일시 나빠지더라도 빠른 시일 내에 긍정적인 관계로 돌아올 수 있는 역량을 의미하고 계획가능성은 남북관계의 중장기적 미래전망을 함께 논의하고 추진해갈 수 있는 종합적 기획능력을 의미한다.

제도화의 핵심은 법적 제도적 장치에 있다. 지난 시기를 돌아보면 여러 차례 제도화 노력이 있었고 부분적으로 성과를 거두기도 했다. 문제는 그것이 지속적으로 정착되지 못하고 늘 정치적 이유로 단절되거나 해체되었다는 사실이다. 한마디로 제도화에 실패한 것인데 왜 그렇게 되었는지에 대해 진지한 검토가 필요하다. 가장 단순해 보이는 상호연락협의채널의 제도화를 살펴보자. 국제적 정전감시의 틀 속에서 간접적으로만 대화할 수 있었던 남북한 당사자가 서로 연락하고 협의하는 채널을 처음 만든 것은 1970년대에 들어서였다. 남북은 미중 데탕트 시기를 맞아 비로소 대화채널 구축 의지를 보였던 것인데, 1971년 대한적십자사가 북한에 대하여 이산가족을 찾기 위한 회담을 제의했고 그것이 성사되면서 대화의 채널이 구축되었을 뿐 아니라 1972년의 〈7·4 남북공동성명〉으로 이어졌다. 이후 민간 국제기구의 성격을 가진 판문점 적십자 연락사무소가 만들어졌다. 판문점 적십자 연락사무소는 '자유의 집'과 '판문각'에 각각 설치되었으며 직통전화 2회선이 개통되었다. 이후 이산가족 상봉, 인도적 지원 등 남북 적십자사를 당사자로 한 협의와 대화의 채널로 활용되었다. 하지만 판문점 적십자 연락사무소는 개소 이후 7차례나 운영이 중단되었으며, 2020년 6월 공동연락사무소 폭파 사건 때도 중단됨으로써 여전히 제도화가 취약한 상태임을 보여 주었다.

〈남북기본합의서〉에 의거하여 1992년 5월 개소한 남북연락사무소는 판문점 공동경비구역 양측 지역에 각각 설치되었고 여러 수준의 회합과 논의에 요긴한 역할을 담당했다. 하지만 제 1차 북핵위기가 발발하면서 북한이 기본합의서를 부정하기 시작했고 김일성 주석의 사망과 더불어 남북관계가 악화되면서 유명무실해졌다. 1996년 강릉 북한잠수정 침투 사건으로 운영이 중단되었다가 2000년 〈6 · 15 남북공동선언〉 이후 다양한 협의체의 가동으로 이어졌다. 민간 영역에서도 NGO, 종교단체, 시민단체, 학술단체 등과의 여러 채널들이 직간접적으로 가동되었다. 하지만 이런 소통 방식들도 안정된 제도화에는 이르지 못하고 중단과 개통을 반복했다. 2018년 〈4 · 27 판문점 선언〉에도 남북공동연락사무소 설립이 명시되었지만 이 역시 2019년 하노이 북미정상회담 결렬 이후 제 기능을 못 하다가 2020년 6월 북한이 이 사무소를 폭파함으로써 운영이 중단되었다. 2020년 6월 북한이 통신연락선을 차단하고 남북 연락 · 협의 채널을 폐쇄한 명분은 대북전단 살포 문제였는데, 1년이 지난 2021년 7월 27일 통신연락선을 복구한다고 발표했다. 다행스러운 일이긴 하지만 이런 즉흥적 조치는 언제든지 달라질 수 있기 때문에 제도화와는 거리가 멀다.

남북관계의 제도화가 실패한 이유는 상호 약속한 것을 지키게 할 강제력이 없고 일방적 약속파기만으로도 관계가 악화될 수 있기 때문인데, 그 바탕에는 분단 이래 남북한 사이에 형성된 독특한 부정적 상호성이 강력하게 자리한다. 남북한은 상대방에 대한 적대성을 자신의 정치적 정당성과 밀접하게 결합시킴으로써 분단을 부정적으로 평가하면서도 구조적으로는 그에 의존하는 속성도 키웠다. 박명림에 의하면 남북한은 서로 적대적인 방식으로 제도화되었지만 통합지향과 분리지향의 두 힘이 독특한 방식으로 구조화되어 있다. 그는 이 질서가 유지되는 방식을 '대쌍관계동학'으로 정의하고 이를 "두 행위자가 특정의 체제나 질서를 구성하고 상호작용할 뿐 아니라, 그들로 인하여 구성된 전체질서가 다시 하나의 구조적 조건으로 작용하면서 두 행위자에게 특정의 조건을 부과하는 관계"라고 설명한다(박명림, 1997 참조). 이종석은 남북관계를 '거울영상효과'가 작동하는 적대적 상호의존관계로 설명하는데, 거울영상효과란 "두 당사자가 서로를 적이라고 인식하기 때문에, 서로에 대한 이미지나 스스로에 대한 이미지가 거울에 비친 모습과 실제 모습의 관계처럼 위치만 정반대될 뿐 생긴 것은 똑같은 상태"를 의미한다. 따라서 남북한은 '상대방'에 대한 불신과 '나의 것'에 대한 과신 속에서 하나의 대칭적인 쌍이 되었다고 평가한다(이종석, 1998: 35). 이런 적대적 상호의존론은 특히 분단 이후 냉전시대의 남북관계를 설명하는 데 유효하다. 그리고 탈냉전 이후 남북관계의 불안정성을 설명하는 데도 도움이 된다. 즉, 세계가 자본주의 질서로 단일화하고 남북한 사이의 국력 차이가 커지면서 더 이상 적대적 상호의존성만으로 체제 유지와 정당성 확보가 어려워진 상황이 창출되었는데, 그 변화를 적극적으로 수용한 한국의 경우 북한변수와 안보쟁점이 정치적 정당성에 미치는 영향력이 점차 상대화되었지만 만성적 전쟁위기를 강조하는 북한의 경우에는 역설적으로 정당성의 위기와 불안심리를 심화시킬 수 있는 것이다. 남북관계의 불안정성은 정치적 약속의 불이행이라는 현상적 요인 못지않게 역사적으로 형성된 적대적 의존성의 구조적 효과도 무시할 수 없는 요인이 되고 있다.

2) 미완의 평화쟁점

이 구조적 적대성을 해소하는 것은 한반도의 평화구축이란 쟁점과 직결된다. 한반도의 평화 역시 오래된 화두이고 남과 북, 보수와 진보 누구도 반대하지 않는 목표이지만 정작 그 내용은 매우 다르고 셈법 역시 복잡하다. 한반도 평화는 한국과 북한의 적대성이 해소되고 남북 간의 협력과 교류가 활발해지는 상태를 의미한다고 볼 수 있다. 하지만 역사적으로 논의되어 온 평화의제는 한국전쟁 이후의 미완의 숙제, 즉 정전체제를 평화체제로 전환하는 것을 핵심으로 한다. 전투행위의 종결과 무력충돌 방지를 목표로 체결된 정전협정은 조만간 평화협정으로 대체될 것으로 예상되었지만 1954년 제네바 회의의 실패 이래 70년간 한반도를 규정하는 틀로 지속되고 있다. 비정상적인 정전체제가 이토록 오랫동안 유지된 중요한 이유는 전쟁 과정에서 유엔군이 개입하고 다시 중국이 참전하면서 전쟁 자체가 국제전의 성격을 띠게 되었기 때문이다. 탈냉전 이후 〈남북기본합의서〉 체결이나 정상회담 개최, 이산가족 상봉과 올림픽 단일팀 구성 등을 통해 전쟁의 상처를 딛고 민족적 화합을 달성하려는 노력들이 남북한 당사자 사이에 시도될 수 있었다. 하지만 군사분계선을 관리하는 유엔사의 역할과 정전체제의 기본 틀은 변화하지 않은 채 지속되었고 한미동맹은 군사영역을 넘어 정치, 사회, 경제 전 영역으로 발전했다. 더구나 냉전시대에는 북한이 주한미군의 철수를 강력히 요구했던 만큼 평화협상은 진행되기 어려웠다. 탈냉전시대에는 북한의 주한미군 철수 요구는 완화된 것으로 보이지만 북한 핵문제가 새롭게 등장함으로써 평화논의의 발목을 잡고 있다. 북한은 자신들의 평화 요구가 이루어지지 않는 상황에서 일종의 자위책으로 핵개발이 불가피했다고 강변하지만 NPT 레짐의 근본적 해체를 불러올 수도 있는 북한의 핵보유를 인정할 수 없는 미국과 핵으로 인한 군사적 불균형을 감내할 수 없는 한국으로서, 비핵화를 우회한 평화논의를 진척시키기에는 어려움이 클 수밖에 없는 것이다.

탈냉전 이후 만성적인 위기상태에 있는 북한은 약속이행이나 신뢰 구축보다 확실한 체제보장을 훨씬 근본적인 가치로 간주하는 경향을 보였다. 한국의 역대정부가 강조해 온 교류협력과 상호왕래가 북한의 체제이완을 초래하고 궁극적으로 흡수통일로 귀결될 수 있으리라는 북측의 우려와 경계가 매우 강한 것도 이로부터 연유한다. 남북관계의 안정적 제도화를 위해서는 북한의 체제보장이 이루어져야 하고 그를 위해 미국의 대북 적대시 정책이 철회되어야 한다는 북한의 오랜 주장이 반복되는 이유이기도 하다. 결국 남북관계 제도화의 성패는 북한의 체제불안 심리를 해소하는 것과 무관할 수 없고 평화문제의 해결방식에 연동될 확률이 크다. 한국사회에는 신뢰의 축적과 교류의 확대가 평화를 담보할 것으로 보는 사람이 많지만 북한은 평화가 확보되어야 체제가 보장되고 관계의 제도화도 가능해진다고 보기 때문이다.

2018년에 진행된 남북미 삼자 간의 협력과 〈판문점 선언〉, 그리고 싱가포르 북미정상회담의 공동선언은 평화문제와 남북교류의 공통분모를 모색하고 새 전기를 마련하려는 노력이었다. 한국이 주도한 남북 간의 대화, 한미 간의 조율과 대안 마련, 그리고 북미 간의 협상 진행이라는 삼자 프로세스 자체가 이전에 보기 어려웠던 새로운 접근이었고 남북관계와 한미관계가 선순환의 역동성을 보여 준 사례다. 2018년 4월 27일 판문점에서 남북 정상이 합의한 공동선언은 세 부문 13개 조항으로 구성되는데, 여기에는 남북연락사무소 설치, 모든 형태의 군사적 적대행위 중단과 군축 추진, 연내 종전선언과 평화협정 체결을 위한 3자 또는 4자의 논의, 그리고 한반도의 완전한 비핵화를 통해 핵 없는 한반도를 만드는 노력 등이 포함되어 있다. 그 핵심은 한반도 비핵화와 종전선언 및 평화협정 체결, 그리고 상호적대행위 금지 등을 약속한 것으로 평화의제를 본격적으로 다루었다고 할 수 있다. 이어 열린 싱가포르 북미정상회담에서 도널드 트럼프 미 대통령은 조선민주주의인민공화국의 안전보장을 제공하기로 약속했고, 김정은 위원장은 한반도의 완전한 비핵화를 향한 흔들리지 않는 확고한 약속을 재확인했다고 밝혔는데, 이 역시 평화의 핵심문제에 해당한다. 구체적으로는 네 가지 사항을 합의했다. 첫째, 북미 간에 새로운 관계를 수립하고, 둘째, 한반도의 지속적이고 안정적인 평화체제를 구축하는 데 노력하며, 셋째, 2018년 4월 27일 〈판문점 선언〉을 재확인하면서 한반도의 완전한 비핵화를 위해 노력하고, 넷째, 신원이 이미 확인된 전쟁포로, 전쟁실종자들의 유해 수습에 노력한다. 이 합의의 핵심은 북한 비핵화와 북미관계 개선을 교환하는 것이고, 남북 간의 〈판문점 선언〉 합의를 존중할 것이 명시된 것이다.

정리하자면, 2018년은 남북관계의 진전은 평화체제 형성과 연동되며 그것은 다시 비핵화 및 북미관계 개선과 직결되어 있음을 뚜렷하게 보여 준 한 해다. 하지만 북한은 그들이 책임져야 할 비핵화의 전략적 선택과 그 로드맵을 밝히기를 주저했고 국제적으로 비핵화 의지를 선명하게 확인시키는 데 실패했다. 미국 역시 북한에게 줄 카드를 과감하게 제시하지 못함으로써 주저하는 북한을 비핵화 프로세스로 이끌어 내는 데 성공하지 못했다. 이는 탑다운 방식으로 추진된 북미협상에서 독특한 승부사 기질의 두 지도자들 사이에서 타협점이 마련되지 못한 결과다. 하지만 근원적으로는 양측의 불신과 의구심이 결정적 요인으로 작용했다고 할 것이다. 즉, 북한으로서는 비핵화를 결단했을 때 체제유지를 보장받을 수 있을까에 대한 우려와 주저함이 해소되지 못했고, 미국으로서도 관계개선의 노력에도 불구하고 북한이 비핵화의 길로 선뜻 나서지 않으리라는 회의를 불식시키지 못했다. 그 결과가 하노이 제 2차 북미정상회담의 좌절이었고 뒤이은 남북관계의 냉각이었다.

여기서 남북관계와 북미관계, 그리고 평화체제와 비핵화 사안을 어떻게 연계해야 할 것인가라는 질문에 봉착한다. 원론적인 답을 구한다면 양자의 독자성을 인정하면서 서로 간의 긴밀한 상호성을 부인하지 않는 선순환의 방도를 찾는 것이 중요하다. 즉, 남북관계와 북미관계는 물론이고 비핵화와 평화체제 역시 밀접히 연관되면서도 별개의 독자성을 지니면서 상호영향을 총체적으로 고려해야 하는 것이다. 그렇게 될 때 남북관계의 안정화, 당국 간 신뢰 구축은 그 자체로 독립적일 수 있을 뿐 아니라 자율적일 수 있고 평화체제의 구축도 독자적인 동력을 갖추어 진전될 수 있을 것이다.

3. 중간단계에서의 평화공존

남북한이 현재의 단절적이고 적대적인 관계를 청산하고 평화롭게 공존하는 상태로 이행하는 것은 통일로 가는 긴 과정의 중간과정임과 동시에 한반도의 새로운 미래를 구현할 수 있는 중요한 성취가 된다. 그런 의미에서 남북한이 공유하는 미래전망에서 중간단계와 평화공존은 직결되는 사안이다. 다시 말하면, 평화공존체제 자체가 중간단계가 되는 것이며, 지향하는 중간단계가 곧 평화공존을 보장하는 것이 되어야 하는 것이다. 현재 남북한 사이에는 명시적으로 합의된 중간단계 구상은 없다. 하지만 〈남북기본합의서〉의 정신과

〈6·15 남북공동선언〉의 2항에서 대략적인 공통분모를 찾는 것은 어렵지 않다. 〈남북기본합의서〉가 체결되던 탈냉전 직후 상황에서 한국은 〈한민족공동체통일방안〉을 정립하여 일종의 국가연합 방식의 남북연합을 중간단계로 제시했고 북한은 유연한 연방제 안을 표명하기에 이르렀다. 이후 〈6·15 남북공동선언〉에서는 "남의 연합제 안과 북의 낮은 단계의 연방제 안의 공통분모"가 있다고 명시함으로써 잠정적인 중간단계 구상에 합의했던 것이다. 이 중간단계의 성격과 조건에 대한 남북의 구상에는 적지 않은 차이가 존재하지만 이 구상을 중심으로 중간단계가 평화공존의 제도화를 보장할 수 있을지를 검토해 보자.

1) 중간단계로서의 남북연합

〈민족공동체 통일방안〉에서 상정한 남북연합은 통일로 가는 중간단계에 해당한다. 일종의 국가연합과 유사한 형태로서 남북의 두 체제가 자신의 고유한 속성을 유지하면서 통합의 수준을 높인 상태라 할 것이다. 이 중간단계에서의 한반도 질서는 남북한의 평화공존 상태로 이해될 수 있다. 두 체제가 병립해 있으면서도 갈등과 긴장보다는 통합과 화해의 상호성이 증진되고 평화로운 공존질서가 제도화될 것으로 보는 이유는 그 전 단계에서 화해·협력이 상당한 정도로 진전될 것을 전제하기 때문이다. 다시 말해 비정치적 분야에서 진행된 남북 간의 상호이해와 신뢰 구축이 남북연합이라는 정치적 상부구조의 불안정성을 상당 부분 억제할 전제조건으로 상정되어 있는 것이다.

남북연합이라는 중간단계가 명시적으로 등장한 것은 1989년 9월 11일 국회 연설에서 노태우 대통령이 〈한민족공동체통일방안〉을 제시하면서였다. 이 방안에서는 통일의 과정을 남북대화 → 남북연합 → 민족국가라는 3단계로 설명했고, 그 두 번째 단계로 설정된 남북연합에 대해서는 "남북의 공존공영과 민족사회의 동질화, 민족공동생활권의 형성 등을 추구하는 과도적 통일체제"라고 설명했다(정성장, 2004b: 227). 이 단계에서는 "남과 북이 민족공동체라는 하나의 지붕 밑에서 연합, 연계됨으로써 국제법상의 국가관계가 아닌 민족 내부의 특수관계를 유지하면서 대내적으로는 남북 간의 현안문제와 민족의 장래문제를 협의·조정·해결해 나가며 대외적으로는 소모적인 경쟁을 지양하고 민족의 이익을 증진시켜 나갈 수 있을 것"으로 전망했다. 이후 김영삼 대통령은 1994년 8월 15일 제 49주년 광복절 경축사를 통해 〈한민족공동체 건설을 위한 3단계 통일방안〉(약칭 〈민족공동체 통일방안〉)을 발표했다. 이 방안은 하나의 민족공동체 건설을 최종목표로 두고 점진적, 단계적 통일을 이루어 나간다는 기조를 갖고 있었다. 그리고 그 과정을 화해·협력 단계 → 남북연합 단계 → 통일국가 완성 단계로 체계화했다. 여기서도 중간단계가 남북연합으로 규정되어 있는데, 이는 남북한 간 평화를 제도화하고 민족공동생활권을 형성하면서 사회적, 문화적, 경제적 공동체를 이루어 나가는 과도적 통일체제로 간주되었다. 남북연합 단계에서는 남북한의 합의에 따라 법적, 제도적 장치가 체계화되고 공동으로 구성하는 기구에서 여러 가지 사안들이 논의될 것으로 기대되었다. 남북연합이라는 중간단계 구상을 포함하는 〈민족공동체 통일방안〉은 제정과정에서 국회 공청회와 국민의견 수렴 등 광범위한 대화와 소통을 거쳤다는 점에서 당시 시점에서 최선의 지혜를 담아낸 것으로 인식되었다. 실제로 이 구상은 진보·보수 정권을 지나온 지난 20여 년간 한국 정부의 공식 통일방안으로 유지되어 왔다.

2000년 남북정상회담에서 남북한이 합의한 〈6·15 남북공동선언〉 2항에는 한국의 남북연합 구상과 북한의 '낮은 단계의 연방제' 사이에 공통점이 있다는 점을 인정하고 이 방향으로 통일을 지향하기로 명시했다. 이 낮은 단계의 연방제 구상은 공식 문서나 정책론으로 제안된 바는 없다. 2000년 정상회담 자리에서 '현재와 같은 적대적 대결상태에서 연방제에서 말하는 중앙정부를 어떻게 구성할 수 있겠는가'라는 김대중 대통령의 질문에 대해 김정일 총비서가 국방권과 외교권이 없는 '낮은 단계의 연방'이라는 말을 언급함으로써 이 합의의 초석이 마련된 것으로 알려져 있다(이종석, 2000; 정성장, 2004b: 237에서 재인용). 2000년 10월 6일 북한이 고려민주연방공화국 창립방안 제시 20돌에 맞춰 "하나의 민족, 하나의 국가, 두 개 제도, 두 개 정부 원칙에 기초하되 북과 남에 존재하는 두 개 정부가 정치·군사·외교권 등 현재의 기능과 권한을 그대로 갖게 하고 그 위에 민족통일기구를 내오는 방법으로 북남관계를 민족공동의 이익에 맞게 통일적으로 조정해 나가는 것"이 낮은 단계의 연방제라고 설명했다. 이후 여러 차례 정상회담을 개최하고 공동성명을 발표하면서 북한 스스로 한반도의 두 체제를 승인하고 수용하는 단계로 이행해 왔다고 볼 수 있다. 다만 새로운 통일론을 명확히 정립하는 방향보다는 북한체제의 유지와 고수를 더욱 시급한 과제로 간주했다고 볼 수 있다.

남북연합이 구체적으로 어떤 체제형태가 될 것이냐에 대해서는 여러 논의들이 있었다. 그것이 국가연합, 영어로 confederation에 해당하는가 아니면 연방국가, 즉 federation에 해당하는가가 특히 관심의 대상이 되었다. 국가연합은 각각 주권을 보유한 국가들이 합의에 의해 자신의 주권을 일부 제한하는 공동기구를 조약으로 창설하는 것으로 이해된다. 따라서 기본적으로 국가연합을 추진해 가는 과정은 국제법적 논리에 기초한 것으로 상호공동조약을 근거로 한다. 이에 반해 연방국가는 복수의 지방정부가 있지만 단 하나의 중앙정부가 존재하는 일종의 복합국가다. 지방정부가 국제사회에서 독자적 주권체로 인정되지 않는다는 점에서 외교, 국방을 비롯한 주요한 주권행사는 중앙정부에 전적으로 귀속되고 지방정부 간, 지방정부와 중앙정부 간 관계 역시 전적으로 국내법적 대상이 된다. 연방국가의 경우 연방을 구성하는 여러 정치단위들의 자율성이 아무리 높다 하더라도 그것은 주권체로서의 국가적 성격을 지닐 수 없는 것이다. 그렇다면 남북연합을 가능케 할 조건은 무엇인가? 현재 남북 간에는 남북연합을 구성할 수 있는 조건에 대해서 명료한 공감대가 형성되어 있다고 보기 어렵다. 〈민족공동체 통일방안〉은 화해・

협력의 진전을 남북연합의 선행 단계로 상정한다. 이에 반해 남북연합을 남북 간 정치협상에 의해 제도화할 수 있는 1단계로 간주하는 견해도 있다. 대통령이 되기 이전의 정치인 김대중이 제시했던 3단계 통일론에서의 남북연합이 그런 것에 해당한다. 이 방안은 1민족 2국가 2체제 2독립정부 1연합의 남북연합(남북공화국연합)을 제1단계로 하고 1민족 1국가 1체제 1연방정부 2자치정부의 연방제를 두 번째 단계로 제시한 구상이다. 남북연합이 1단계로 설정되고 중간단계로 연방제를 제시한 것이 〈민족공동체 통일방안〉 구상과의 큰 차이라 하겠다. 남북연합을 1단계로 설정한 이유로는 "통일의 첫걸음을 가능한 한 빨리 내딛되 통일의 진행은 찬찬히 해나가자"는 입장이었다고 한다(아태평화재단, 1995: 34~37; 정성장, 2004b: 232에서 재인용). 이 구상은 남북연합을 최소한의 정치적 신뢰만 조성되면 가능한 남북 간 협력장치로 간주한 것이라 하겠고 남북 간 협치기구의 제도화만으로 남북연합이 실현될 수 있으리라는 낙관론을 내포한 것이기도 했다. 이 방안은 정부의 공식구상으로 채택된 것은 아니어서 개인의 제안 수준에 머물렀지만 제1차 남북정상회담과 뒤이은 〈6·15 남북공동선언〉의 2항 내용을 둘러싸고 한동안 논란이 되기도 했고 남북연합 단계로의 이행을 재촉하는 논의에 영향을 미치기도 했다. 남북한 사이에 남북연합의 성격과 조건에 대한 명료한 합의가 존재하지 않는다는 것은 여전히 중간단계에 대한 공유비전이 불명확하다는 것을 의미하고, 그것은 장기적인 한반도 미래상에 대한 지향에서도 불일치가 클 수 있음을 말해 준다.

2) 유럽연합과의 비교

남북연합 모델의 참조사례로 자주 검토된 것이 유럽연합이다. 사실 유럽연합 자체도 완결된 것이 아니고 계속 진화, 변화하는 것인 만큼 완전한 참조사례라 하긴 어렵다. 무엇보다도 유럽의 경우는 여러 국가들이 함께 참여하는 다자간 통합인 데 비해 한반도는 양자 간 통합이라는 큰 차이가 있다. 또한 유럽은 민족구성과 문화적 배경이 많이 다르긴 하지만 기본적으로 시장제도와 자유민주주의라는 최고 수준의 체제원리를 공유하고 있어서 비록 같은 민족이긴 하지만 정치경제적 원리를 근본적으로 달리하는 남북한 사례와 단순비교가 어렵다. 그럼에도 불구하고 국가연합의 전망 위에 쉽지 않은 체제통합을 진행 중인 유럽의 사례가 여러모로 참조할 좋은 사례임은 분명하다.

유럽연합의 경험에서는 유럽의식이라는 것이 주요한 배경이 되었다. 그리스 로마 문명의 유산과 기독교 정신, 그리고 오랜 왕족 간 네트워크 등으로 하나의 유럽이란 의식이 존재했고 그것이 통합의 한 요소였던 것은 분명하다. 하지만 그것은 유럽의 사회문화적 통합을 넘어 국가연합이란 차원에까지 도달하는 자원이 되기엔 불충분하다. 국가연합에 준하는 유럽통합의 질적 전환에 가장 중요한 영향을 미친 것은 두 차례 세계대전의 참상을 더 이상 겪지 않으려는 노력으로 추진된 초국가적 기구의 구성과 그 원만한 작동이었다. 마셜 플랜을 계기로 만들어진 유럽경제협력기구OEEC와 주요 자원의 공동이용을 약속한 유럽석탄철강공동체ECSC는 통합의 제도적 기초가 되었다. 특히 파리조약으로 설립이 확정된 유럽석탄철강공동체는 정부간협의체 수준에 머물러 있던 유럽경제협력기구와는 달리 '최초의 유럽 초국가기구'로서 개별국가의 주권을 일부 제약할 수 있는 독자적 위상을 확립했다(정성장, 2004a: 134). 이것이 이후 1957년 로마조약으로 불리는 유럽경제공동체EEC와 유럽원자력공동체 조약 체결로 연결되었다. 그리고 1965년 유럽공동체의 단일 이사회와 단일 위원회를 설립하는 조약, 일명 〈통합조약〉이 브뤼셀에서 체결됨으로써 기존의 세 공동체 각료이사회가 통합되고 집행기관들도 하나의 집행위원회로 통합되었다. 이 세 공동체를 합쳐서 유럽공동체EC로 부르게 되었고 이후에도 단일한 유럽이사회, 유럽의회 구성이 추진되었다. 선거에 의해 설립한 유럽의회는 유럽 차원의 초국가적 권위체로서 그 의미가 컸다.

유럽통합을 가능케 한 또 하나의 중요한 축은 공동화폐제도의 실현이었다. 1977년 당시 EC 집행위원장이었던 젠킨스가 유럽통화제도 도입을 제안한 이래 여러 논의를 거쳐 〈단일유럽의정서〉가 1987년 발표되기에 이르렀다. 이 법은 유럽에서 사람, 상품, 자본, 서비스가 자유롭게 이동할 수 있도록 하기 위한 국경 없는 공동체의 창설을 지향했고 명실상부한 단일시장을 목표로 했다. 그리고 유럽 차원에서의 의사결정을 위해 지금까지 만장일치제였던 각료의사회 결정방식을 가중다수결제도로 변경했다(정성장, 2004a: 160). 마침내 1991년 말 마스트리히트조약으로 불리는 〈유럽연합조약〉이 체결되었고 1992년 유럽이사회에서 조인된 후 각국의 비준절차를 거쳐 1993년 11월에 발효되기에 이르렀다. 이를 계기로 유럽공동체에서 '유럽연합'으로 그 통합의 단계가 결정적으로 높아졌다. 단일화폐제도에 기초한 경제통합, 유럽 차원의 공동 외교정책, 그리고 이민 및 이동에 대한 사회통합 등이 총체적으로 진행되었다. 그리고 2003년 유럽헌법 제정이 이루어졌다. 이런 긴 과정을 거치면서 이루어진 유럽의 국가통합은 정부간협의기구와 초국가기구가 함께 유기적으로 작동하는 틀을 갖춤으로써 가능했던 것이다.

유럽연합의 사례에서 명백해졌듯, 시장원리에 기초한 상호교역이 확대되고 구성원들의 자유로운 이동과 접촉이 확대된다 해도 그것이 국가연합 같은 제도적인 도약으로 이어지지는 않는다. 정부 간 협의와 초국가기구 설립에 의한 일부 주권의 이양이 필수적이다. 이 점에서 본다면 기능론적인 교류협력의 증대로부터 남북연합으로의 이행을 예상하고 있는 현재의 〈민족공동체 통일방안〉은 초국가기구의 설립과 관련한 충분한 전망을 담고 있지 못하다. 정부 간 협력을 제도화하기 위한 여러 차원의 기구들이 구상되어 있지만 교류협력의 진전이 이런 정부 간 협의를 자동적으로 제도화하리라는 보장은 없다. 더구나 정부간협의체를 넘어서 남북한 모두가 자신의 주권적 권한을 일부 이양하는 초국가기구의 설립으로 나가려면 남북한 주민 및 사회의 광범위한 합의와 법적 기초가 필수적이다. 남북한을 독자적으로 규율할 수 있는 초국가적 기구들이 법과 제도, 재정과 인력의 차원에서 마련되지 못할 경우 남북연합은 추진되기도 어렵고 설사 추진된다 하더라도 위기에 빠질 개연성이 높다. 이런 위험은 다수 국가가 참여하는 유럽연합에 비해 남북한 양자연합의 경우가 더욱 크다. 남과 북 모두 초국가기구로부터 벗어나기가 상대적으로 쉽고 내부 정치상황에 의해 초국가기구의 권한을 무력화하려는 유혹에 빠지기가 용이하기 때문이다.

3) 남북연합이 평화공존을 보장할까

남북연합은 '통일을 지향하는 과정에서 성립된 잠정적 특수관계'를 제도화하는 차원의 구상이다. 하지만 남북한 상호 간에 국가관계를 인정하지 않으면서 국가연합 모델에 가까운 남북연합을 상정하는 것은 현실적으로 구현하는 데 어려움이 매우 클 수밖에 없다. '나라와 나라 사이의 관계가 아니다'라는 이 규정은 통일을 지향하는 새로운 모델을 염두에 둔 창의적 합의규정이라기보다 남과 북이 각기 상대방을 국가로 인정하지 않고 있는 현실을 반영한 불가피한 언명이다. 이 규정은 남북이 각기 중시하는 자신의 강력한 국가성을 전제하는 것이어서 현실적으로는 한반도 1국가론의 영향에서 자유로울 수 없다. 남북이 서로 국가관계가 아니라는 것이 자신의 국가성을 부정하는 의미는 아니기 때문에 이 규정은 남북한의 내부 정치에 따라 얼마든지 적대적인 성격을 강화할 수 있다. 남북 간에 합의한 많은 내용들이 내부 비준을 요하지 않는 신사협정 수준으로 인식되거나 정치적 상황에 따라 언제든지 무시되고 폐기될 수 있다는 생각도 이로부터 연유한다.

스스로 국제사회에서 공인된 주권국가임을 강조하면서 남북관계에서만 국가관계가 아니라는 입장을 취하는 것은 유연한 원칙으로 작용하기보다 자가당착의 모순적 정치수사가 될 가능성이 적지 않다. 남북한이 민족동질성에 기초하여 통일을 추구하려는 의지와 열망이 매우 강하며 그로 인해 분단의 제도적 현실을 극복해 갈 수 있으리라는 낙관적 전망을 담고 있지만 남북한이 각기 별도로 구축해 온 분단국가의 관성과 무게는 훨씬 강하고 무겁다. 남한도 북한도 어디까지나 자기 체제의 존속과 발전을 전제한 위에서의 통일을 수용하고 추진하는 것이다. 따라서 이런 유형의 남북연합 모델은 통일의지와 정책추진의 논리와 명분으로는 사용가능하지만 남북한 쌍방을 규율하면서 통합의 중간단계를 이끌어 낼 논리가 되기는 어렵다.

남북연합 구상과 짝을 이루어야 하는 북한의 낮은 단계의 연방제안을 고려하면 현실적인 어려움이 더 커진다. 외형적, 제도적으로 볼 때 북의 낮은 단계의 연방제 안은 국가연합의 일반적 정의에 더 가깝다. 다시 말해 한국의 남북연합 안이 교류협력의 진전에 따르는 기능론적 통합을 포함한 통일지향성을 담고 있는 데 비해 북한은 정치군사적인 선행조건을 강조하면서 체제유지 측면을 더욱 강조한다. 여기에 별개의 주권적 정치체가 국가연합이나 연방국가를 추구해야 할 필연성이 불분명하다. 공통의 외부위협에 대응하기 위한 정치군사적 이득이 뚜렷하게 존재하는 것도 아니고 상호 간 배타적인 협력관계로 이익을 증진시킬 수 있다는 경제사회적 전략이 공유되지도 않기 때문이다. 남북 간에 수십 년간 지속되고 있는 군사적 적대관계, 정치적 불신관계를 해소할 필요성은 남북연합을 추진할 분명한 조건이지만 정치군사적인 위험인식에서 남북한의 인식차가 여전한 장애요인으로 작용할 수 있다. 남한은 북한의 핵무장과 군사주의, 무력통일론을 우려하면서 한미동맹을 주요한 안보자산으로 간주하는 데 비해, 북한은 그와 정반대로 주한미군의 존재를 최대위협으로 간주하고 한국의 군사적 균형유지 노력을 전쟁위협으로 받아들이기 때문이다. 공동생활권 형성, 주민복리 증진, 경제공동체 실현 같은 사회경제적 차원의 통합 노력도 남북 간의 현격한 체제 차이로 인해 힘을 얻기 어려운 실정이다. 더구나 김정은 체제하에서 남북의 경제교류와 시장화가 가져올 변화를 체제위협으로 간주하고 있어서 남북연합의 중간단계가 통합을 진전시키는 만큼 오히려 북한의 체제유지에의 집착이 커질 수도 있다. 이런 문제들 때문에 한국의 남북연합 구상은 국가연합도 아니고 연방국가도 아닌 제 3의 모델이라고 설명되곤 한다. 즉, '국가 대 국가의 관계'가 아닌 남과 북이 통일을 추구해 가는 과정에서 형성하는 과도적이고 특수한 형태의 결합체라는 것이다. 하지만 제 3의 모델이 가능한가는 논리적 쟁점이기보다 남북한의 상호신뢰와 공감대 수준에 따라 달라질 수밖에 없다. 현재로서는 국제사회에 이 구상을 국가연합confederation의 일종으로 설명하고 있고 실제로 그 추진과정에서도 정상회담의 형태를 취하면서 대내적으로는 각자의 국내정치, 국내법적 원칙을 고수하는 모순이 너무도 뚜렷하여 문제해결에 도움이 되기보다는 오히려 혼선과 제약으로 작용할 가능성이 없지 않다.

한국의 〈민족공동체 통일방안〉이 상정한 남북연합은 화해・협력의 선행단계가 충분히 진전된 이후에 실현되는 것이다. 따라서 이미 상당한 정도로 진전된 화해・협력의 사회경제적 조건이 평화공존을 담보할 수 있다. 이에 반해 북한의 낮은 단계의 연방제는 정치군사적 합의를 더욱 중시하고 민간부문의 교류협력을 전제하지 않아서 중간단계 구상이 평화공존의 제도화를 담보할 것인가는 불확실하다. 오히려 지난 시기의 남북관계가 보여 주듯 화해・협력의 진전이 북한 사회 내부에 미칠 체제이완효과를 북한이 매우 우려하고 있다는 점에서 평화공존의 지속성이 흔들릴 개연성이 적지 않다. 여기에 북한의 핵개발로 인해 비핵화가 평화의 중요한 쟁점이 된 상황에서 선 평화보장과 선 비핵화 요구는 새로운 난관이 되고 있다. 2018년 이래 종전선언과 평화체제 구축, 북미관계 개선을 우선적으로 추진함으로써 북한 비핵화를 견인하려는 남북미 간의 협의가 진행되었지만 하노이 회담의 좌절에서 보듯 상호 간의 불신과 의구심을 해소하기가 어려움을 재확인한 셈이다. 여기에 더하여 미중의 패권경쟁이 심화되는 가운데 평화협정 체결이 한반도를 둘러싼 주변국들의 이해충돌을 심화시킬 가능성도 대비해야 한다. 남북한 사이에 체제와 이념의 차이가 여전히 현저하고 상호신뢰와 교류협력의 진전을 가로막는 많은 제도적, 정서적 장애요인을 극복하는 작업도 새로운 접근을 요구한다. 남북한 유엔 동시가입 이후 냉전형 적대관계는 많이 약화되었지만 체제의 이질적 속성에서 유래하는 차별성은 오히려 커지고 있기 때문이다.

북한의 핵개발로 인한 비핵화 의제는 한국전쟁의 종결이라는 전통적 평화의제를 보다 복잡하게 만들었다. 남북연합이 평화공존의 지속가능한 틀이 되기 위해서는 종전선언을 포함하는 평화협정의 체결에 더하여 북한의 비핵화 해결의 전망이 확보되고 남북한 간의 사회경제적 교류와 협력이 일정 수준으로 진전될 수 있어야 한다. 북한 비핵화가 순조롭게 진행되지 못할 경우 한반도의 군사위기는 반복될 가능성이 큰데 북한은 여전히 핵개발의 자위적이고 주권적인 권리를 강조하고 있고 '한반도 비핵화'라는 포괄적 개념으로 미국의 핵우산정책 폐기와 한미군사동맹의 해체까지도 요구할 가능성을 내비치고 있다. 이미 수십 기의 핵탄두를 가진 것으로 알려진 북한이 사실상의 핵보유국으로 행동할 경우 한반도의 평화문제는 이전과는 다른 차원의 해법을 요구하게 될 것이다. 현재의 남북연합 구상은 중간단계로의 이행과정에서 남북한 사이의 상당한 질적 차이, 비대칭성, 단절성을 어떻게 넘어설 것인가, 민간영역을 대변할 만한 공간이 없는 북한과 시민사회가 뚜렷이 분화되어 있는 한국과의 통합과정에서 예상되는 많은 갈등과 마찰을 어떻게 해소할 것인가에 대하여 총체적인 대응방안을 담고 있지 못하다. 이런 쟁점들을 종합적으로 고려하는 방향에서 중간단계 구상이 새롭게 마련되어야 평화공존이 제도적으로 안정될 수 있을 것이다. 중간단계와 평화공존체제를 통합적으로 사고하는 새로운 상상력이 절실히 요청되는 것이다.

4. 남북연합에서 분단국가연합으로

남북연합 구상의 문제는 그것이 국가연합의 틀을 근간으로 하면서도 서로 간에 국가관계임을 인정하지 않는다는 모순적 입장에서 기인한다. 남북관계가 제도화되지 못한 그간의 오랜 갈등도 근원적으로는 같은 이유로 설명가능하다. 냉전시대의 적대적인 한반도 유일 정부론을 벗어났다 하더라도 '나라와 나라 사이의 관계가 아닌 잠정적 특수관계'라는 규정만으로 평화공존의 중간단계를 구축하기에는 불충분하다. 물론 남북관계를 일반적인 국가관계로 전환하자는 논리도 대안일 수는 없다. 그런 선언은 통일을 민족적 과제로 규정한 헌법적 가치와 충돌할 뿐 아니라 한반도의 현 상태를 분단으로 인식하는 관점을 배려하지 못한 생각이기 때문이다. 또한 단순히 한반도 2국가 상황을 인정한다고 해서 현재 겪는 많은 어려움이 해소될 수 있는 것도 아니다. 분단으로 인한 상처, 불신, 단절의 아픔들은 민족공동체의 회복이라는 미래의 꿈과 전망을 견지할 때 지속적인 해결이 가능할 수 있다. 따라서 해외의 제 3자적 시각이 반영된 두 개의 한국론을 그냥 수용하는 것은 유용한 해결책도, 책임 있는 대안도 아니다.

1) 분단국가라는 상호규정

남북관계의 역사성을 반영하면서 각각의 독립성과 이질성, 비대칭성을 무시하지 않으려면 통일지향성을 부인하지 않으면서도 서로의 국가성을 반영하는 접근이 필요하다. 이를 위해 분단국가 개념을 적극 고려할 필요가 있다. 분단국가는 남북한의 특수한 관계성을 인정하면서도 기본적으로 별개의 국가성을 인정하는 개념이다. 남북관계가 '나라와 나라 사이의 관계가 아니다'는 규정에서 비롯되는 자의성, 불안정성, 취약성을 극복하고 일종의 국가적 관계임을 인정하고 그에 따른 절차와 책임, 관리의 방식을 마련할 수 있는 근거가 된다. 물론 분단국가라는 규정에서 짐작하듯 그것은 일반적인 독립국가들 사이의 국제관계와는 다른 특성을 갖는다. 분단국가 쌍방 사이에 오랜 역사적 경험과 문화적 공통성이 뚜렷하고 언젠가는 하나로 통합되기를 바라는 집합적 의지가 존재하는 점에서 특수한 관계임을 인정하는 것이다. 당연히 일반적인 국가 간 관계, 국제규범의 원칙이 허용하는 범위 내에서 쌍방 간 우호적 배려나 특혜조치들이 가능하다.

분단국divided state 또는 분단국가는 '원래 하나의 국가였으나 어떤 역사적 계기로 둘 이상의 국가로 나누어진 국가'를 뜻한다.[1] 원래 하

1 영어로 partitioned state라는 말도 분단국으로 해석될 수 있다. 하지만 피터 헤커(Peter Hecker)는 이것을 원래 종족적으로나 문화적으로 다른 집단을 정치적으로

나의 국가였다는 과거적 사실도 중요하지만 그보다 장차 하나의 국가를 이루어야 한다는 민족적 열망이나 실현되지 않은 '전체로서의 국가'가 존재한다는 믿음이 더욱 중요하다. 크로퍼드는 'divided state'를 역사적으로 특수한 정치체를 표현하는 개념으로 정리하면서 독일과 베트남, 그리고 한국의 사례를 검토했다. 영미권의 글에서는 'divided state'라는 표현이 한국의 현실을 설명하는 개념으로 쓰이는 예들이 있고 국제법상 하나의 독립적 범주로 간주하기도 한다(Crawford, 2007: 449). 하지만 일반적으로는 'divided nation'과 혼용되고 'divided Korea'라는 말과도 크게 구별되지 않고 쓰이는 것이 현실이다.[2]

사실 분단국 개념은 새로운 것이 아니며 이미 여러 사람들에 의해 사용되었다. 예컨대 '분단국으로서의 남북한'이라는 표현을 여러 번 사용한 바 있는 제성호는 "남북한은 하나의 민족으로 구성되어 있고 공통의 언어, 문화, 역사를 가진 분단국이다. … 통일에 관한 남북

구별하고 분리하는 정치체에 대해 사용하고 원래 하나였던 민족공동체가 분리된 경우인 divided nation과 구별한다. 당연히 한국의 경우는 divided nation으로 범주화된다. Hocknell, P. (1996). "Partitioned States, Divided Resources: North/South Korea and Cases for Comparison". *IBRU Boundary and Security Bulletin Summer 1996*, pp. 65~67.

2 위키피디아에서 'divided state'의 한국어 표현이 무엇인가를 묻는 공개질문이 등장했지만 2009년 5월 21일 시점까지는 아무런 응답이 없었다. 관심의 부재일 수도 있지만 분단상태, 분단민족이라는 현상적 표현과 '분단국가'의 개념적 차이에 대한 민감한 문제의식이 없음을 나타내는 것일 수도 있다.

한의 정치적 의지에 대하여 제 3국이 이를 부인하는 것은 분단국 내부에 관한 국제법 원칙에 비추어 용인될 수 없다"고 언급한 바 있다(제성호, 1994: 19~20). 남북한 관계를 메타이론적으로 접근하려 한 구갑우 역시 적극적으로 분단국가 개념을 사용하고 있다. 그는 남북한 관계를 "분단국가 대 분단국가의 관계로 정의할 수 있다"고 서술하였고 남북한 관계의 역사적 구조가 "분단국가의 성격과 형태"를 통해 확인할 수 있다고 주장했다(구갑우, 2007: 109, 137). 그는 분단국가의 역사적 형태론을 논리적으로 고찰하면서 분단성과 국가성의 반비례관계를 설명한다. 분단국가 개념을 가장 적극적으로 활용하면서 그 함의를 깊이 탐구한 연구라 할 수 있다.

그럼에도 불구하고 이들은 분단국 내지 분단국가 개념을 남북관계의 성격규정을 위한 핵심개념으로 충분히 활용했다고 여겨지지 않는다. 그런 문제의식을 분명히 지녔던 것으로 보이는 구갑우도 분단국가의 성격과 남북관계의 특수성을 논리적으로 연결시키는 독자적 개념화를 시도하지 않았고 그런 문제의식이 지니는 이론적 함의를 제시하는 데 그쳤다. 남북이 각기 통일을 지향하는 상태에 있지만 동시에 국가에 값할 정도의 제도적 독자성을 갖고 있음을 보여주기 위해서 분단국 개념은 좀더 적극적으로 활용될 필요가 있다. 이 분단국 개념은 각 단위의 독자성을 잘 드러내 주면서도 체제나 사회 개념과는 다른 정치공동체의 특징을 확인해 주는 장점이 있다. 동시에 분단국이라는 개념은 '전체로서의 통일 한국'에 대한 인정, 통일을 향한 의지를 포용할 수 있고 그로 인해 남북 간의 대립, 협상, 갈등, 협조가 지니는 독특한 속성을 드러내는 데 도움을 줄 수 있다. 독일에서 사용되던 '지붕이론'과 그에 부분적으로 속한 부분국가의 논리도 분단국의 개념과 더불어 활용될 수 있고 이를 통해 남북한의 일정한 국가성을 고려하면서도 2국가론의 함정을 벗어날 길을 모색할 수 있다(이효원, 2006: 50~55). 또 이런 개념을 사용할 때 각기 별도의 건국 60주년 기념식을 맞이했던 남북한 젊은 세대들이 지니는 상이한 국민적 정체성과 이질적 생활감각을 제대로 반영할 수 있는 장점도 무시할 수 없다고 생각한다(박명규, 2007 참조).

분단국가 개념은 상대방을 정상국가로 승인하기 어려운 현 시점에서 그 국가성을 실질적으로 인정할 수 있는 한 방편이다. 분단국가는 그것이 분단이란 성격과 조건을 공유하고 있다는 점에서 일반적이고 정상적인 국민국가의 존재양식과는 차별화된다. 그 분단이 주민들의 자발적 선택이나 분명한 내부 이질성을 반영한 것이 아닌 경우에는 더더욱 그렇다. 분단이란 접두어는 이 국가가 본래 원하던 상태가 아닌 타율적 현대사의 외부규정성을 반영한다. 당연히 통합을 지향하는 성격 못지않게 서로를 배척하고 불신하는 대립적 성격이 존재함을 받아들인다. 따라서 분단국가들 사이의 관계는 반드시 우호적이거나 적대적일 필연성이 없다. 분단국가가 그 분단 상태를 어떻게 수용하는지는 내부 구성원들의 의지와 가치에 따라 달라지는 것이다. 통일을 강하게 지향하는 것도 일정한 조건이 지속될 경우에 한하는 조건적인 성격이다. 남북 간에는 전쟁의 경험과 그로 인한 적대적인 정서, 대립의식도 여전히 각종 제도와 법제 속에서 작용하는데, 이것 역시 분단국가적 속성이다. 분단국가라는 개념은 각각의 주권성을 인정하면서도 서로 간에 적대성과 민족성이 공존할 수 있는 독특한 3중 구조를 반영하는 데 적절하다(박명규, 2012b 참조).

2) 분단국가연합 구상

남북한은 각기 별개의 분단국가로서 공존하는 것을 최종목표로 상정하지 않고 미래의 통일을 지향한다. 따라서 분단국가 간 공존을 넘어 분단국가연합을 중간단계로 설정할 필요가 있다. 분단국가연합은 남북연합 안이 지닌 약점과 한계를 극복할 수 있는 구상으로서 많은 점에서 남북연합의 발상을 공유한다. 남북관계를 잠정적이고 특수한 관계로만 보지 않고 별개의 분단국가 간 관계로 보지만 국가연합과 유사한 장기적 비전 속에 하나의 단위를 구성하겠다는 의지나 정치적 통합노력을 확실하게 지니는 것이다.

분단국가연합은 유엔에 별개 의석을 지닌 두 주권공동체 사이의 장기적 통합을 구상하는 틀이다. 남북한은 1991년 유엔에 동시가입함으로써 국제법상 별개의 국가성을 인정받았다. 한국의 헌법은 북한도 자국의 영토로 규정하고 있지만 역대 정부가 대북정책의 기조와 각종 합의를 통해 밝힌 바는 일관되게 북한의 정치적 실체성을 인정한다는 것이었다. 30년 가까이 정부의 공식방안인 〈민족공동체 통일방안〉이 교류협력을 거쳐 남북연합 단계로 이행할 것을 명시하고 있는 것도 이런 북한의 정치적 독자성을 인정하는 것이나 다름없다. 남북한 교류의 경험이 축적되었던 지난 20년간의 여러 왕래와 협의를 통해 깨우친 실감도 문화적 차원의 민족적 동질성 못지않게 정치적 실체로서의 서로 다른 국가성의 작동이었다. 남북 간의 거의 모든 협의와 합의가 상호 간 주권적 지위를 인정한 위에서 이루어질 수밖에 없고 최종판단의 권한도 남북한 각각에게 주어져 있음을 확인했던 것이다.

아마도 한국 국민들 사이에 통일에 대한 의지나 관심이 점차 약화된 것도 이런 현실을 느낀 것과 무관치 않을 것이다. 지난 20년간 국민들의 대북인식 및 통일에 대한 생각들의 추이를 보면 일관된 약화 추세가 뚜렷하다. 특히 젊은 세대에게는 이런 경향이 더욱 두드러진다. 이미 국경을 뛰어넘는 다양한 문화적 혼성과 정보의 교류에 익숙한 세대에게 북한은 오히려 이질적인 거리감이 두드러지는 대상이 되었다. 2018년 평창 동계올림픽에서 북한의 참여가 결정된 후 정부는 여자 아이스하키 남북단일팀을 급히 구성했는데 민족적 대의, 남북화해의 상징이라는 큰 명분으로 추진한 것이었지만 젊은 세대를 중심으로 강력한 비판과 비난이 일었다. 오랜 노력으로 올림픽 출전 기회를 얻은 한국 선수들에게 일방적 희생을 강요한 조처는 매우 '불공정'하다는 것이었다. 평창 동계올림픽은 막혔던 남북 간의 대화와 평화프로세스를 열어 내는 중요한 계기가 되었고 그에 대한 기대로 인해 일부의 불만은 지나칠 수 있었다. 하지만 그 평창 드라마가 싱가포르 합의를 거쳐 하노이 노딜로 이어지는 긴 과정에서 북한과 미국 사이에서 중재자 내지 연결자 이상이 되지 못한 한국의 현실이 너무도 뚜렷하게 부각되었다. 트럼프 대통령의 개인플레이와 김정은 위원장의 주체형 고집으로 인해 3년의 애씀과 기대가 무망해졌고, '남측의 배려를 기대하지 않을 것'이란 북한의 냉정한 반응에 직면한 것이다. 김여정의 막말에 가까운 대남 비방과 일방적인 개성공단사무소 폭파, 그리고 판문점 군사합의서 파기 선언은 한국 국민들에게 남북관계의 무거운 현실을 절감하게 만들었다.

'우리민족끼리'를 강조하는 북한도 실질적으로는 독자적 분단국가로서의 주권을 더욱 중시한다. 북한은 통일을 강조하고 평화를 주장하지만 주체사상에 입각한 독자적 체제를 유지하는 것이 가장 중요한 가치를 점하는, 따라서 한국과는 매우 이질적인 정치적 실체다. 세계 최빈국에 해당할 정도로 경제적인 어려움을 겪으면서도 사회주의를 고수하고 주체사상을 고집하면서 핵무력을 공공연히 자랑하는, 자존심이 강한 정치공동체다. 최강국인 미국을 비롯한 주요 국가들과 수교하지 못하고 유엔으로부터 여러 가지 제재를 받고 있는 처지이지만 특유의 벼랑 끝 외교를 통해 미국 대통령과의 정상회담을 성사시켰고 그 이후 일련의 과정에서도 한국을 개입시키지 않으면서 북미 간 대등한 거래방식을 고집할 정도로 자주성에 민감하다. 동시에 많은 경제적 어려움에도 불구하고 한국의 지원과 협력이 체제에 미칠 악영향을 우려할 수밖에 없는 모순적인 상황을 겪고 있다. 한국의 노래와 드라마가 퍼지는 것을 단속하기 위해 새로운 법을 제정할 정도로 북한은 자신의 체제 유지를 그 무엇보다도 중요하게 여기는 것이다.

최근 밝혀진 바에 따르면 2021년 1월에 개최된 노동당 8차 대회에서 당 규약이 개정되었고 여기서 당의 목표가 변경되었다. "공화국 북반부에서 사회주의 강성국가를 건설하며 전국적 범위에서 민족해방민주주의혁명의 과업을 수행"한다는 이전의 목표가 "공화국 북반부에서 부강하고 문명한 사회주의사회를 건설하며 전국적 범위에서 사회의 자주적이며 민주주의적인 발전을 실현"하는 것으로 바뀐 것이다. 이를 두고 일부에서는 북한이 기존의 민족해방민주주의혁명에 기초한 통일노선을 폐기했다고 주장하기도 한다. 북한이 표현하는 "자주적이며 민주주의적인 발전"이 얼마나 그간의 노선과 질적으로 다른 것인지는 불분명하고 더구나 "인민의 리상이 완전히 실현된 공산주의사회를 건설하는 것을 최종목표"로 제시한 데서 보듯 공산주의사회 건설을 '전국적 범위'에서 추구한다는 것에 비추어 통일노선의 폐기라 보기는 어렵다. 하지만 북한도 남북관계를 잠정적 특수성이라는 틀로 파악함으로써 감내해야 할 유동성 대신 보다 분명한 북한의 국가성과 정체성을 강조하는 방향을 뚜렷이 한 것은 분명해 보인다. 통일이라는 장기적 목표로 가는 중간단계에서는 북한 단위의 체제정비, 북한 중심의 정책노선에 더욱 집중할 것이라는 의지를 표명한 것으로 해석할 수 있다.

분단국가연합은 이런 남북한의 입장을 현실 그대로 수용하면서 평화공존의 틀을 구축해 가는 발상으로, 남북연합에 비해서는 좀더 국가연합의 방식에 근접한 구상이라 할 수 있다. 이 분단국가연합을 구현하는 중요한 동력은 더 이상 민족적 감정이나 분단극복이라는 역사의식에서 얻어질 수 없고 두 분단국가 간 조약에 해당하는 국가적 약속과 미래비전의 공유, 그리고 그것을 실천하려는 정치적 책임에서 찾아야 한다. 그러려면 현재를 잠정상태로 사고하지 않고 두 분단국가의 공존상태라는 새로운 현실의식에서 출발하는 것이 중요하다. 한반도 상황을 분단상태, 분단구조, 분단체제 등으로 파악하는 것은 '분단'이라는 현실을 직시하게 만드는 효과는 있지만 남북한 당사자의 국가성을 주목하기 어렵게 만들고 결과적으로 남북관계를 과거지향적이고 정서적으로 접근하게 만드는 역효과를 수반한다. 뿐만 아니라 남북한 사이에 존재하는 비대칭성과 이질성을 정당하게 포용할 수 없게 만든다. 분단국가연합은 남북의 두 분단국가 사이에 역사적으로 형성된 제도상의 차이와 생활상의 단절을 인정하면서 그 바탕 위에 분단국가 간 통합을 창의적으로 구축하는 새로운 상상력이 마련될 때 비로소 가능해지는 것이다. 이런 맥락에서 분단국가연합은 민족주의적 전제를 상대화할 가능성도 제공한다. 분단이란 상태만을 강조할 때 통일을 당위적으로 상정하는 민족주의를 전제하게 되지만 분단국가 관계는 그것을 절대화하지 않음으로써 경제, 문화, 국제환경 등을 종합적으로 사고할 여지가 넓어질 수 있다.

분단국가연합의 현실적 사례로 앞서 살펴본 유럽연합이 여전히 유용한 참조가 된다. 유럽연합을 가능케 했던 초국가적 제도와 조약 기반의 합의이행은 분단국가연합에서도 소중한 고려 사안이라 하겠다. 다만 유럽국가들 사이의 시장원리와 정치제도상의 유사성에 비해 현재의 남북 간 차이가 더욱 크다는 점을 고려하면 영연방의 사례도 깊이 참조할 필요가 있다. 영연방은 세계를 주도했던 대영제국 식민지배의 유산이고 영어권과 영국 왕실이라는 독특한 상징자산에 기초한 것이어서 한반도에서 고려할 여지가 별로 없다고 볼 수도 있다. 실제로 영연방에 대한 한국사회의 관심은 매우 낮다. 하지만 그 결합의 원리와 변화하는 상황에 대한 유연한 대응방식을 추상화해 보면 새로운 형태의 분단국가연합의 모델을 상상할 수 있다. 현재 영연방국가들의 상호관계는 일반 국가들 간의 관계와 크게 다르지 않다. 각자가 독립적인 주권을 소유하고 있고 정치체제도 입헌군주제와 공화제가 섞여 있다(이영석, 2011/2016). 그럼에도 불구하고 그들 상호 간에는 사회심리적인 결속감이 있고 상호 간의 특수한 유대를 인정한다. 국제사회에서의 독자성, 개별적 국가성을 존중하면서도 서로 간에 존재하는 역사적, 문화적 요소를 독특한 공동체적 자원으로 받아들이는 것이다. 이런 영연방의 특징은 한반도의 남북한이 중간단계 통합모델로 좀더 진지하게 고려해봄 직한 사례다. 자유로운 국가들의 연합을 표방하는 영연방은 개별 국가의 지위가 동등하고 국제관계에서 서로를 구속하지 않는다. 마거릿 볼Margaret Ball의 표현을 빌면 '편의성을 위한 제휴concert of convenience'로서 독립된 주권국가들의 자발적 협의체이다. 정치적으로는 독립되어 있으면서 문화역사적 공통성, 언어의 공통성, 느슨하고 자발적인 연대를 표방하는 영연방의 방식은 비록 그 역사적 배경은 한반도와 매우 다르지만 결합의 강도와 형식 측면에서 참고할 여지가 충분해 보인다

(이영석, 2011: 251). 21세기, 열린 세계공동체 속에서 세계시민주의의 가치와도 일정하게 부합하는 구상이 될 수 있을 것이다.

3) 연성복합통일

분단국가연합은 중간단계의 구상이다. 다시 말해 최종적이고 장기적인 목표로서 분단의 해소, 통일의 달성을 염두에 두고 있는 동태적 개념인 것이다. 하지만 남북이 서로를 분단국가로 인정하고 두 주권체의 공존을 수용하는 만큼 향후 통일상태를 상상하는 방식도 단일민족국가를 상정한 것과는 달라질 수밖에 없다. 분단국가로서의 자의식과 분단국가연합이란 중간단계와 연결될 통일구상은 연성복합통일이라 불릴 만한, 보다 유연하고 복합적인 통합형 통일이어야 할 것이다(박명규 외, 2010; 박명규, 2012c: 352~372 참조). 우선 미래의 한반도 통일은 그동안 한국사회가 지향해 온 개방화, 민주화, 다문화화라는 변화와 함께 공진화할 수 있는 것이어야 한다. 한국사회는 빠른 속도로 개방화와 민주화를 수용하면서 국내, 국외의 경계가 유연한 열린사회로 이행해 왔고, 21세기 미래에도 이런 변화추세는 지속될 것이다. 경제영역에서 세계시장 및 동아시아 역내시장과의 통합이 확대되고 자본 및 기술, 상품의 자유로운 이동이 더욱 커질 것이다. 사회문화적으로도 전 세계의 다양한 문화와 가치들이 전통적, 민족적 요소들과 공존하는 사회로 변화될 것이고 외래적인 것과 전통적인 것, 세계적인 것과 민족적인 것이 혼재하며 문화요소나 사회구성원들도 점차 다양화, 이질화, 다문화화할 것이다. 정보화의 급진전으로 생활양식, 종교, 이념, 가치의 영역에서 견해를 달리하는 집단과 주체들이 점점 더 많아질 것이고 외국인들의 정착, 국제결혼의 확대 등으로 다언어 상황과 다종족화 경향도 급증할 것이다. 혈통과 역사에 기초한 전통적인 '민족' 정체성은 점차 약화되면서 계층 간, 인종 간 불평등의 해소 문제가 더욱 부각될 것이다. 단일민족이라는 귀속적 속성보다는 같은 이해관계를 지니고 상호작용하는 사회적 존재로서의 시민 내지 국민의식이 더욱 중요해지는 사회로의 이행도 불가피할 것으로 전망된다. 남북한을 각기 별개의 분단국가로 규정하는 것도 이런 현실에 기반한 것이고, 당연히 통일론도 다문화 상황에서도 살아남고 오히려 그것을 바탕으로 힘을 얻을 수 있는 형태가 되어야 함은 두말할 필요가 없다. 통일은 동질적 민족정서에 입각하여 당위적으로 요구되고 공감되는 절대적 과제가 아니라 다양성과 이질성을 바탕으로 하는 사회상황에서 구체적, 이성적으로 고려할 때 선택하게 되는 가장 적합하고도 유익한 정책대안으로서 이해되어야 한다.

또한 연성복합통일은 21세기 세계변화와 조응할 수 있는 열린 미래형 공동체 구상이 될 수 있다. 과거의 역사와 자원에 기초하는 통일이 아니라 새로운 정치단위와 정치체제를 창조하는 작업이 통일임을 깨우쳐 주는 데도 유용하다. 그 점에서 분단체제의 극복, 정전상태의 해소, 민족감정의 강화 등에 맞춰져 있는 통일의식이나 통일지향은 극복될 필요가 있다. 현재의 남북 간 대립구조가 과거의 유산에 크게 규정되어 있는 것이 사실이지만 그것이 끊임없이 재확인되고 재생산되면서 현재까지 이어져 온 사실을 무시해서는 안 된다. 따라서 분단의 현실도, 남북관계의 우여곡절도 단지 잘못된 과거의 결과가 아니라 매일매일의 정치적 선택행위의 결과였다고 인식하는 것이 필요하다. 그 맥락에서 미래를 향한 새로운 선택의 가능성도 열리기 때문이다. 게다가 이미 세계는 탈냉전 시대에 들어왔고 중국의 지위가 강력하게 부상하면서 익숙했던 과거의 시야로 파악할 수 없는 새로운 세계질서가 전개되고 있다. 한반도 평화체제 구축은 필수적으로 북미 간, 북일 간, 남북 간에 현존하는 질서의 틀과 관행들을 새롭게 재조정하는 중요한 변화를 수반하게 된다. 결국 통일국가 구상은 분단국가로서의 남북한 상호 간에 국한되지 않고 주변지역과도 평화공존할 수 있는 체제로 이행하는 전망을 담고 있어야 하는데, 이것은 21세기형 세계시민주의나 국제평화의 구상과 함께 갈 수 있어야 가능한 것이다.

그런 의미에서 통일은 새로운 미래형 가치실현이라는 질적 발전과 연계되어야 한다. 시민사회의 역동성, 사회적 신뢰, 창의력과 자율성, 문화적 상상력 등이 활성화될 수 있는 공동체의 창출과 한반도 통일과정은 선순환의 상호영향을 주는 관계여야 한다. 한반도 문제를 국제평화나 지역협력의 증진이라는 보편적 가치와 연결시키고 이해하려는 노력이 더욱 요구된다.

무엇보다도 나누어진 것을 하나로 묶고 다른 것을 같은 것으로 만드는 것이 아닌, 이질적이고 분리된 것들의 새로운 통합에 기초한 통일을 상상하는 것이 중요하다(박명규, 2012c: 305~327). 민족적 동질성, 문화적 통합성 못지않게, 아니 오히려 이질성, 다원성, 분산성 등을 더욱 중시하는 통합방식을 적극 사고해야 한다. 연성복합통일론은 이질적인 부문들의 공존과 연성결합, 복합적인 상호작용 등을 그 자체로서 통일의 주요한 속성으로 파악한다. 다양한 가치, 이념, 종교가 공존하며 다양한 주체들 간에 자유롭고 새로운 연계와 결합이 만들어지는 다중적이고 복합적인 통일인 것이다. 통일은 '여러 작은 통일들의 복합적 결합complex integration of small unifications'으로 이해될 필요가 있고, 이런 점에서 최종적인 통일국가는 전통적인 민족국가의 모습과 다를 수 있다. 상당한 자율성을 지닌 독자적 하위단위들이 공존할 뿐 아니라 외부로도 경계가 유연한 복합적 정치공동체가 통일국가의 형태가 될 수 있음을 받아들여야 한다. 정보화나 개방화, 다양화가 현저하게 진행되는 미래사회에 그런 다원적이고 이질적인 것의 네트워크형 공존을 수용하는 연성통합의 공동체를 상상하는 것은 필수적이다. 경제, 사회, 정치, 문화의 영역들이 더욱 분화되고 근대적인 가치와 탈근대적인 요소들, 민족적인 것과 탈민족적인 것이 함께 혼재할 미래에 맞는 통일의 상, 복합적이고 개방적인 지향이 모색되어야 한다.

현재 통일은 헌법적 가치이고 원치 않았던 분단의 극복을 지향하는 것은 분명하지만, 그 차원을 넘어서 남북이 각기 지난 시기에 이룩한 모든 역사적 성취와 문명적 발전을 한 단계 더 높은 수준으로 끌어올릴, 열린 발전론으로 연결되어 있지는 못하다. 지난 시기 한국

사회가 힘써 이룩한 중요한 가치들에 대한 재확인과 함께 이를 더 나은 차원으로 고양시키는 미래목표로서의 통일을 상정할 수 있어야 할 것이다. 정부정책의 근간을 이루는 국가전략 속에 통일정책이 유기적으로 통합되어 있어야 하고, 다원화나 정보화, 개방화의 흐름이 강화되는 한국사회에서 장차 통일의 과제와 국가발전의 과제를 상호 모순적인 것으로 인식하게 될 가능성에 대해서도 대비할 필요가 있다. 연성복합통일이란 화두는 이런 열린 통일론을 분단국가연합이란 중간단계와 함께 가능케 할 지적 도구인 셈이다.

5. 마무리

탈냉전 이후 30년을 지나면서 여전히 롤러코스터 패턴의 불안정성을 벗어나지 못한 남북관계의 미래를 위해서 좀더 발본적인 성찰과 발상의 전환이 요구된다. 현재 상황을 타개하기 위해서는 남북이 분단국가라는 자의식 및 상호규정을 수용하는 것이 필요하다. 분단국가는 특수한 성격을 지닌 국가이다. 한반도에 독특한 두 분단국가가 존재하며, 이들 사이에는 통상적인 민족 내적관계와도 다르고 일반적인 국제관계와도 구별되는 분단국관계가 형성되어 있다. 분단국가는 국제관계에서 독자적 주권성을 갖고 활동하지만 분단국가 상호 간에는 '분단'이라는 특수한 현실과 관련한 그들만의 집합적 의지와 미래지향성을 공유하게 된다. 때로는 적대적일 수 있고 때로는 우호적일 수도 있으며 정치적 관계와 경제적 관계, 사회문화적 관계가 각기 별도로 작동할 수 있다.

또한 남북연합으로 개념화된 중간단계의 비전도 분단국가연합이란 새로운 발상으로 재구성될 필요가 있다. 막연히 통일로 가는 과도적 단계라는 표현이나 국가연합의 성격을 띠면서도 서로를 국가로 인정하지 않는 남북연합 구상으로는 크게 변화한 현재의 상황을 타개하기 어렵다. 어떤 형태의 중간단계도 단순히 기능적 관계개선의 축적만으로 달성되는 것이 아니어서 정치적 기획과 그에 합당한 기구 창설을 필요로 하는 것이다. 민족공동체라는 역사문화적인 범주를 근거로 하는 분단극복론이나 통일지향론은 명분적인 힘은 있을지 몰라도 남북관계의 현실을 이끌어 갈 비전이 되기는 어렵다. 또한 사실상의 통일이라는 가능태형 발상도 엄연한 두 주권체의 오랜 대립과 불신, 체제상의 이질성을 고려하면 무책임하거나 사후평가적인 논의가 될 가능성이 적지 않다. 분단국가연합은 일반적인 국가연합의 모델에서 볼 수 있는 상호주권의 존중이라는 전제 위에서 책임 있는 조약 체결과 약속 이행, 그리고 미래비전의 공유를 근간으로 하는 새로운 구상이라 할 것이다.

분단국가관계인 남북한이 중간단계로서의 분단국가연합을 거쳐 미래로 나아갈 통일공동체의 모습은 전통적 의미의 단일민족국가와 크게 다를 수 있다. 그 점에서 이질성과 다양성에 기초한 연성복합형 통일을 보다 적극적으로 사고할 필요도 함께 제기된다. 상이한 체제와 영역 사이의 연성적인 결합과 다양한 층위 간의 복합적 통합을 전제하는 연성복합통일론은 세계화되고 다원화되며 정보화되는 21세기에 적합한 미래형 공동체와 친화력이 크다. 나아가 한반도에 닫히지 않고 민족공동체에 한정되지 않는 열린 한반도 미래공동체를 상상할 힘을 제공해 줄 수 있다.

부록

부록 1. 노태우 대통령 7 · 7선언

부록 2. 한민족공동체통일방안

부록 3. 남북기본합의서

부록 4. 6 · 15 남북공동선언

부록 5. 10 · 4 남북정상선언

부록 6. 4 · 27 판문점 남북정상선언

부록 7. 6 · 12 싱가포르 북미정상선언

부록 1

노태우 대통령 7·7 선언

1988년

〈민족자존과 통일번영을 위한 대통령 특별선언〉

친애하는 6천만 동포 여러분!

나는 오늘 온 겨레의 염원인 조국의 평화적 통일을 실현해 나가기 위한 새 공화국의 정책을 밝히려 합니다. 우리 민족이 남북분단의 고통을 겪어 온 지 반세기가 가까워 옵니다. 분단의 역사는 우리 민족에게 숱한 시련과 고난을 주었으며, 민족의 정상적인 발전을 가로막아 왔습니다. 남북분단의 장벽을 허물어 번영된 통일조국을 여는 길을 개척하는 것이야말로 오늘을 사는 우리 겨레 모두에게 맡겨진 민족사의 소망이 아닐 수 없습니다. 상이한 이념과 체제로 분단된 남북은 동족상잔의 전쟁을 치렀으며, 남북으로 갈라진 겨레는 분단 그날부터 오늘까지 서로가 서로를 불신·비방하며 서로를 적대시하는 고통스런 분단상황에서 벗어나지 못하고 있습니다. 남북분단은 우리 민족의 의사에 의한 것이 아니었으나 민족통합은 우리의 책임 아래 우리의 자주적 역량으로 이루어야 합니다.

우리는 남북 간에 화해와 협력의 밝은 시대를 함께 열어 가야 합니다.

이제는 민족 전체의 복지와 번영을 위해 함께 노력할 때입니다. 오늘날 세계는 이념과 체제를 초월하여 화해와 협력의 시대로 나아가고 있습니다. 나는 지금이야말로 전쟁의 위험과 대결의 긴장이 상존하고 있는 한반도에 평화를 정착하고 통일의 새로운 전기를 마련하여야 할 역사적인 시점이라고 확신합니다.

동포 여러분!

우리가 아직 비극적인 분단현실을 극복하지 못하는 근본적인 이유는 남과 북이 민족공동체라는 의식을 등진 채 서로를 대결의 상대로 여겨 적대관계를 격화시켜 온 데 있습니다. 우리 민족은 하나의 공동체로서 그 속에서 삶을 영위하며 겨레의 힘과 슬기를 모아 시련과 도전을 극복하면서 빛나는 역사와 문화전통을 창조해 왔습니다. 따라서 남과 북이 함께 번영을 이룩하는 민족공동체로서 관계를 발전시켜 나가는 것이야말로 번영된 통일조국을 실현하는 지름길일 것입니다.

이 길이 곧 민족자존의 길이며 민족통합의 길입니다. 이제 남과 북은 분단의 벽을 헐고 모든 부문에 걸쳐 교류를 실현해 나가야 합니다. 상호신뢰를 회복하고 민족적 유대를 강화해 나갈 적극적 조처를 취해 나가야 합니다. 또한 대외적으로 하나의 공동체라는 인식을 바탕으로 대결의 관계를 지양해야 합니다. 북한이 책임 있는 성원으로 국제사회에 기여하고, 그것이 북한 사회의 개방과 발전을 촉진하게 되기를 희망합니다. 국제사회에서 남북은 상호 간에 서로의 위치를 인정하고 민족 전체의 이익을 위해 협력해야 합니다.

친애하는 6천만 동포 여러분.

나는 오늘 자주 · 평화 · 복지의 원칙에 입각하여 민족구성원 전체가 참여하는 사회 · 문화 · 경제 · 정치공동체를 이룩함으로써 민족자존과 통일번영의 새 시대를 열어 나갈 것임을 약속하면서 다음과 같은 정책을 추진해 나갈 것을 내외에 선언합니다.

1. 정치인, 경제인, 언론인, 종교인, 문화 · 예술인, 체육인, 학자 및 학생 등 남북동포 간의 상호교류를 적극 추진하며 해외동포들이 자유롭게 남북을 왕래하도록 문호를 개방한다.

2. 남북 적십자회담이 타결되기 이전이라도 인도주의적 견지에서 가능한 모든 방법을 통해 이산가족들 간에 생사 · 주소 확인, 서신 거래, 상호 방문 등이 이루어질 수 있도록 적극 주선 · 지원한다.

3. 남북 간 교역의 문호를 개방하고 남북 간 교역을 민간 내부교역으로 간주한다.

4. 남북 모두 동포의 삶의 질을 향상시킬 수 있도록 민족경제의 균형적 발전이 이루어지기를 희망하며 비군사적 물자에 대해 우리 우방들이

북한과 교역을 하는 데 반대하지 않는다.

5. 남북 간의 소모적인 경쟁·대결외교를 종결하고 북한이 국제사회에 발전적 기여를 할 수 있도록 협력하며, 또한 남북대표가 국제무대에서 자유롭게 만나 민족의 공동이익을 위하여 서로 협력할 것을 희망한다.

6. 한반도의 평화를 정착시킬 여건을 조성하기 위하여 북한이 미국·일본 등 우리 우방과의 관계를 개선하는 데 협조할 용의가 있으며 또한 우리는 소련·중국을 비롯한 사회주의 국가들과의 관계 개선을 추구한다.

나는 이상과 같은 우리의 조치에 대해 북한 측도 적극 호응해 줄 것을 기대합니다. 북한 측이 이에 대해 긍정적인 자세를 보여 온다면 보다 전진적인 조치를 취해 나갈 것임을 아울러 밝혀 둡니다.

나는 오늘의 이 선언이 통일을 향한 남북 간의 관계 발전에 새로운 장을 여는 계기가 되기를 바랍니다. 6천만 우리 겨레 모두가 슬기와 힘을 모은다면, 이 세기가 가기 전에 남과 북은 하나의 사회적·문화적·경제적 공동체로 통합될 수 있을 것입니다.

이러한 바탕 위에서 우리는 머지않아 하나의 나라로 통일하는 위험을 달성할 수 있을 것으로 확신합니다.

한민족공동체통일방안

1989년[1]

〈한민족공동체통일방안〉

노태우 정부는 1988년 통일에 대한 자주·평화·민주의 원칙을 밝힌 〈7·7선언〉, 동년 10월 18일 유엔총회에서 행한 연설, 그리고 1989년 노태우 대통령의 8·15경축사에서의 북한의 능동적인 자세변화를 촉구하는 새로운 통일구상을 통해 천명된 민족자존과 통일번영을 위한 통일구상을 포괄한 〈한민족공동체통일방안〉(1989. 9. 11)을 발표했다.

〈한민족공동체통일방안〉은 북한의 연방제 통일방안에 대한 국가연합형의 통일방안이며 그 내용은 민족공동체 헌장, 남북연합, 통일형태에 관한 방안이 포괄되어 있다.

1) 민족공동체 헌장

〈한민족공동체통일방안〉은 '자주', '평화', '민주'라는 통일 3원칙과 통일을 (남북 간의) 신뢰 구축과 협력의 단계 → 남북연합 단계 → 단일민족

1 자료 전문이 방대하여 여기는 국가기록원 홈페이지에 게재된 소개자료를 싣는다.

국가 건설이라는 단계적 이행의 비전을 설정하고 있다. 이 방안은 남북정상회담을 통해 민족공동체 헌장을 채택하고 남북 국회의 동의를 얻어 동시에 공포·발효시키는 내용을 담고 있다. 이 헌장은 평화와 통일을 위한 기본 방향과 상호불가침에 대한 사항, 남북연합의 설치 및 운영에 관한 포괄적 합의를 담을 수 있게 했다. 또 이 헌장은 국가와 국가와의 관계를 규율하는 조약과는 달리 남북 간의 잠적적인 내적(內的) 특수관계를 구체적으로 설정한 의의를 갖는다. 이 헌장은 차후에 체결된 〈남북기본합의서〉의 지침이 된다.

2) 남북연합

〈한민족공동체통일방안〉은 남북한이 단일정부로 궁극적인 통일을 이루기 이전에 남북연합이라는 이행 단계를 예정했다. 남북연합은 남북관계 전반에 대한 최고협의결정기구로 〈남북정상회담〉을 두고 쌍방정부 대표로 구성된 〈남북각료회의〉와 남북 동수(同數)의 국회의원으로 구성되는 〈남북평의회〉를 구성하도록 했다. 〈남북각료회의〉는 남북한 총리를 공동으로 하고 각 10명 내외의 각료급 위원으로 구성하며 그 안에 인도(人道)·정치외교·경제·군사·사회문화 분과위원회 등 5개 상임위원회를 설치하고 남북한의 모든 현안문제와 민족 장래문제에 대한 협의조정 및 그 실행을 보장한다. 〈남북평의회〉는 1백 명 내외의 남북국회의원으로 구성되어 각료회의에 대한 정책적 자문과 권고, 〈통일헌법〉 기초 및 방법과 절차를 마련한다.

3) 통일형태

남북한은 통일의 최종 형태를 민주공화국으로 설정하고 〈남북평의회〉에서 마련한 〈통일헌법〉을 민주적인 방법과 절차를 거쳐 확정 공포하고 이 헌법에 따라 총선거를 실시하여 지역대표인 상원과 국민대표인 하원으로 구성되는 양원제의 통일국회와 통일정부를 구성한다. 이 통일국가는 정책기조를 민족성원의 자유와 평등이 조화되는 민주복지사회 건설에 두고 경제활동 및 사회복지 구현, 교육문화로는 민족교육 및 민족문화 창달, 군사적으로는 민족의 안정보장 및 지역평화에의 기여, 외교적으로는 자주적 선린외교를 추구하는 것이다. 노태우 대통령의 〈한민족공동체통일방안〉은 민족공동체의 비전으로 통일의 목표·방법·절차에 대한 사항을 포괄적으로 망라한 우리 정부의 통일방안으로 이는 우리 사회 내부의 통일에 대한 다양한 의견을 수렴한 결과이자 통일에 대한 기본 원칙, 단계적으로 실현해 나가는 '국가연합'형 통일방안이었다. 이는 북한의 연방제 통일방안에 대한민국의 통일방안으로 추후에 체결될 〈남북기본합의서〉의 지침이 되었다.

부록 3

남북기본합의서

1991년

〈남북 사이의 화해와 불가침 및 교류 · 협력에 관한 합의서〉

전문

남과 북은 분단된 조국의 평화적 통일을 염원하는 온 겨레의 뜻에 따라 7 · 4 남북공동성명에서 천명된 조국통일 3대 원칙을 재확인하고, 정치 군사적 대결상태를 해소하여 민족적 화해를 이룩하고, 무력에 의한 침략과 충돌을 막고 긴장완화와 평화를 보장하며, 다각적인 교류 · 협력을 실현하여 민족공동의 이익과 번영을 도모하며, 쌍방 사이의 관계가 나라와 나라 사이의 관계가 아닌 통일을 지향하는 과정에서 잠정적으로 형성되는 특수관계라는 것을 인정하고 평화통일을 성취하기 위한 공동의 노력을 경주할 것을 다짐하면서 다음과 같이 합의하였다.

제 1장 남북 화해

제 1조 남과 북은 서로 상대방의 체제를 인정하고 존중한다.

제 2조 남과 북은 상대방의 내부문제에 간섭하지 아니한다.

제 3조 남과 북은 상대방에 대한 비방 · 중상을 하지 아니한다.

제 4조 남과 북은 상대방을 파괴하고 전복하려는 일체행위를 하지 아니한다.

제 5조 남과 북은 현 정전상태를 남북 사이의 공고한 평화상태로 전환시키기 위하여 공동으로 노력하며 이러한 평화상태가 이룩될 때까지 현 군사정전협정을 준수한다.

제 6조 남과 북은 국제무대에서 대결과 경쟁을 중지하고 서로 협력하며 민족의 존엄과 이익을 위하여 공동으로 노력한다.

제 7조 남과 북은 서로의 긴밀한 연락과 협의를 위하여 이 합의서 발효 후 3개월 안에 판문점에 남북연락사무소를 설치 · 운영한다.

제 8조 남과 북은 이 합의서 발효 후 1개월 안에 본 회담 테두리 안에서

남북 정치분과위원회를 구성하여 남북화해에 관한 합의의 이행과 준수를 위한 구체적 대책을 합의한다.

제 2장 남북 불가침

제 9조 남과 북은 상대방에 대하여 무력을 사용하지 않으며 상대방을 무력으로 침략하지 아니한다.

제 10조 남과 북은 의견대립과 분쟁문제들을 대화와 협상을 통하여 평화적으로 해결한다.

제 11조 남과 북의 불가침 경계선과 구역은 1953년 7월 27일 자 군사정전에 관한 협정에 규정된 군사분계선과 지금까지 쌍방이 관할하여 온 구역으로 한다.

제 12조 남과 북은 불가침의 이행과 보장을 위하여 이 합의서 발효 후 3개월 안에 남북 군사공동위원회를 구성 · 운영한다. 남북군사공동위원회에서는 대규모 부대이동과 군사연습의 통보 및 통제 문제, 비무장지대의 평화적 이용 문제, 군 인사 교류 및 정보교환 문제, 대량살상무기와 공격능력의 제거를 비롯한 단계적 군축 실현 문제, 검증 문제 등 군사적 신뢰 조성과 군축을 실현하기 위한 문제를 협의 · 추진한다.

제 13조 남과 북은 우발적인 무력충돌과 그 확대를 방지하기 위하여 쌍방 군사당국자 사이에 직통전화를 설치·운영한다.

제 14조 남과 북은 이 합의서 발효 후 1개월 안에 본 회담 테두리 안에서 남북 군사분과위원회를 구성하여 불가침에 관한 합의의 이행과 준수 및 군사적 대결상태를 해소하기 위한 구체적 대책을 협의한다.

제 3장 남북 교류·협력

제 15조 남과 북은 민족경제의 통일적이며 균형적인 발전과 민족 전체의 복리 향상을 도모하기 위하여 자원의 공동개발, 민족내부교류로서의 물자교류·합작투자 등 경제교류와 협력을 실시한다.

제 16조 남과 북은 과학·기술·교육·문학·예술·보건·체육·환경과 신문, 라디오, 텔레비전 및 출판물을 비롯한 출판, 보도 등 여러 분야에서 교류와 협력을 실시한다.

제 17조 남과 북은 민족구성원들의 자유로운 왕래와 접촉을 실현한다.

제 18조 남과 북은 흩어진 가족·친척들의 자유로운 서신거래와 왕래와 상봉 및 방문을 실시하고 자유의사에 의한 재결합을 실현하며,

기타 인도적으로 해결할 문제에 대한 대책을 강구한다.

제 19조 남과 북은 끊어진 철도와 도로를 연결하고 해로 · 항로를 개설한다.

제 20조 남과 북은 우편과 전기통신교류에 필요한 시설을 설치 · 연결하며, 우편 · 전기통신 교류의 비밀을 보장한다.

제 21조 남과 북은 국제무대에서 경제와 문화 등 여러 분야에서 서로 협력하며 대외에 공동으로 진출한다.

제 22조 남과 북은 경제와 문화 등 각 분야의 교류와 협력을 실현하기 위한 합의의 이행을 위하여 이 합의서 발효 후 3개월 안에 남북경제교류 · 협력공동위원회를 비롯한 부문별 공동위원회들을 구성 · 운영한다.

제 23조 남과 북은 이 합의서 발효 후 1개월 안에 본 회담 테두리 안에서 남북 교류 · 협력 분과위원회를 구성하여 남북 교류 · 협력에 관한 합의의 이행과 준수를 위한 구체적 대책을 협의한다.

제 4장 수정 및 발효

제 24조 이 합의서는 쌍방의 합의에 의하여 수정・보충할 수 있다.

제 25조 이 합의서는 남과 북이 각기 발효에 필요한 절차를 거쳐 그 문본을 서로 교환한 날부터 효력을 발생한다.

1991년 12월 13일

남북고위급 회담 남측대표단 수석대표 대한민국 국무총리 정원식

북남고위급 회담 북측대표단 단장 조선민주주의인민공화국 정무원총리 연형묵

부록 4

6·15 남북공동선언

2000년

〈남북공동선언〉

조국의 평화적 통일을 염원하는 온 겨레의 숭고한 뜻에 따라 대한민국 김대중 대통령과 조선민주주의인민공화국 김정일 국방위원장은 2000년 6월 13일부터 6월 15일까지 평양에서 역사적인 상봉을 하였으며 정상회담을 가졌다.

남북 정상들은 분단 역사상 처음으로 열린 이번 상봉과 회담이 서로 이해를 증진시키고 남북관계를 발전시키며 평화통일을 실현하는 데 중대한 의의를 가진다고 평가하고 다음과 같이 선언한다.

1. 남과 북은 나라의 통일문제를 그 주인인 우리민족끼리 서로 힘을 합쳐 자주적으로 해결해 나가기로 하였다.

2. 남과 북은 나라의 통일을 위한 남측의 연합제 안과 북측의 낮은 단계의 연방제 안이 서로 공통성이 있다고 인정하고 앞으로 이 방향에서 통일을 지향시켜 나가기로 하였다.

3. 남과 북은 올해 8·15에 즈음하여 흩어진 가족·친척 방문단을 교환하며 비전향 장기수 문제를 해결하는 등 인도적 문제를 조속히 풀어나가기로 하였다.

4. 남과 북은 경제협력을 통하여 민족경제를 균형적으로 발전시키고 사회·문화·체육·보건·환경 등 제반 분야의 협력과 교류를 활성화하여 서로의 신뢰를 다져 나가기로 하였다.

5. 남과 북은 이상과 같은 합의사항을 조속히 실천에 옮기기 위하여 빠른 시일 안에 당국 사이의 대화를 개최하기로 하였다.

김대중 대통령은 김정일 국방위원장이 서울을 방문하도록 정중히 초청하였으며 김정일 국방위원장은 앞으로 적절한 시기에 서울을 방문하기로 하였다.

2000년 6월 15일

대한민국 대통령 김대중

조선민주주의인민공화국 국방위원장 김정일

부록 5

10 · 4 남북정상선언

2007년

〈남북관계 발전과 평화번영을 위한 선언〉

대한민국 노무현 대통령과 조선민주주의인민공화국 김정일 국방위원장 사이의 합의에 따라 노무현 대통령이 2007년 10월 2일부터 4일까지 평양을 방문하였다. 방문기간 중 역사적인 상봉과 회담들이 있었다. 상봉과 회담에서는 6 · 15 남북공동선언의 정신을 재확인하고 남북관계 발전과 한반도 평화, 민족공동의 번영과 통일을 실현하는 데 따른 제반 문제들을 허심탄회하게 협의하였다. 쌍방은 우리민족끼리 뜻과 힘을 합치면 민족번영의 시대, 자주통일의 새 시대를 열어 나갈 수 있다는 확신을 표명하면서 6 · 15 남북공동선언에 기초하여 남북관계를 확대 · 발전시켜 나가기 위하여 다음과 같이 선언한다.

1. 남과 북은 6 · 15 남북공동선언을 고수하고 적극 구현해 나간다.

- 남과 북은 우리민족끼리 정신에 따라 통일문제를 자주적으로 해결해 나가며 민족의 존엄과 이익을 중시하고 모든 것을 이에 지향시

켜 나가기로 하였다.

- 남과 북은 6·15 남북공동선언을 변함없이 이행해 나가려는 의지를 반영하여 6월 15일을 기념하는 방안을 강구하기로 하였다.

2. 남과 북은 사상과 제도의 차이를 초월하여 남북관계를 상호 존중과 신뢰 관계로 확고히 전환시켜 나가기로 하였다.

- 남과 북은 내부문제에 간섭하지 않으며 남북관계 문제들을 화해와 협력, 통일에 부합되게 해결해 나가기로 하였다.
- 남과 북은 남북관계를 통일 지향적으로 발전시켜 나가기 위하여 각기 법률적·제도적 장치들을 정비해 나가기로 하였다.
- 남과 북은 남북관계 확대와 발전을 위한 문제들을 민족의 염원에 맞게 해결하기 위해 양측 의회 등 각 분야의 대화와 접촉을 적극 추진해 나가기로 하였다.

3. 남과 북은 군사적 적대관계를 종식시키고 한반도에서 긴장완화와 평화를 보장하기 위해 긴밀히 협력하기로 하였다.

- 남과 북은 서로 적대시하지 않고 군사적 긴장을 완화하며 분쟁문제들을 대화와 협상을 통하여 해결하기로 하였다.
- 남과 북은 한반도에서 어떤 전쟁도 반대하며 불가침 의무를 확고히 준수하기로 하였다.

• 남과 북은 서해에서의 우발적 충돌방지를 위해 공동어로수역을 지정하고 이 수역을 평화수역으로 만들기 위한 방안과 각종 협력사업에 대한 군사적 보장조치 문제 등 군사적 신뢰구축 조치를 협의하기 위하여 남측 국방부 장관과 북측 인민무력부 부장 간 회담을 금년 11월 중에 평양에서 개최하기로 하였다.

4. 남과 북은 현 정전체제를 종식시키고 항구적인 평화체제를 구축해 나가야 한다는 데 인식을 같이하고 직접 관련된 3자 또는 4자 정상들이 한반도지역에서 만나 종전을 선언하는 문제를 추진하기 위해 협력해 나가기로 하였다.

• 남과 북은 한반도 핵문제 해결을 위해 6자회담, 9 · 19 공동성명과 2 · 13 합의가 순조롭게 이행되도록 공동으로 노력하기로 하였다.

5. 남과 북은 민족경제의 균형적 발전과 공동의 번영을 위해 경제협력사업을 공리공영과 유무상통의 원칙에서 적극 활성화하고 지속적으로 확대 발전시켜 나가기로 하였다.

• 남과 북은 경제협력을 위한 투자를 장려하고 기반시설 확충과 자원개발을 적극 추진하며 민족내부협력사업의 특수성에 맞게 각종 우대조건과 특혜를 우선적으로 부여하기로 하였다.

• 남과 북은 해주지역과 주변해역을 포괄하는 서해평화협력특별지대

를 설치하고 공동어로구역과 평화수역 설정, 경제특구 건설과 해주항 활용, 민간선박의 해주직항로 통과, 한강하구 공동이용 등을 적극 추진해 나가기로 하였다.

- 남과 북은 개성공업지구 1단계 건설을 빠른 시일 안에 완공하고 2단계 개발에 착수하며 문산-봉동 간 철도화물수송을 시작하고, 통행・통신・통관 문제를 비롯한 제반 제도적 보장조치들을 조속히 완비해 나가기로 하였다.
- 남과 북은 개성-신의주 철도와 개성-평양 고속도로를 공동으로 이용하기 위해 개보수 문제를 협의・추진해 가기로 하였다.
- 남과 북은 안변과 남포에 조선협력단지를 건설하며 농업・보건의료・환경보호 등 여러 분야에서의 협력사업을 진행해 나가기로 하였다.
- 남과 북은 남북 경제협력사업의 원활한 추진을 위해 현재의 '남북경제협력추진위원회'를 부총리급 '남북경제협력공동위원회'로 격상하기로 하였다.

6. 남과 북은 민족의 유구한 역사와 우수한 문화를 빛내기 위해 역사・언어・교육・과학기술・문화예술・체육 등 사회문화 분야의 교류와 협력을 발전시켜 나가기로 하였다.

- 남과 북은 백두산관광을 실시하며 이를 위해 백두산-서울 직항로를 개설하기로 하였다.

• 남과 북은 2008년 북경 올림픽경기대회에 남북응원단이 경의선 열차를 처음으로 이용하여 참가하기로 하였다.

7. 남과 북은 인도주의 협력사업을 적극 추진해 나가기로 하였다.

• 남과 북은 흩어진 가족과 친척들의 상봉을 확대하며 영상 편지 교환사업을 추진하기로 하였다.
• 이를 위해 금강산면회소가 완공되는 데 따라 쌍방 대표를 상주시키고 흩어진 가족과 친척의 상봉을 상시적으로 진행하기로 하였다.
• 남과 북은 자연재해를 비롯하여 재난이 발생하는 경우 동포애와 인도주의, 상부상조의 원칙에 따라 적극 협력해 나가기로 하였다.

8. 남과 북은 국제무대에서 민족의 이익과 해외 동포들의 권리와 이익을 위한 협력을 강화해 나가기로 하였다.

남과 북은 이 선언의 이행을 위하여 남북총리회담을 개최하기로 하고, 제1차 회의를 금년 11월 중 서울에서 갖기로 하였다.

남과 북은 남북관계 발전을 위해 정상들이 수시로 만나 현안 문제들을 협의하기로 하였다.

2007년 10월 4일 평양

대한민국 대통령 노무현

조선민주주의인민공화국 국방위원장 김정일

부록 6

4·27 판문점 남북정상선언

2018년

〈한반도의 평화와 번영, 통일을 위한 판문점 선언〉

대한민국 문재인 대통령과 조선민주주의인민공화국 김정은 국무위원장은 평화와 번영, 통일을 염원하는 온 겨레의 한결같은 지향을 담아 한반도에서 역사적인 전환이 일어나고 있는 뜻 깊은 시기에 2018년 4월 27일 판문점 평화의 집에서 남북정상회담을 진행하였다.

양 정상은 한반도에 더 이상 전쟁은 없을 것이며 새로운 평화의 시대가 열리었음을 8천만 우리 겨레와 전 세계에 엄숙히 천명하였다.

양 정상은 냉전의 산물인 오랜 분단과 대결을 하루빨리 종식시키고 민족적 화해와 평화번영의 새로운 시대를 과감하게 열어 나가며 남북관계를 보다 적극적으로 개선하고 발전시켜 나가야 한다는 확고한 의지를 담아 역사의 땅 판문점에서 다음과 같이 선언하였다.

1. 남과 북은 남북관계의 전면적이며 획기적인 개선과 발전을 이룩함으

로써 끊어진 민족의 혈맥을 잇고 공동번영과 자주통일의 미래를 앞당겨 나갈 것이다.

남북관계를 개선하고 발전시키는 것은 온 겨레의 한결같은 소망이며 더 이상 미룰 수 없는 시대의 절박한 요구이다.

① 남과 북은 우리 민족의 운명은 우리 스스로 결정한다는 민족 자주의 원칙을 확인하였으며 이미 채택된 남북 선언들과 모든 협의들을 철저히 이행함으로써 관계 개선과 발전의 전환적 국면을 열어 나가기로 하였다.

② 남과 북은 고위급 회담을 비롯한 각 분야의 대화와 협상을 빠른 시일 안에 개최하여 정상회담에서 합의된 문제들을 실천하기 위한 적극적인 대책을 세워 나가기로 하였다.

③ 남과 북은 당국 간 협의를 긴밀히 하고 민간교류와 협력을 원만히 보장하기 위하여 쌍방 당국자가 상주하는 남북공동연락사무소를 개성지역에 설치하기로 하였다.

④ 남과 북은 민족적 화해와 단합의 분위기를 고조시켜 나가기 위하여 각계각층의 다방면적인 협력과 교류, 왕래와 접촉을 활성화하기로 하였다.

안으로는 6・15를 비롯하여 남과 북에 다 같이 의의가 있는 날들을 계기로 당국과 국회・정당・지방자치단체・민간단체 등 각계각층이 참가하는 민족공동행사를 적극 추진하여 화해와 협력의 분위기를 고조시키며, 밖으로는 2018년 아시아경기대회를 비롯한 국제경기들에 공동으로 진출하여 민족의 슬기와 재능, 단합된 모습을 전 세계에 과시하기로 하였다.

⑤ 남과 북은 민족 분단으로 발생된 인도적 문제를 시급히 해결하기 위하여 노력하며, 남북 적십자회담을 개최하여 이산가족·친척상봉을 비롯한 제반 문제들을 협의 해결해 나가기로 하였다.

당면하여 오는 8·15를 계기로 이산가족·친척 상봉을 진행하기로 하였다.

⑥ 남과 북은 민족경제의 균형적 발전과 공동번영을 이룩하기 위하여 10·4 남북정상선언에서 합의된 사업들을 적극 추진해 나가며 1차적으로 동해선 및 경의선 철도와 도로들을 연결하고 현대화하여 활용하기 위한 실천적 대책들을 취해 나가기로 하였다.

2. 남과 북은 한반도에서 첨예한 군사적 긴장상태를 완화하고 전쟁 위험을 실질적으로 해소하기 위하여 공동으로 노력해 나갈 것이다.

한반도의 군사적 긴장상태를 완화하고 전쟁위험을 해소하는 것은 민족의 운명과 관련되는 매우 중대한 문제이며 우리 겨레의 평화롭고 안정된 삶을 보장하기 위한 관건적인 문제이다.

① 남과 북은 지상과 해상, 공중을 비롯한 모든 공간에서 군사적 긴장과 충돌의 근원으로 되는 상대방에 대한 일체의 적대행위를 전면 중지하기로 하였다.

당면하여 5월 1일부터 군사분계선 일대에서 확성기 방송과 전단 살포를 비롯한 모든 적대 행위들을 중지하고 그 수단을 철폐하며 앞으로 비무장지대를 실질적인 평화지대로 만들어 나가기로 하였다.

② 남과 북은 서해 북방한계선 일대를 평화수역으로 만들어 우발적인 군사적 충돌을 방지하고 안전한 어로 활동을 보장하기 위한 실제적인 대책을 세워 나가기로 하였다.

③ 남과 북은 상호협력과 교류, 왕래와 접촉이 활성화되는 데 따른 여러 가지 군사적 보장대책을 취하기로 하였다.

남과 북은 쌍방 사이에 제기되는 군사적 문제를 지체 없이 협의 해결하기 위하여 국방부장관회담을 비롯한 군사당국자회담을 자주 개최하며 5월 중에 먼저 장성급 군사회담을 열기로 하였다.

3. 남과 북은 한반도의 항구적이며 공고한 평화체제 구축을 위하여 적극 협력해 나갈 것이다.

한반도에서 비정상적인 현재의 정전상태를 종식시키고 확고한 평화체제를 수립하는 것은 더 이상 미룰 수 없는 역사적 과제이다.

① 남과 북은 그 어떤 형태의 무력도 서로 사용하지 않을 데 대한 불가침 합의를 재확인하고 엄격히 준수해 나가기로 하였다.

② 남과 북은 군사적 긴장이 해소되고 서로의 군사적 신뢰가 실질적으로 구축되는 데 따라 단계적으로 군축을 실현해 나가기로 하였다.

③ 남과 북은 정전협정 체결 65년이 되는 올해에 종전을 선언하고 정

전협정을 평화협정으로 전환하며 항구적이고 공고한 평화체제 구축을 위한 남・북・미 3자 또는 남・북・미・중 4자회담 개최를 적극 추진해 나가기로 하였다.

④ 남과 북은 완전한 비핵화를 통해 핵 없는 한반도를 실현한다는 공동의 목표를 확인하였다.

남과 북은 북측이 취하고 있는 주동적인 조치들이 한반도 비핵화를 위해 대단히 의의 있고 중대한 조치라는 데 인식을 같이하고 앞으로 각기 자기의 책임과 역할을 다하기로 하였다.

남과 북은 한반도 비핵화를 위한 국제사회의 지지와 협력을 위해 적극 노력하기로 하였다.

양 정상은 정기적인 회담과 직통전화를 통하여 민족의 중대사를 수시로 진지하게 논의하고 신뢰를 굳건히 하며, 남북관계의 지속적인 발전과 한반도의 평화와 번영, 통일을 향한 좋은 흐름을 더욱 확대해 나가기 위하여 함께 노력하기로 하였다.

당면하여 문재인 대통령은 올해 가을 평양을 방문하기로 하였다.

2018년 4월 27일 판문점

대한민국 대통령 문재인

조선민주주의인민공화국 국무위원회 위원장 김정은

부록 7

6·12 싱가포르 북미정상선언

2019년

〈김정은 조선민주주의인민공화국 국무위원회 위원장과 도날드 제이 트럼프 미합중국 대통령 사이의 싱가포르 수뇌회담 공동성명〉

김정은 조선민주주의인민공화국 국무위원회 위원장과 도날드 제이 트럼프 미합중국 대통령은 2018년 6월 12일 싱가포르에서 첫 력사적인 수뇌회담을 진행하였다.

김정은 위원장과 트럼프 대통령은 새로운 조미관계 수립과 조선반도에서의 항구적이며 공고한 평화체제 구축에 관한 문제들에 대하여 포괄적이며 심도 있고 솔직한 의견교환을 진행하였다.

트럼프 대통령은 조선민주주의인민공화국에 안전담보를 제공할 것을 확언하였으며 김정은 위원장은 조선반도의 완전한 비핵화에 대한 확고부동한 의지를 재확인하였다.

김정은 위원장과 트럼프 대통령은 새로운 조미관계 수립이 조선반도와 세계의 평화와 번영에 이바지할 것이라는 것을 확신하면서, 호상 신뢰 구축이 조선반도의 비핵화를 추동할 수 있다는 것을 인정하면서 다음과 같이 성명한다.

1. 조선민주주의인민공화국과 미합중국은 평화와 번영을 바라는 두 나라 인민의 념원에 맞게 새로운 조미관계를 수립해 나가기로 하였다.

2. 조선민주주의인민공화국과 미합중국은 조선반도에서 항구적이며 공고한 평화체제를 구축하기 위하여 공동으로 노력할 것이다.

3. 조선민주주의인민공화국은 2018년 4월 27일에 채택된 판문점선언을 재확인하면서 조선반도의 완전한 비핵화를 향하여 노력할 것을 확약하였다.

4. 조선민주주의인민공화국과 미합중국은 전쟁포로 및 행방불명자들의 유골발굴을 진행하며 이미 발굴 확인된 유골들을 즉시 송환할 것을 확약하였다.

김정은 위원장과 트럼프 대통령은 력사상 처음으로 되는 조미수뇌회담이 두 나라 사이에 수십 년간 지속되어 온 긴장상태와 적대관계를 해소하고 새로운 미래를 열어 나가는 데 커다란 의의를 가지는 획기적인 사변이라는 데에 대하여 인정하면서 공동성명의 조항들을 완전하고 신속하게 리행하기로 하였다.

조선민주주의인민공화국과 미합중국은 조미수뇌회담의 결과를 리행하기 위하여 가능한 빠른 시일 안에 마이크 폼페오 미합중국 국무장관과 조선민주주의인민공화국 해당 고위인사 사이의 후속협상을 진행하기로 하였다.

김정은 조선민주주의인민공화국 국무위원회 위원장과 도날드 제이 트럼프 미합중국 대통령은 새로운 조미관계 발전과 조선반도와 세계의 평화와 번영, 안전을 추동하기 위하여 협력하기로 하였다.

2018년 6월 12일

조선민주주의인민공화국 국무위원회 위원장 김정은

미합중국 대통령 도날드 제이 트럼프

참고문헌

국문문헌

구갑우(2007). 《비판적 평화연구와 한반도》, 109, 137쪽. 후마니타스.

구정우 · 이수빈(2017). "세계시민성의 영향 요인에 관한 연구". 〈사회와이론〉, 31: 373~423.

권영승 · 이수정(2011). "글로벌다문화 사회의 통일의식". 〈현대사회와 다문화〉, 1(2): 1~38.

김경은 · 윤노아(2012). "청소년의 국민정체성, 통일, 다문화수용성에 대한 인식". 〈사회과교육〉, 51(1): 123~140.

김근식(2015). "한반도 정세 변화와 대북정책의 진화". 《한반도선진화재단 기타 단행본》, 349~364쪽. 서울: 한반도선진화재단.

김병연(2021. 3. 18.). "북한 경제 실태와 경제발전 5개년 계획의 평가". 〈북한 경제 실태 재평가〉. 한반도 포럼. 토론회 발표자료

김상준(2018). "코리아 양국체제". 〈한국사회학〉, 52(4): 39~75.

______(2019). 《코리아 양국체제: 촛불을 평화적 혁명으로 완성하는 길》, 5~9, 33~34, 46~55쪽. 서울: 아카넷.

______(2021). 《붕새의 날개, 문명의 진로》. 서울: 아카넷.

김예진(2015. 2. 2.). "조선반도와 동북아시아 문제 해결을 위한 만능처방". 북한 내부자료.

김일성(1981). 《김일성저작집》, 243~244쪽. 평양: 조선노동당출판사.

김태영(2001). 《애국애족의 통일방안》, 3~8, 127쪽. 평양: 평양출판사.

김혜연(2002). 《민족, 민족주의론의 주체적 전개》, 18, 51~52, 235~265쪽. 평양: 평양출판사.
박명규(2007). "21세기 한반도와 평화민족주의". 이병천 외, 《다시 대한민국을 묻는다》. 한울.
______(2012a). "남북관계 삼중구조". 《남북 경계선의 사회학》. 경기도: 창작과비평.
______(2012b). "비대칭적 분단국체제론". 《남북 경계선의 사회학》. 경기도: 창작과비평.
______(2012c). 《남북 경계선의 사회학》, 305~327, 352~372쪽. 경기도: 창작과비평.
박명규 외(2010). 《연성복합통일론》. 서울대 통일평화연구원.
______(2013). 《남북통합지수 2008-2013 변동과 함의》. 서울대 통일평화연구원.
박명림(1997). "분단질서의 구조와 변화: 적대와 의존의 대쌍관계동학, 1945~1995". 〈국가전략〉, 3(1).
박영자(2012). "다문화시대 한반도 통일통합의 가치 및 정책방향". 〈국제관계연구〉, 17(1): 299~333.
박영자·현인애·김화순(2015). 《북한주민의 임파워먼트: 주체의 동력》. 서울: 통일연구원.
박영호 외(1993). 《남북한 정치공동체 형성방안 연구》, 11, 72~82, 137~196쪽. 서울: 통일연구원.
______(2002). 《남북연합 하에서의 남북정치공동체 형성 방안》, 91~105쪽. 서울: 통일연구원.
______(2003). 《한반도 평화정착 추진 전략》, 9쪽. 서울: 통일연구원.
박정진(2013). "남북기본합의서와 동서독기본조약 비교". 〈국제정치논총〉, 53(2): 99~138.
박찬석(2017). "시민 통일교육의 현황과 과제". 〈도덕윤리과교육연구〉, 56: 83~107.
______(2020). "통일교육과 세계시민교육의 융합 지향". 〈도덕윤리과교육연구〉, 66: 141~161.
박형빈(2020). "도덕과 교육과정에서 통일교육과 민주시민교육 그리고 평화교육의 관계 설정 및 발전 방안". 〈도덕윤리과교육연구〉, 67: 99~128.
백시내(2016). "한국인의 국민정체성, 다문화 수용성과 통일 태도". 〈사회과학연구〉, 32(1): 337~356.
서울대 통일평화연구원(2019). 〈2019 통일의식조사〉, 36쪽. 서울: 서울대 통일평화연구원.
손경원(2014). "세계 시민성의 진단과 시민윤리 교육적 함의". 〈도덕윤리과교육연구〉, 44: 121~144.
신영석(2008). 《역대정권의 통일정책 변천사》. 서울: 평화문제연구소.
아태평화재단(1995). 《김대중의 3단계 통일론: 남북연합을 중심으로》. 아태평화출판사.
윤금철·한남철(2010). 《조국통일 3대헌장과 우리 민족의 과제》, 7~22쪽. 평양: 평양출판사.
이기영·최혜경(2017). "민족정체성과 통일의식 간의 관계에서 다문화수용성의 매개효과: 일반인, 사회복지사, 해외동포 비교를 중심으로". 〈한국사회복지학회 학술대회 자료집〉, 7: 649~676.
이내영(2014). "한국인의 통일의식의 결정요인". 〈평화연구〉, 22(1): 167~206.
이상신 외(2020). 《KINU 통일의식조사 2020: 주변국 인식 비교연구》, 49~50쪽. 서울: 통일연구원.
이영석(2011). "제국의 유산-'영연방'의 과거와 현재, 1880~2000", 251쪽. 〈영국연구〉, 25: 251.
______(2016). "제국의 기억과 영연방, 상상의 '잉글랜드'". 〈영국연구〉, 36.
이종석(1998). 《분단시대의 통일학》, 35쪽. 서울: 한울아카데미.
______(2000). "남북정상회담의 성과와 향후 과제". 세종연구소 편. 《정상회담 이후 남북관계 개선전략》.
이진석(2020). "한국에서 민족주의와 다문화주의의 양립". 〈민족사상〉, 14(1): 137~169.
이효원(2006). "남북한 특수관계론의 헌법학적 기초", 50~55쪽. 서울대학교 대학원 법학과 박사학위논문.
정성장(2004a). "유럽연합의 사례". 신정현 편. 《국가연합 사례와 남북한 통일과정: 남북연합 형성에 관한 새로운 모색》, 134, 160쪽. 서울: 한울아카데미.
______(2004b). "남북연합의 제도적 장치 및 운영 방안". 신정현 편. 《국가연합 사례와 남북한 통일과정: 남북연합 형성에 관한 새로운 모색》, 227, 232, 237, 240~241쪽. 서울: 한울아카데미.
정태호(2016). "동서독기본조약에 대한 연방헌법재판소 판결에 대한 평석". 헌법재판소 헌법재판연구원 편. 《통일과 헌법재판》, 107쪽. 서울: 헌법재판소 헌법재판연구원.
제성호(1994). 〈남북한 특수관계의 법적성격과 운영방안〉, 19~20쪽. 민족통일원.
조대엽(2010). "한반도 평화통일운동과 시민적 정체성". 〈사회과학연구〉, 49(1): 159~184.
차승한(1994). 〈KINU 국민통일여론조사〉. 서울: 통일연구원.
______(2005). 〈KINU 국민통일여론조사〉. 서울: 통일연구원.
______(2018). "세계시민교육의 요청에 대한 도덕과의 현황 진단". 〈도덕윤리과교육연구〉, 59: 161~184.
한반도포럼(2012). 《남북관계 3.0: 한반도 평화협력프로세스》, 43~46, 89~102쪽. 서울: 중앙일보 통일문화연구소.

외국어문헌

Allison, G.(2017). *Destined for War: Can America and China Escape Thucydides's Trap?*, pp. 187~213. New York: Houghton Mifflin Harcourt.
Archibugi, D.(2004). "Cosmopolitan Democracy and its Critics: A Review". *European Journal of International Relations, 10*(3).
Brock, G. & Brighouse, H.(2005). "Introduction". Brock, G. & Brighouse, H. ed., *The Political Philosophy of Cosmopolitanism*, pp. 2~4. Cambridge: Cambridge University Press.
Brock, G.(2005). "Cosmopolitanism and the Struggle for Global Justice". Brock, G. & Brighouse, H. ed., *The Political Philosophy of Cosmo-*

politanism, pp. 183. Cambridge: Cambridge University Press.

Cooper, A. & Rumford, C. (2005). "Cosmopolitan Borders: Bordering as Connectivity". Brock, G. & Brighouse, H. ed., *The Political Philosophy of Cosmopolitanism*. Cambridge: Cambridge University Press.

Crawford, J. (2007). *The Creation of States in International Law* (2nd Ed), pp. 449. Oxford: Oxford University Press.

Held, D. (2005). "Principles of Cosmopolitan Order". Brock, G. & Brighouse, H. ed., *The Political Philosophy of Cosmopolitanism*, pp. 12~13. Cambridge: Cambridge University Press.

______ (2011). "Cosmopolitanism, Democracy and the Global Order". Rovisco, M. & Nowicka, M. ed., *The Ashgate Research Companion to Cosmopolitanism*, pp. 175. New York: Routledge.

Hocknell, P. (1996). "Partitioned States, Divided Resources: North/South Korea and Cases for Comparison". *IBRU Boundary and Security Bullitin Summer 1996*, pp. 65~67.

Krasner, D. (1999). *Sovereignty: Organized Hypocrisy*. Princeton: Princeton University Press.

Mearsheimer, J. (2010). *The Tragedy of Great Power Politics*, pp. 396~402. New York: W. W. Norton & Company.

Rodrik, D. (2010). *Democracy and the Future of the World Economy*. Cambridge: Harvard University Press.

Thumfart, A. (2002). *Die Politische Integration Ostdeuschlands*. Frankfurt am main: Suhrkamp. 안미현 · 최경인 · 안미라 역 (2007). 《동 · 서독의 정치통합》, 155~161쪽. 서울: 통일연구원.

Tran, H. (2021. 4. 21). "Is the US-China strategic competition a cold war?". *New Atlanticist*.

Wlodzimierz, B. & Kazimierz, L. (1989). *From Marx to the Market*: Socialism in Search of an Economic System, pp. 151. Oxford: Oxford University Press.

기타자료

〈뉴데일리〉(2012. 12. 10.). "세계인권선언문, '모든사람 - 북한주민'으로 바꿔 보니".

〈신동아〉(2019. 8. 28.). "北 '우리민족끼리' 폐기 …'두개의 조선'전략 가동".

〈조선중앙방송〉(1991. 8. 5.). "김일성 담화".

〈조선중앙방송〉(1991. 9. 18.). "북한 외교부 성명".

〈조선중앙통신〉(2016. 5. 9.). "조선노동당 제 7차 대회 결정서".

청와대(2018. 9. 19.). "평양 5월 1일 경기장 문재인 대통령 연설". 2021년 6월 12일 검색. 출처: https://www1.president.go.kr/articles/4334

통계청(2020). 〈2019년 다문화 인구동태 통계〉. 2021년 6월 20일 검색. 출처: http://kostat.go.kr/portal/korea/kor_nw/1/1/index.board?bmode=read&aSeq=385962

통일부(2021. 8. 12.). 〈한민족공동체통일방안〉. 출처: https://www.unikorea.go.kr/

〈평양방송〉(2001. 2. 11.).

〈한겨레〉(2021. 6. 1). "북, 76년 지켜온 '남한 혁명통일론' 사실상 폐기".

Berliner Zeitung(2009. 1. 3.). 2021. 6. 12. 검색. 출처: www.berlinonline.de/berliner-zeitung/politik/forsaumfrage/index.php

저자소개

박명규 (朴明圭)

서울대 명예교수이자 광주과학기술원 초빙석학교수이다. 한국사회사, 남북관계, 민족주의, 개념사 등을 연구해 왔고, 최근 과학기술의 문명사에 관심을 쏟고 있다. 서울대 통일평화연구원 초대원장으로 10년간 남북관계와 평화 연구를 주도했으며, 한국사회학회 회장, 사회발전연구소장 등을 역임했다. 저서로는 《국민·인민·시민》, 《남북 경계선의 사회학》이 있고, 공저로 《개성공단》, 《연성복합통일론》, 《평화인문학이란 무엇인가》, *Civilizing Emotions*, 《사회적 가치와 사회혁신》 등이 있다.

박영호 (朴英鎬)

한반도평화만들기재단 한반도포럼 위원장이자 통일연구원 초청연구위원이다. 남북관계, 대북·통일정책, 북미관계, 동북아안보, 미국외교안보정책 등을 연구해 왔고, 정치변동과 역사적 시대조류의 변화에 관심이 있다. 통일연구원 선임연구위원, 강원대 초빙교수, 한국세계지역학회 회장, 비교민주주의학회 회장 등을 역임했다. 저서로 《미국의 국내정치와 대북정책》, 《남북한 평화공존과 대북정책》 등이 있고, 공저로 《21세기 동북아정세와 북한 인권》, 《평화통일을 위한 통일외교 전략》, *Perspectives on Migration Flows in Asia and Europe*, 《한반도 뫼비우스의 띠 풀기: 북한 비핵화와 평화 구축》 등이 있다.

김상준 (金相俊)

경희대 공공대학원 교수이다. 시민의회론, 성찰윤리론, 중층근대론, 중간경제론, 비서구 민주주의론, 후기근대론, 동아시아 내장근대론, 코리아 양국체제론, 내장적 문명전환론 등의 새로운 학술 담론을 제기해 왔다. 주요 저서로는《붕새의 날개 문명의 진로: 팽창문명에서 내장문명으로》,《맹자의 땀 성왕의 피: 중층근대와 동아시아 유교문명》,《미지의 민주주의: 신자유주의 이후의 사회를 구상하다》,《유교의 정치적 무의식》,《진화하는 민주주의: 아시아·라틴아메리카·이슬람 민주주의 현장 읽기》,《코리아 양국체제: 촛불을 평화적 혁명으로 완성하는 길》등이 있다.

전재성 (全在晟)

서울대 정치외교학부 교수이다. 국제정치이론, 국가안보 등을 연구해 왔다. 서울대 국제문제연구소장, 한국국제정치학회 회장, 외교부 정책자문위원장, 동아시아연구원 국가안보연구센터 소장 등을 역임했다. 주요 저서로는《동북아 국제정치이론: 불완전 주권국가들의 국제정치》,《주권과 국제정치: 근대 주권국가체제의 제국적 성격》,《정치는 도덕적인가: 라인홀드 니버의 초월적 국제정치사상》,《동아시아 국제정치: 역사에서 이론으로》등이 있다.